国家无障碍战略研究与应用丛书（第二辑）

无障碍环境治理体系构建与实践

康丽　曾红艳　凌亢　著

辽宁人民出版社

© 康丽　曾红艳　凌亢　2021

图书在版编目（CIP）数据

无障碍环境治理体系构建与实践 / 康丽，曾红艳，凌亢著 . —沈阳：辽宁人民出版社，2021.12
（国家无障碍战略研究与应用丛书 . 第二辑）
ISBN 978-7-205-10343-9

Ⅰ.①无… Ⅱ.①康… ②曾… ③凌… Ⅲ.①残疾人—城市公用设施—建设—研究—中国 Ⅳ.①D669.69 ②F299.24

中国版本图书馆 CIP 数据核字（2021）第 242786 号

出版发行：辽宁人民出版社
　　　　　地址：沈阳市和平区十一纬路 25 号　邮编：110003
　　　　　电话：024-23284321（邮　购）　024-23284324（发行部）
　　　　　传真：024-23284191（发行部）　024-23284304（办公室）
　　　　　http://www.lnpph.com.cn
印　　刷：辽宁新华印务有限公司
幅面尺寸：170mm×240mm
印　　张：18
字　　数：250千字
出版时间：2021 年 12 月第 1 版
印刷时间：2021 年 12 月第 1 次印刷
责任编辑：刘国阳　郭　健　赵学良
装帧设计：留白文化
责任校对：吴艳杰
书　　号：ISBN 978-7-205-10343-9
定　　价：65.00元

总　序

张苏军

欣闻《国家无障碍战略研究与应用丛书》(第二辑)付梓,这份欣喜,既表达了对我国无障碍事业的蓬勃发展态势的喜悦,也有为那些投身于无障碍事业的各界人士的赞许,更饱含对创造更加宜居、宜业、宜游、舒适美好生活环境的期待。此套丛书的出版,对助力我国无障碍法治环境建设,以法治的精神、法治的力量和法治的感召,深入推进我国无障碍环境建设高质量发展,向世界展示中国方案、中国作为和中国成果,意义重大。

此套丛书汇集了我国无障碍理论研究的最新成果,聚合了北京大学、清华大学等国内高校和科研机构专家团队的力量,以多元视角、在诸多层面,系统性地对无障碍的社会价值、经济价值、科技创新等领域进行研究,同时对我国无障碍社会实践进行了深化梳理和总结,对城市更新、适老化改造、全龄友好型社区和残疾人家庭无障碍改造等进行了细化研究,为不断满足人民群众日益增长的对美好生活的需要,促进人的全面发展、逐步实现共同富裕的目标等提供了理论支持,发挥了无障碍理论研究与实践融合的独特作用及价值。

习近平总书记指出:"无障碍设施建设问题是一个国家和社会文明的标志,我们要高度重视。"这为我国无障碍事业发展提供了遵循,指明了方向。无障碍环境建设是一个国家科技化、智能化、信息化水平的体现,是一个国家经济建设和社会建设水平的体现,也是一个国家硬实力和软实力的综合体现。无障碍环境建设的高质量发展,将更好地满足人民群众日益增长的需

张苏军　第十三届全国人大常委会委员,第十三届全国人大监察和司法委员会副主任委员,中国法学会党组成员、副会长。

求，充分体现"以人民为中心"的发展理念。我国有8500多万残疾人，有近2.64亿60岁以上老年人，是世界上残疾人口和老年人口最多的国家，在无障碍环境建设方面有着巨大的现实需求。消除公共设施、交通出行、信息通信等领域的障碍，让广大老年人、残疾人平等地参与到康养、教育、就业和社会生活中，加强无障碍环境建设，是保障全社会成员特别是残疾人、老年人等有特殊需求群体融合共享社会生活的重要前提，是完善城乡基本公共服务的重要内容，是应对老龄化、满足适老化需求的重要措施，是建设美丽中国、健康中国的重要体现，是国家经济发展、人权保障、社会文明进步的重要标志。对于提升老年人、残疾人的社会适应能力，促进社会融合具有重要的现实意义。

近年来，我国无障碍环境建设发展迅猛。无障碍法规政策标准体系不断完善，无障碍设施、无障碍信息、无障碍服务水平不断提高，城乡无障碍环境建设方兴未艾，社区、残疾人家庭无障碍改造受益面不断扩大，无障碍环境建设取得的成就，在国内外彰显了重要的人文价值，产生了良好的社会影响。党的十九届六中全会总结中国共产党从小到大、从弱到强，从胜利走向胜利的根本经验，就在于依靠人民、服务人民、赢得民心。坚持以人民为中心的发展思想，着力保障和改善民生，着力解决人民群众急难愁盼问题，加强基础性、普惠性、兜底性民生保障建设，在幼有所育、学有所教、劳有所得、病有所医、老有所养、住有所居、弱有所扶方面不断推进。为人民创造安宁祥和、稳定有序的社会环境，才能让人民生活全方位改善，获得感、幸福感、安全感更加充实、更有保障、更可持续。这其中，高质量推进无障碍环境建设发展是必不可少、大势所趋的应有之义。

应该看到，当前我国无障碍环境建设与经济建设和社会发展水平还不相适应，无障碍环境建设还面临着诸多亟待解决的困难和问题；我国法律中关于无障碍的规定还不系统、不规范，法律之间缺乏有效衔接，而且多部专业领域的法律中未涉及无障碍环境建设的规定内容，因此，需要整合并形成系统完善的无障碍专门法律，强化无障碍法规政策实施落地的切实举措，进一步以法治来推进无障碍环境建设与国家社会经济发展和人权保障成果的融合，以法治来建立新冠肺炎疫情防控工作中的无障碍环境保障长效机制，以法治来促进无障碍环境护佑人民群众生命安全和身体健康，以法治来保障我国无障碍环境建设持续健康高质量发展，满足社会全体成员对无障碍环境建设日益增长的迫切需求。

无障碍环境建设立法已成为当前重要课题，是新阶段推进无障碍环境建设的必然所需，亟待加快无障碍环境建设立法进程。无障碍环境建设是一项整体的社会改造工程，不仅需要政府的主导，还需社会力量，特别是科研机构、社会组织等的广泛参与。无障碍立法既要立足现实，也要有前瞻性，要在中国特色社会主义法治体系之下探寻无障碍建设的法治保障，满足广大社会成员日益增长的无障碍需求，实现无障碍环境建设的高标准、高质量发展。

借《国家无障碍战略研究与应用丛书》（第二辑）出版，向促进社会美好和谐发展的中国无障碍事业致敬！向丛书全体编创人员表示感谢和敬意！

2021年11月

国家无障碍战略研究与应用丛书(第二辑)
顾 问

叶静漪 庄惟敏 吕世明

前　言

我国有 8500 多万残疾人，2.6 亿 60 岁以上老年人，加上儿童、孕妇以及伤病人等，将是一个庞大的人口数量，保障这些对无障碍环境依赖程度较高的群体平等享受安全便利的生活环境，并将这种对特殊人群的关怀扩展为惠及所有人的一种通用安排，已经成为衡量社会文明程度的重要标志。无障碍不仅直接关系残疾人、老年人的幸福生活，同时也是惠及所有人的工程；无障碍不仅仅是残障群体的"特惠"，还是社会所有人共享的"普惠"，是一项普惠性、通用性、必要性的重大民生工程。党的十九大报告指出，中国共产党人的初心和使命，就是为人民谋幸福，要永远把人民对美好生活的向往作为奋斗目标。加强无障碍环境建设，聚焦人民群众的需求，为所有人创造安全便利、平等友爱、多元包容的美好生活环境，是落实党的十九大"以人民为中心"理念的重要内容。

无障碍，是社会文明进步的重要标志，是促进社会全面融合发展的基础条件，是提升人民生活品质，满足人民日益增长的对美好生活环境需求的重要保障，是我国积极应对老龄化问题，建设老年友好型社会，建设健康美丽中国，实现可持续发展的重要举措。我国的无障碍环境建设从 20 世纪 80 年代开始起步，经过三十多年的发展，在党和政府的高度重视下，在残联组织的大力推进和社会各界的大力支持下，无障碍环境建设已融入文明城市建设以及新时代全面小康的宏图伟业，在无障碍物质环境、信息无障碍、无障碍服务等方面均取得了显著成效。无障碍相关法规规划政策标准体系不断完善，无障碍市县村镇创建工作深入开展，残疾人家庭无障碍改造逐步得到普及，无障碍设施覆盖范围不断扩大，无障碍环境建设水平不断提高。无障碍环境建设在促进残疾人、老年人等社会成员平等参与社会生活、共享改革发展成果方面发挥了重要作用。

无障碍环境建设涉及领域广泛、建设主体多元，是一项复杂的系统工程。我国的无障碍环境建设取得显著成效的同时，依然存在诸多亟待解决的困难和问题。主要表现为：全社会无障碍意识不强；无障碍法律法规政策标准体系不完善；无障碍基础设施缺口大，老旧建筑改造、社区无障碍环境改善任务繁重，残疾人家庭无障碍改造任务艰巨，农村无障碍环境建设任重道远；信息无障碍发展薄弱；无障碍环境建设规范化程度不高；企业参与积极性不强，社会组织发展比较滞后，多元主体协同有待加强；无障碍建设不平衡、不充分、不系统特征明显，与人民群众日益增长的无障碍环境需求仍有差距。

无障碍环境建设问题的复杂性，社会成员需求的紧迫性、多样性以及无障碍环境建设价值的共享性，使得政府与社会、政府与市场、市场与社会之间的互动表现出错综复杂的关系。无论是政府还是市场、社会都不可能单方面包揽解决无障碍领域的问题，必须充分发挥市场作为配置社会资源的基本力量，必须积极培育并推动社会组织的成长，发挥政府、市场和社会等多元主体不可或缺的重要作用，共同参与无障碍事务的管理与服务。但是，多元主体参与无障碍事务过程中，不同的主体处于什么地位？扮演什么角色？发挥什么功能？主体之间如何互动？如何共同面对无障碍现实问题，有效组织各种力量，利用多种资源，采取多种方式进行综合治理？如何聚焦无障碍领域关键问题进行重点突破，从而不断提升无障碍环境建设水平？本书尝试结合这些问题对无障碍环境治理主体结构、治理机制、治理重点、治理方式等进行研究，以揭示其内在运行规律。本书作者认为整合各类主体和各种要素，运用多样手段、加强多元协同，构建系统的无障碍环境治理体系，是加强无障碍环境治理的关键所在，是破解当前无障碍环境建设问题，提升无障碍环境治理成效，提高无障碍环境建设水平的重要路径选择，是满足人民对美好生活环境需要，是实现无障碍环境治理目标的必由之路。

党的十八大以来，以习近平同志为核心的党中央，站在全球治理和国家治理的新高度，提出了国家治理体系和治理能力现代化这一重大课题，为我们深化社会治理规律认识拓宽了新境界。尤其在社会治理上，进一步明确了系统治理、依法治理、源头治理、综合施策的原则，提出了打造共建共治共享的社会治理格局的新要求，充分体现了以人民为中心的执政理念，为新时代社会治理实践提供了根本遵循。新的社会治理理念落实到无障碍环境治理领域，体现在认识论上，要坚持无障碍环境治理的系统思维，要加强党委领导，发挥政府主导作用，鼓励和支持社会各方参与无障碍环境治理，形成治理合力。体现在方法论上，要加强无障碍环境建设的法治建设，运用法治思维和法治方式破解无障碍环境治理难题，提升无障碍环境治理的法治化水平；要加强源头治理，强化社会成员无障碍意识，规范社会行为；要强化无障碍技术标准规范的执行落实，强化无障碍规划设计、建设、验收、管理、维护责任的落实；要立足无障碍环境治理全局抓大事，以无障碍环境治理重要领域和关键环节作为突破口，在关键点上集中发力，使各项举措在政策取向上相互配合、在实施过程中相互促进、在实际成效上相得益彰。

本书以党的十九届四中全会精神为根本遵循，以"共建共治共享"为无障碍环境治理体系的整体逻辑框架，聚焦于解决"谁来治理？""治理什么？""如何治理？""治理成效如何？"等无障碍环境治理中的关键问题，以无障碍环境治理体系的构建及相关实践为主线，探究具有中国特色的现代化无障碍环境治理体系。围绕无障碍环境治理体系的核心构成要素，从治理理念、治理目标、治理主体、治理重点、治理方式、治理绩效等方面展开论述，力图通过无障碍环境治理体系的阐释，为促进我国无障碍环境治理水平、治理能力的提升，推动我国无障碍事业发展起到一定的积极作用。同时，也期望本书能起到抛砖引玉的作用，引起专家学者对无障碍公共治理问题研究的兴趣，引发更多更广泛的思考和更深入的研究，从而推动无障碍理论与实践的进一步发展。

2021年，是中国共产党的百年华诞，也是国务院《无障碍环境建设条例》颁布实施九周年，站在两个百年交汇的历史点，我国的无障碍事业正以前所未有的崭新姿态，踏上"十四五"和全面建成社会主义现代化的新征程，跨入高质量、高品质发展的新阶段。无障碍事业取得的辉煌成就是党带领人民干出来的，从改革开放时期的艰难起步，到新时代无障碍环境的全面系统建设，无障碍事业在党的领导下，在无数无障碍工作者的辛勤努力下，谱写了一曲具有中国特色、时代精神的无障碍赞歌。

本书写作过程中，得到江苏高校人文社会科学校外研究基地"残障与发展研究基地"、江苏省决策咨询研究基地"江苏共享发展研究基地"的支持和帮助，在此一并表示感谢！由于作者水平有限，书中难免存在不足，恳请同行专家与广大读者朋友提出宝贵意见。

编者
2021 年 9 月

目 录

总　序 …………………………………………………………… 张苏军
前　言 …………………………………………………………………… 001

第一章　绪　论 ………………………………………………………… 001
　　第一节　相关概念界定与理论基础 ……………………………… 002
　　　　一、相关概念界定 …………………………………………… 002
　　　　二、理论基础 ………………………………………………… 011
　　第二节　我国无障碍环境治理的发展阶段 ……………………… 013
　　　　一、起步探索阶段（1949—2000年）……………………… 013
　　　　二、全面推进阶段（2001—2012年）……………………… 014
　　　　三、现代化建设阶段（2013年至今）……………………… 018
　　第三节　我国无障碍环境治理成效与不足 ……………………… 021
　　　　一、无障碍环境治理取得的成效 …………………………… 021
　　　　二、无障碍环境治理存在的不足 …………………………… 032
　　第四节　无障碍环境治理体系的构建 …………………………… 038
　　　　一、无障碍环境治理体系的构建逻辑 ……………………… 039
　　　　二、无障碍环境治理体系的结构框架 ……………………… 040
第二章　无障碍环境治理的价值取向与战略规划 …………………… 045
　　第一节　无障碍环境治理的价值取向 …………………………… 046
　　　　一、治理目标：为了人民 …………………………………… 046
　　　　二、治理成果：人民共享 …………………………………… 047
　　　　三、治理成效：人民评价 …………………………………… 048

第二节　无障碍环境治理的战略分析 ················· 049
　　　一、政治与法律环境 ························· 049
　　　二、经济环境 ····························· 056
　　　三、技术环境 ····························· 058
　　　四、社会文化环境 ·························· 059
　　　五、全球环境 ····························· 061
　　第三节　战略规划构想 ························· 062
　　　一、"十四五"时期目标 ······················ 064
　　　二、2035 年远景目标 ······················· 066

第三章　无障碍环境治理的主体 ······················· 067
　　第一节　无障碍环境治理主体的主要类型 ············· 068
　　　一、政党组织 ····························· 068
　　　二、政府组织 ····························· 069
　　　三、社会组织 ····························· 070
　　　四、市场组织 ····························· 071
　　　五、公众 ······························· 071
　　　六、国际组织 ····························· 072
　　第二节　无障碍环境治理结构及主体位置与角色 ········· 073
　　　一、无障碍环境治理结构 ····················· 073
　　　二、无障碍环境治理主体位置与角色 ·············· 074
　　第三节　无障碍环境治理的运行机制 ················ 079
　　　一、需求导向 ····························· 079
　　　二、协作治理 ····························· 079
　　　三、法治保障 ····························· 080
　　　四、技术支撑 ····························· 081
　　　五、激励约束 ····························· 081
　　　六、标杆学习 ····························· 082
　　第四节　无障碍环境治理的政策主体分析 ············· 083
　　　一、中央层面治理 ·························· 085

二、地方层面治理 …………………………………………… 090

第四章　无障碍环境治理的重点领域 ……………………………… 093
　第一节　建筑无障碍 ……………………………………………… 094
　　一、定义与内涵 ……………………………………………… 094
　　二、设计要点 ………………………………………………… 097
　　三、我国建筑无障碍环境治理现状及问题 ………………… 105
　　四、我国建筑无障碍建设政策建议 ………………………… 110
　第二节　交通无障碍 ……………………………………………… 111
　　一、定义与内涵 ……………………………………………… 111
　　二、设计要点 ………………………………………………… 113
　　三、当前我国交通无障碍环境建设存在的问题 …………… 117
　　四、我国交通无障碍建设政策建议 ………………………… 119
　第三节　信息无障碍 ……………………………………………… 120
　　一、定义与内涵 ……………………………………………… 121
　　二、信息无障碍技术与标准简介 …………………………… 121
　　三、我国信息无障碍环境现状 ……………………………… 123
　　四、我国信息无障碍建设发展趋势及政策建议 …………… 131

第五章　无障碍环境治理的方式 …………………………………… 137
　第一节　推进无障碍环境治理的法治化建设 …………………… 138
　　一、无障碍环境治理法治化建设现状 ……………………… 138
　　二、无障碍环境治理法治化建设存在的不足 ……………… 149
　　三、无障碍环境治理法治化建设构想 ……………………… 152
　第二节　推动无障碍环境治理的社会化建设 …………………… 154
　　一、无障碍环境治理社会化建设现状 ……………………… 155
　　二、无障碍环境治理社会化建设的构想 …………………… 161
　第三节　加强无障碍环境治理的智能化建设 …………………… 162
　　一、科技创新对无障碍环境治理的机遇与挑战 …………… 162
　　二、无障碍环境治理智能化建设现状 ……………………… 164
　　三、无障碍环境治理智能化建设构想 ……………………… 166
　第四节　促进无障碍环境治理的专业化建设 …………………… 168

一、无障碍环境治理专业化建设现状 168
　　二、无障碍环境治理专业化建设构想 171

第六章　无障碍产业与无障碍环境治理 175
　第一节　无障碍产业概述 176
　　一、定义与意义 176
　　二、我国无障碍产业发展现状 178
　第二节　无障碍产业发展对无障碍环境治理的影响 189
　第三节　无障碍产业发展的 SWOT 分析 191
　　一、我国无障碍产业发展优势 191
　　二、我国无障碍产业发展劣势 193
　　三、我国无障碍产业发展机会 197
　　四、我国无障碍产业发展风险 197
　第四节　促进无障碍产业发展的思路与对策 199
　　一、发展思路 199
　　二、具体对策建议 200

第七章　无障碍环境治理绩效评价 203
　第一节　无障碍环境治理绩效评价的理论基础 204
　　一、必要性 204
　　二、公共治理理论 205
　　三、政府绩效评价理论 208
　第二节　无障碍环境治理绩效评价指标体系的构建 210
　　一、构建原则 210
　　二、构建思路 211
　　三、研究及应用 214
　　四、基本框架 219

第八章　无障碍环境治理创新及实践案例 227
　第一节　国际无障碍环境治理经验借鉴及启示 228
　　一、日本无障碍环境治理经验借鉴及启示 228
　　二、美国无障碍环境治理经验借鉴及启示 234
　　三、澳大利亚无障碍环境治理经验借鉴及启示 237

第二节　国内无障碍环境治理创新与实践 …………………… 245
　　一、我国信息无障碍治理创新与实践总览 ………………… 245
　　二、北京市无障碍治理创新与实践 ………………………… 249
　　三、上海无障碍治理创新与实践 …………………………… 251
　　四、深圳市无障碍治理创新与实践 ………………………… 253

参考文献 ……………………………………………………………… 257

第一章
绪　论

第一节　相关概念界定与理论基础

一、相关概念界定

（一）无障碍

"无障碍"的内涵并不是一成不变的，而是随着人们对无障碍的认识和行动而不断演变、深化发展而形成的。无障碍发端于20世纪30年代，北欧一些国家运用现代技术和方法进行无障碍建筑和设施的设计，提供专为残疾人所使用的扶手和坡道，以方便残疾人平等便利地融入社会生活。1959年，欧洲议会通过《方便残疾人使用的公共建筑物的设计与建设的决议》并首次提出"无障碍"的概念，强调建筑的新建和改造必须要充分考虑残疾人的需求[1]。1961年，美国率先制定了世界上第一个无障碍标准，即《使残疾人易接近使用的美国建筑设施设计规范说明书》[2]。1974年，联合国残疾人生活环境专家会议正式提出"无障碍设计"（barrier-free design）的概念。自此"无障碍"一词在国际社会被广泛使用。1982年，联合国通过《关于残疾人的世界行动纲领》，其中有6条与无障碍相关，要消除或者减少影响残疾人平等和充分参与的物质环境、娱乐和生活环境等方面的各种障碍[3]。

1990年《美国残疾人法》立法过程中，基于保障残疾人平等参与和受益的机会，规定交通、公共设施、政府服务等各方面对于残疾人必须是"可进入的""可使用的"，由此提出了无障碍概念新的术语表达，即

---

[1] 成斌.国内外无障碍环境建设法制化之比较研究[J].西南科技大学学报（哲学社会科学版），2005（03）：28-31+56.
[2] 无障碍国家战略[M].沈阳：辽宁人民出版社，2019：2.
[3] 住房和城乡建设部，工业和信息化部，中国残疾人联合会.国内外无障碍建设法律法规选编[M].北京：华夏出版社，2010：293.

"accessibility"①，并成为美国残疾人权利立法的核心概念，也影响了随后很多国家和地区的人们的无障碍认识和行为。1993年，联合国大会通过《残疾人机会均等标准规则》，其中平等参与的领域部分，明确提出了包括物质环境的无障碍（4条）、信息和交流的无障碍（7条）两个方面共11项具体规则与要求②。2006年，联合国第61届大会通过《残疾人权利公约》（以下简称《公约》），其中第九条明确阐述了无障碍的意义、无障碍的适用范围以及应当采取的措施③。虽然《世界人权宣言》确定了残疾人的权利，但《公约》是第一份具有法律约束力的文书，其中无障碍条款要求缔约国采取措施，确保残疾人在与其他人平等的基础上进出物质环境，使用交通工具，利用信息和通信，以及享用向公众开放或提供的其他设施和服务，并查明和消除各种障碍。

标准规范方面，2011年，国际标准化组织为建筑环境制定了国际标准，使所有人，无论残疾与否，都能够独立接近、进入、使用、离开和撤离建筑物。该组织也为各种形式的信息和通信技术（信通技术）制定了国际准则和标准，如《网页内容无障碍导则2.0》《信息/通信技术设备和服务无障碍导则》以及《软件无障碍和电子文档文件格式增强无障碍导则》。国际数字出版论坛也发布了《电子书无障碍导则》。2014年，国际标准化组织IEC、ISO和ITU联合发布《国际无障碍指南》（ISO/IEC Guide71：2014），该指南的设计理念同样强调在这个社会中所有的人，不管年龄、能力、身体状况，都应该获得标准系统的支持与保护。这一理念与近年来残障领域所倡导的通用设计理念完全契合。

"无障碍"一词在20世纪80年代进入中国。1989年中国颁布实施《方便残疾人使用的城市道路和建筑物设计规范》（JGJ 50-88），2001年修订为《城市道路和建筑物无障碍设计规范》（JGJ 50-2001），2012年又进一步改版为《无障碍设计规范》（GB 50763-2012），适用对象从残疾人到所有有需求的人，建设领域从城市道路、公共建筑向各类公共设施延伸，并拓展至信息领域。1990年，国家发布《中华人民共和国残疾人保障法》，提出逐步实行方便残疾人的城市道路和建筑物设计规范，采取无障碍措施。2012年国务院颁布《无

---

① 闫蕊. 美国无障碍环境建设［J］. 社会保障研究，2007（01）：199-208.
② 残疾人机会均等标准规则（1993）（un.org）.
③ 残疾人权利公约（2006）（un.org）.

障碍环境建设条例》（以下简称《条例》），其中对于无障碍的定义借鉴了《公约》第九条关于"无障碍"的规定，列举了物质环境、交通、信息交流和社区服务等无障碍类型。但与《公约》相比，《条例》在确定无障碍目标、价值和空间范围上都有明显差异①。然而在推进无障碍的实践过程中，我国始终把促进包括残疾人在内的社会成员的平等参与共享作为目标和宗旨，这一点说明中外无障碍的理念和价值在根本上是相通的。

"无障碍"可翻译为英文"barrier-free"和"accessibility"，语义的变化一定程度上反映了人们对无障碍认识水平的不断提高。Barrier-free 早期主要面向残疾人，尤其是肢体残疾人，然后逐步拓展到失能的老年人、怀孕的妇女、无法独立行走的幼童、病人等特定人群。Accessibility 则面向所有人群，包括产品的设计和环境的考虑无须做出特殊调整或特别设计，就可以人人可及、人人可用，即通常讲的"通用设计"。Barrier-free 刻画物质环境、制度环境的属性和状态，它主要聚焦环境本身的友好性、便利性。而 accessibility 更关注提升各类特定人群"进入"某一设施、场合以及"使用"某种产品、享受某种服务的机会或能力，更强调人与环境的交互作用，而不仅仅指环境本身便利与否。

无障碍设计（barrier-free design），指专门针对特定人群需求，对环境或者设施而进行的改变。而与 accessibility 概念直接相关的通用设计则不会将残疾人等特定人群与其他人群进行区分，但从实现权利和促进发展的策略上，可以根据具体需求提供合理便利。"通用设计"不排除在必要时为某些残疾人群体提供辅助用具；也强调在不造成过度或不当负担的情况下，可对环境、设施、产品、服务进行必要和适当的修改和调整，为满足残疾人在特定环境下的具体需要而提供合理便利。

无障碍是残疾人等特殊人群融入社会的必然要求，无障碍是实现人们对美好生活追求的重要保障。无障碍是一项跨学科、多领域的社会系统工程。当前，无障碍建设已经从城市道路、公共建筑、公共交通，发展到信息交流和公共服务；从建设改造各类硬件设施和物质环境等实体世界，到利用现代信息和通信技术构筑人人可及可用的虚拟世界，无障碍概念内涵不断丰富、

---

① 厉才茂. 无障碍概念辨析 [J]. 残疾人研究，2019，12（04）：64-72.

外延不断拓展。综上所述，无障碍就是没有障碍，不存在障碍，是残疾人、老年人等社会成员平等、充分地参与社会生活，安全、自如地出入相关建筑物，便利地使用交通工具、信息和通信技术和系统，获得公共服务的一种生存与发展的环境状态。

（二）无障碍环境

1993年，联合国通过《残疾人机会均等标准规则》，在平等参与的目标领域中明确指出无障碍环境的内容："各国应确认无障碍环境在社会各个领域机会均等过程中的全面重要性。对任何类别的残疾人，各国均应采取行动方案，使物质环境实现无障碍；均应采取措施，在提供信息和交流方面实现无障碍。"[①] 该规则中将无障碍环境划分为无障碍物质环境和无障碍信息交流。2006年，联合国《残疾人权利公约》提出："缔约国应当采取适当措施，确保残疾人在与其他人平等的基础上，无障碍地进出物质环境，使用交通工具，利用信息和通信，包括信息和通信技术和系统，以及享用在城市和农村地区向公众开放或提供的其他设施和服务。"这个表述中无障碍环境的内容除了包含无障碍物质环境和无障碍信息交流，又增加了无障碍服务。

2018年，近60个联合国实体、机构间网络和民间社会组织深入参与拟订《联合国残疾包容战略》，这项政策体现了联合国残疾包容的愿景，它规定了联合国在实现残疾包容的目标方面将重点关注的领域和职能，包容性为实体问责框架中的四个重点领域之一，包含无障碍环境、合理便利等4个指标，其中对于无障碍环境的界定主要以《残疾人权利公约》为基础。

2019年，第74届联合国大会根据第72/162决议提交"无障碍环境与《残疾人权利公约》及其任择议定书的现况"的报告，报告全面概述了残疾人无障碍环境，并介绍了各国政府、联合国系统各实体和民间社会组织在促进无障碍环境方面正在进行的努力和取得的进展。报告中对于无障碍环境作出界定[②]：无障碍环境指提供无论是虚拟还是实体的灵活的设施和环境，以满足每个用户的需求和偏好。这可以是容易接近、到达、进出、与之交互、理解或以其他方式使用的任何地方、空间、项目或服务。这个定义第一次用"实

---

① https://www.un.org/zh/documents/treaty/files/A-RES-48-96.shtml.
② 联合国经济和社会事务部，"无障碍环境与发展：将残疾问题纳入2015年后发展议程的主流"，ST/ESA/350。

体环境""虚拟环境"来概括无障碍环境,强调其易接近性、可到达性、易理解性和便于交互等特点。

从服务对象来看,国际无障碍服务的服务对象经历了三次重要演变,第一次是 20 世纪 50 年代,无障碍概念初步形成,这时的无障碍环境建设是将残疾人进行狭隘分离的初始阶段。第二次是 20 世纪 70 年代以后,随着社会人口老龄化程度的日益加深,无障碍环境建设将服务对象扩大到老年人以及处于特殊阶段而行动不便的人群,如婴儿、孕妇等。第三次是 20 世纪 90 年代以来,无障碍环境建设发展到为所有的社会成员提供便利的、包容统一的通用阶段。

2012 年,为保障残疾人等社会成员平等参与社会生活,国务院颁布了《无障碍环境建设条例》。该条约将无障碍环境建设定义为:"为便于残疾人等社会成员自主安全地通行道路、出入相关建筑物、搭乘公共交通工具、交流信息、获得社区服务所进行的建设活动。"从该定义看,当时的无障碍更关注残疾人,而无障碍环境建设的内容主要包括无障碍设施建设、无障碍信息交流和无障碍社区服务三个部分。

随着我国人口老龄化形势的日趋严峻,社会对无障碍环境的需求日益迫切。推进无障碍环境建设,是实现"十四五"时期"改善人民生活品质,提高社会建设水平"的目标任务,基本实现 2035 年"人民平等参与、平等发展"远景目标,保障残疾人、老年人等社会成员平等参与社会生活,实现融合共享的社会发展局面的重要举措,是体现城市文明程度、高质量发展水平的重要标志。我国现有 8500 多万残疾人,2.6 亿 60 岁以上老年人,积极营造关爱残疾人、老年人等特殊群体,关注无障碍环境建设的良好氛围,并将这种对障碍人群及老年人的关怀扩展为惠及所有人的一种通用安排,已经成为现代化建设的重要内容,为此无障碍环境建设刻不容缓。

无障碍环境的内涵可从无障碍环境建设的内容及服务对象两个方面去进行界定。随着人类社会对残障人权的认识过程以及无障碍环境建设实践的发展,无障碍环境建设内容将向更全面、更深入、更人性化的层次推进。在无障碍环境建设初期,建设重点是无障碍设施,集中体现在道路、公共设施和建筑的无障碍。随着社会经济的发展,科学技术为特殊需求人士提供了解决问题的新的方法和机会,无障碍环境建设在无障碍设施基础上,增加了信息无障碍的内容。现实中，阻碍残疾人、老年人等社会成员独立、平等地参与社会生活的因素不仅仅是物质条件方面有形的障碍，还包括在社会制度、社会成员观念态度、行为方式等方面形成的障碍。无障碍环境建设必须消除一切有形和无形的障碍，通过制定法规保障无障碍环境建设的实施，通过宣传、教育、交流合作使每一个社会成员认识和了解无障碍，并自觉遵守无障碍政策法规，积极参与无障碍环境建设，通过社会各界共同努力，利用多种方式建设全方位的无障碍环境。

因此，从建设内容来看，无障碍环境内涵的演变经历了早期关注物质环境建设推进到当前综合的全方位的社会环境建设，既包括硬件，如有形的建筑、交通、公共设施、信息等，也包括软件如无形的法治建设、公众意识、行为方式等。有形的物质和无形的观念、制度等无障碍环境建设相互促进，融合发展。从服务对象来看，从 20 世纪 50 年代发展初期，无障碍环境服务对象仅仅限定于残障人士尤其是肢体残疾者，到 70 年代服务对象范围扩大兼顾到老年人、孩子、孕妇、病人等使用者，再到 90 年代服务对象拓展到社会所有成员，是为了保障每一个社会成员都能无障碍地出行、交流，都能公平、自尊、独立地参与社会生活。综上所述，本书对于无障碍环境的内涵界定如下：无障碍环境是指以人为中心，为消除残疾人、老年人乃至每一位社会成员在日常活动中面临的各种有形或无形障碍，保障其能平等参与社会生活，共享社会建设成果而构建的涉及物质、信息、制度、人文等全方位、系统化、人性化的社会环境。

（三）无障碍环境治理

无障碍环境治理可视为社会治理的一个子领域。因此，界定无障碍环境治理的概念可先从其上位概念"治理"与"社会治理"入手。

1995 年，联合国下属的全球治理委员会发布题为《我们的全球伙伴关系》的研究报告，对治理进行了明确的界定[1]：治理是个人和机构管理共同事务的诸多方式的总和，是调和利益或冲突并采取联合行动的持续的过程。根据这一界定，治理是一个持续的多主体协调、互动共同管理事务的过程，互动是治理的本质。

---

[1] The Commission On Global Governance. Our Global Neighborhood: The Report Of The Commission On Global Governance [J]. Oxford: Oxford University Press, 1995.

党的十八届三中全会将"推进国家治理体系和治理能力的现代化"作为全面深化改革的总目标,之后它便成为中国政治的热门话语,得到政治学、经济学、社会学、管理学等不同学科领域学者关注并对其进行了系列研究。虽然学者们对治理的定义尚没有达成统一的意见,但通常将治理理解为一种多个行为主体通过合作互动共同参与公共事务管理活动的过程。且基本上认可治理具有以下基本特征:

第一,参与主体多元化,政府虽然是主角,但不包揽一切;

第二,治理的方式具有多样性,包括多方面、多层次多主体的合作、协商、博弈、监督等,既借助正式的法律、规章,也通过非正式的程序和规范来实施;

第三,治理涉及的领域非常广泛,包括政治、经济、环境、安全等诸多领域。

周红云(2014)[①]通过梳理我国社会管理与社会治理变迁的政策脉络指出,社会管理这个词虽然是在1993年第一次出现,社会治理这个概念也仅出现在2013年,但并不表示1993年之前不存在社会管理或社会治理的问题,如果从运用政治权力来管理国家事务这个意义上来讲,社会管理和社会治理早已有之。只不过,与传统社会不同,现代社会的社会治理的含义有了很大变化,尤其是在国家治理现代化的背景下,社会治理现代化实践更是注入了许多新的内容。

社会管理、社会治理都是为了维护和达成社会秩序,对社会公共事务和社会公共活动进行规范和协调等的管理过程,它是以实现公共利益为核心的公共管理实践的重要组成部分。但是社会管理与社会治理之间也存在重大差别。首先,在主体上,社会管理更强调管理主体对客体的管理和控制,而社会治理强调一方主体与另一方主体的合作。社会管理将政府视为管理主体,将社会视为被管理的客体,侧重于政府对社会进行管理和控制。社会治理强调多元主体,政府和社会都是治理主体,合作对公共事务进行共同治理。其次,在过程上,社会管理更强调政府对社会的自上而下的管控,而社会治理强调多元主体之间的多向协商与合作。再次,在内容上,社会管理更多强调

---

① 周红云.从社会管理走向社会治理:概念、逻辑、原则与路径[J].团结,2014(01):28-32.

政府对社会公共事务的管理；而社会治理首先强调公民对社会公共事务的自治，同时并不排斥政府对社会公共事务的管理，并强调政府与社会的合作共治。最后，在结果上，社会管理体现为静态、被动的管控，而社会治理则体现为动态的、主动的治理。

社会治理取代社会管理意味着社会秩序的维护和达成不再是政府单方面的事务，而是政府与社会共同的事务；政府不再是单一的管理主体，社会不再是被管理的客体，治理过程不再是自上而下的管控，而是多元主体的协商与合作。从社会管理过渡到社会治理，在谁来治理（治理主体）、怎么治理（治理结构、治理方式与过程）、治理得怎样（治理成效）等方面，体现了中国现代社会不同于传统社会的特点，它是一个传统的自上而下的国家权力统治向现代社会治理（多元主体共治）转型的过程[①]。因此，社会治理是在社会领域内，政府、私营部门、非营利组织等组成相互依赖的多主体治理网络，按照参与、沟通、协调和合作等治理机制，为有效解决社会公共问题、提供公共服务、增进公共利益而共同管理公共事务的过程[②]。

姜晓萍认为，"社会治理是以实现和维护公众权利为核心，发挥多元治理主体的作用，针对国家治理中的社会问题，完善社会福利，保障改善民生，化解社会矛盾，促进社会公平，推动社会有序和谐发展的过程"[③]。燕继荣认为，"社会治理是一个综合性的过程，主要包括四个方面的问题或要素：谁来治理？治理什么？如何治理？凭什么治理？其中，'谁来治理'主要讨论的是社会治理的主体问题；'治理什么'主要回答的是社会治理的对象；'如何治理'主要指的是社会治理主体采取什么样的方式来治理社会；'凭什么治理'主要涉及治理主体凭借什么样的工具和手段来实现社会治理，通常指的是法律、行政、制度以及网络等力量和手段"[④]。

无障碍环境治理作为社会治理体系的重要组成部分，伴随着治理时代的到来，对无障碍环境问题的解决方向也由原有"管理"向"治理"进行提

---

① 周庆智.社会治理体制创新与现代化建设［J］.南京大学学报（哲学.人文科学.社会科学），2014，51（04）：148-156+160.
② 周红云.从社会管理走向社会治理：概念、逻辑、原则与路径［J］.团结，2014（01）：28-32.
③ 姜晓萍.国家治理现代化进程中的社会治理体制创新［J］.中国行政管理，2014（02）：24-28.
④ 燕继荣.中国社会治理的理论探索与实践创新［J］.教学与研究，2017（09）：29-37.

升。原有的无障碍环境管理主要局限于国家、政府等公权力主体，通过法律、政策、规范、标准等单向度手段解决无障碍环境问题。在这样的视野下，无障碍环境管理可被界定为"各级人民政府的无障碍环境管理部门按照国家颁布的政策法规、规范和标准要求而从事的管理活动"。在新的时代背景下，治理理论开始在各个领域得以充分发展，无障碍环境问题的解决需要更多主体的参与和更多元机制、更多样手段的运用。

无障碍环境治理不仅是各级政府的事情，也是涉及所有层面上的管理活动过程，是各种社会主体共同参与无障碍发展进程、推进无障碍发展的活动过程。目前，国内对无障碍环境治理讨论较少，尚没有确立起无障碍环境治理的概念。许巧仙（2015）[①]从社会治理理论视角探讨了无障碍环境建设困境破解的路径。段培君等（2019）[②]在其著作《无障碍国家战略》一书中对国际无障碍发展机制的重要经验——国际机构、政府、各种公益机构和社会组织对无障碍发展的作用进行了分析，并对我国的无障碍治理体制、自组织机制、政策体系进行了论述，这些研究成果为我们研究无障碍环境治理体系奠定了理论基础。

无障碍环境治理是用社会治理的理念和方法，调动全社会力量做好无障碍环境建设的系列工作；是无障碍环境和社会治理的有机结合，是无障碍环境和社会治理的交叉领域，同教育、医疗等领域的社会治理相并列，主要目的是全方位调动相关主体力量和综合运用多种方式手段有效解决无障碍发展过程中涉及的问题。

在主体上，无障碍环境治理强调多元主体，涉及各级党组织、各级政府、各级残联、企业事业单位、社会组织、社会公民等，这些主体构成无障碍环境治理的主要力量，对无障碍公共事务进行共同治理；就治理领域而言，主要集中于无障碍领域，不仅涉及有形的无障碍环境的治理，也包含无形的法治建设、宣传教育、提高意识等无障碍环境要素的综合治理，在治理重点上涉及建筑无障碍、交通无障碍、信息无障碍、社区无障碍等内容；在过程上，无障碍环境治理强调多元主体之间的沟通协调与合作，强调党组织的引

[①] 许巧仙.破解无障碍环境建设困境：以社会治理理论为视角[J].河海大学学报（哲学社会科学版），2015，17（06）：43-48+98.
[②] 段培君，等.无障碍国家战略[M].沈阳：辽宁人民出版社，2019.

领作用、政府的主导作用,强调残联的枢纽作用,强调社会的参与、市场的调节,形成国家战略指导、各部委协同、省市区联动、市场积极履行社会责任、全社会广泛参与的无障碍治理格局,进而达到对无障碍事务的有效治理;就治理手段方式而言,可运用法治化、社会化、智能化、专业化等多样化手段进行综合治理;最后,在结果上,无障碍环境治理是动态的、积极主动的治理,表现为以主动的建设和变革为手段,以改善社会发展状况和建设一个环境更美好、人民更幸福的和谐社会为目标。

综合现有研究,本研究将"无障碍环境治理"定义如下:无障碍环境治理是社会治理体系的重要组成部分,是为了实现社会公平,保障社会成员平等参与社会生活、共享社会物质文化成果,满足残疾人、老年人及所有社会成员对美好生活环境的向往,不断提升人民生活品质,在党委领导、政府负责、社会协同、公众参与之下,通过法治化、社会化、专业化、智能化等方式,对物质环境无障碍、信息无障碍、无障碍社会服务、无障碍人文环境、无障碍产业环境等进行综合治理的过程。

二、理论基础

(一)公共物品理论

根据物品所具有的排他性和竞争性,一般可分为公共物品和私人物品,本书所指的公共物品,不仅包括纯公共物品,还包括准公共物品。纯公共物品是同时满足非排他性和非竞争性要求的物品。无障碍环境主要包括无障碍物质环境、无障碍信息环境、无障碍服务、无障碍法治环境、社会公众无障碍意识等。

无障碍物质环境建设主要通过在道路、交通、建筑物等设置各种无障碍设施来实现。无障碍物质环境的公共物品属性主要通过无障碍设施的公共物品属性来判断。如城市道路的坡道,可将其看做纯公共物品。收费的影剧院的无障碍设施则属于俱乐部物品,因为只有进入这些场所的消费者才有机会使用这些设施。同无障碍物质环境一样,无障碍信息环境也具有不同的公共物品属性。如电视新闻节目的字幕和手语翻译等,面向社会全体成员无差别地免费提供,具有非排他性和非竞争性,属于纯公共物品。而对于商业场所提供的手语、盲文等无障碍信息服务,实际上是供这些场所的消费者或潜在的消费者使用的,因此属于俱乐部物品的准公共物品。无障碍服务同样如此,如果服务是面向全体社会成员无差别提供,则属于纯公共物品。而如果服务由商业机构提供,则属于俱乐部物品。无障碍法治环境是用来规范、引导无障碍相关行为的法律法规、公共政策以及标准规范的综合。社会无障碍意识是社会对待残疾人等特殊群体的态度。无障碍法治环境和社会无障碍意识无差别地适用于社会全体成员,属于纯公共物品。

(二)新公共服务理论

珍妮特·V.登哈特和罗伯特·B.登哈特在其代表作《新公共服务:服务,而不是掌舵》一书中指出政府要确保所有公共问题解决方案的产生过程都符合民主规范和公平、正义的价值观,并促使公民更加积极地、真正地参与制定公共政策。新公共服务理论认为,政府的职能并不是掌舵,而是要与其他类型组织一起为解决公共问题而努力。在无障碍环境建设过程中,政府不仅要致力于保障全体公民的公共利益,而且还要创造良好的公民参与的社会环境。政府扮演多个角色,他们既是公民权利的保障者和公共资源的管理者,同时也是监督者和促进者。

(三)协同治理理论

协同治理整合了自然科学中协同学和社会科学中的治理理论而发展形成。协同治理强调治理主体的多元化,强调多元治理主体之间的协同。协同治理的主体构成是多元的,既包括政府主体,也包括市场主体、社会组织以及公民,通过不同治理主体间的沟通、协调,实现治理过程中的优势互补和共同行动。协同治理强调多元治理主体在治理过程中的协同性。治理理论主要强调治理主体多元,但没有对多元治理主体间的相互关系进行进一步规范与说明。协同治理理论强调多元治理主体,改变了传统社会管理中以政府为核心的治理主体模式。同时,协同治理理论强调治理过程中治理主体间关系的协同化,不同治理主体能够实现优势互补和相互协作,达到整体大于各部分之和的治理效果。

第二节 我国无障碍环境治理的发展阶段[①]

一、起步探索阶段（1949—2000年）

1952年，黄乃制定的《新盲字方案》发布。次年，得到教育部的推广，促成了全国盲文的统一。1959年，中国盲人聋哑人协会修订《汉语手指字幕方案（草案）》经聋人手语改革委员会同意，由内务部、教育部、中国文字改革委员会联合推广，促进了我国手语使用的规范化[②]。1978年，北京盲文出版社成立，推动我国盲文全方位发展。

1982年，民政部、教育部、中国文字改革委员会联合发布《关于试行和推广聋哑人通用手语的通知》。1984年中国残疾人福利基金会成立，开始着手残疾人教育、就业、出行等生存与发展环境的改善。同年，中国残疾人福利基金会、北京市残疾人协会和北京建院联合召开"残疾人与社会环境"为主题的会议。会上发出了"为残疾人创造便利生活环境"的倡议。会后，北京市政府积极响应，率先启动了无障碍改造试点工作，在西单至西四等4条街道进行无障碍改造。1988年，中国残联成立。1989年，建设部、民政部、中国残联正式发布实施我国历史上第一部无障碍建设方面的规范《方便残疾人使用的城市道路和建筑物设计规范（试行）》，正式开启了规范化建设无障碍环境之路。1990年国家颁布实施《中华人民共和国残疾人保障法》，其中第四十六条规定："国家和社会逐步实行方便残疾人的城市道路和建筑物设计规范，采取无障碍措施。"

[①] 本节内容参考了作者著作：凌亢，孙友然，白先春.中国残疾人事业发展报告（2019）无障碍环境建设[M].北京：社会科学文献出版社，2019.

[②] 内务部，教育部.中华人民共和国内务部、中华人民共和国教育部关于试行聋人汉语手指字幕方案的联合通知[J].语文建设，1959年（6）.

1991年，国务院批转《中国残疾人事业"八五"计划纲要（1991—1995年）》要求实施《方便残疾人使用的城市道路和建筑物设计规范》。1995年，联合国亚太经社会在中国北京、泰国曼谷、印度新德里开展无障碍居住区示范改造试点项目，选定北京市方庄居住区对1.47平方公里共23个项目进行无障碍居住区示范改造。1996年，国务院批转《中国残疾人事业"九五"计划纲要（1996—2000年）》，其中提出"九五"期间社会环境建设的任务目标为"将执行《方便残疾人使用的城市道路和建筑物设计规范》纳入基本建设审批内容，制定相应规定；广泛宣传、逐步推广无障碍设施"。[1]1996年颁布实施《中华人民共和国老年人权益保护法》，其中第三章第三十条规定："新建或改造城镇公共设施、居民区和住宅，应当考虑老年人的特殊需要，建设适合老年人生活与活动的配套设施。"1998年6月，建设部、民政部、中国残联联合组成检查组，先后对上海、天津、北京三市贯彻实施《方便残疾人使用的城市道路和建筑物设计规范》情况进行了重点检查。针对检查发现的问题，建设部、民政部、中国残联联合发布了《关于贯彻实施〈方便残疾人使用的城市道路和建筑物设计规范〉若干补充规定的通知》[2]，提出切实有效加强工程审批管理，严格把好工程验收关。2000年，建设部重新修订了《方便残疾人使用的城市道路和建筑物设计规范》。"九五"期间，我国的无障碍环境建设有了进一步推进，其中对公共建筑和公共服务设施的无障碍设计有了更明确的要求。

无障碍环境治理内容主要集中在公共建筑、公共服务设施方面，主要采取自上而下的，政府为主导的无障碍环境治理模式，具体表现为以人大常委会、国务院及其各部（教育部、建设部、民政部等）为主导，中国残联、中国残疾人福利基金会、残疾人专门协会进行积极协调，北京建筑设计院提供专业支持，国际组织联合国亚太经社会给予国际支持，这些法律、规划、规范及无障碍建设实践的积极探索，为下一阶段无障碍环境建设积累了宝贵经验。

二、全面推进阶段（2001—2012年）

"十五"计划开始，我国开展无障碍建设示范城、示范区活动。2002年建

---

[1] 国务院批转中国残疾人事业"九五"计划纲要的通知［法宝引证码］CLI.2.14639。
[2] 关于贯彻实施《方便残疾人使用的城市道路和建筑物设计规范》若干补充规定的通知，《工程建设标准化》1998年第6期。

设部、民政部、全国老龄委办公室、中国残联联合下发了《全国无障碍设施建设示范城（区）工作的通知》，成立了全国无障碍设施建设示范城（区）工作协调小组，发布了《全国无障碍设施建设示范城（区）实施方案》《全国无障碍设施建设示范城（区）标准（试行）》，开展创建全国无障碍设施建设示范城市活动。2005年2月25日，经建设部、民政部、全国老龄工作委员会办公室、中国残疾人联合会研究决定，命名北京等12个城市为全国无障碍设施建设示范城市[①]。2007年，建设部、民政部、中国残疾人联合会、全国老龄工作委员会办公室联合发布了《建设部、民政部、中国残疾人联合会、全国老龄工作委员会办公室关于开展创建全国无障碍建设城市工作的通知》[②]，同时发布了《创建全国无障碍建设100个城市名单》《创建全国无障碍建设城市工作标准》，城市无障碍化工作基本格局初步形成。2011年，住建部、民政部、中国残联、老龄委联合发布《关于表彰"十一五"全国无障碍建设先进城市的决定》，对北京市等60个"十一五"创建全国无障碍建设先进城市予以表彰，同时授予长春市等30个城市"十一五"全国无障碍建设创建城市称号。[③] 无障碍建设取得了显著成效。

在无障碍环境建设发展规划方面，2001年，国务院批转《中国残疾人事业"十五"计划纲要（2001—2005年）》。推行城市道路和建筑物无障碍，发展信息和交流无障碍列入"十五"期间残疾人事业社会生活环境建设主要目标。为了实现这一目标，"十五"计划纲要主要任务第九条提出积极推行无障碍建设并制定四条具体措施。为落实"十五"计划纲要无障碍环境建设目标及任务要求，建设部、民政部、中国残联等十个部门于2001年首次联合下发了《无障碍设施建设工作"十五"实施方案》，对"十五"期间无障碍建设目标进行重申和强调，对主要措施进行细化，提出了"十五"无障碍建设的任务目标和四项具体措施。2006年，国务院批转《中国残疾人事业"十一五"发展纲要（2006—2010年）》，提出进一步加强无障碍环境建设的目标。任

---

① 建设部、民政部、全国老龄工作委员会办公室、中国残疾人联合会关于命名全国无障碍设施建设示范城市的决定［法宝引证码］CLI.4.58438。
② 建设部、民政部、中国残疾人联合会、全国老龄工作委员会办公室关于开展创建全国无障碍建设城市工作的通知［法宝引证码］CLI.4.99696。
③ 中华人民共和国住房和城乡建设部关于表彰"十一五"全国无障碍建设先进城市的决定［EB/OL］. http://www.mohurd.gov.cn/wjfb/201201/t20120111_208374.html.

务指标方面,在第七点维权部分提出"十一五"无障碍建设主要任务:全面推进无障碍设施建设,积极开展信息交流无障碍工作,增强社会公众无障碍意识。[1]为了完成这一任务指标,"十一五"计划纲要进一步提出三条相关措施,无障碍建设法规和规范性的修订完善,公共服务设施的无障碍改造、维护和管理;无障碍环境建设的宣传,开展全国城市无障碍设施建设工作,信息交流无障碍法律法规建设、辅助技术或替代技术的应用等方面。为落实"十一五"计划纲要无障碍建设目标及任务指标,建设部、民政部、中国残联等十三个部门于2006年联合下发了《无障碍建设"十一五"实施方案》[2],对"十一五"计划纲要无障碍建设目标进一步强调,对主要措施进行细化,提出了"十一五"无障碍建设的三大任务目标、六大主要措施。2008年,《残疾人保障法》修订通过。修订版《残疾人保障法》进一步强化了无障碍环境建设的内容,由原来的一条拓展为一章共七条无障碍相关规定,同时增加了法律责任相关条文。2011年,国务院批转《中国残疾人事业"十二五"发展纲要(2011—2015年)》,在公共服务部分提出加快推进城乡无障碍环境建设的工作目标,并将制定无障碍建设条例作为促进目标实现的支撑条件。在"十二五"时期残疾人事业主要任务和政策措施的第九部分无障碍环境建设,第十部分法治建设和维权,第十三部分科技、信息化和基础设施建设均涉及无障碍环境相关内容。[3]在第九部分无障碍环境建设中提出三大主要任务,主要涉及全国无障碍建设市、县、区创建工作;信息无障碍建设工作。在第十部分法治建设和维权中提出制定无障碍建设条例的主要任务。在第十三部分科技、信息化和基础设施建设中提出两大主要任务:加强科技创新和成果应用及信息化建设工作,加强残疾人综合设施的无障碍建设,增强服务能力。同时,提出建设中国残疾人服务网,加强信息化机构、队伍建设和基层信息专业技术人才培养等内容。为做好"十二五"期间无障碍建设工作,根据《中国残疾人事业"十二五"发展纲要(2011—2015年)》,住建部、教育部、民政部、财政部、中国残联等十四部门联合发布了《无障碍建设"十二五"实施方

---

[1] 国务院批转中国残疾人事业"十一五"发展纲要的通知[法宝引证码]CLI.2.76987。
[2] 关于印发《无障碍建设"十一五"实施方案》的通知[EB/OL]. http://www.tejiaowang.com/2011/wq_0609/476.html。
[3] 国务院关于批转中国残疾人事业"十二五"发展纲要的通知[法宝引证码]CLI.2.152045。

案》，提出"十二五"期间无障碍建设的四大主要任务及十一条主要措施。[①]

在无障碍环境规范标准建设方面，2009年，住建部、民政部、中国残联组织对2001版规范再度修订并将其上升为国家标准，名称变更为《无障碍设计规范》（以下简称《规范》），自2012年9月1日起实施。《规范》涉及无障碍环境建设内容较为全面，第3部分对16项无障碍设施的设计要求进行了明确规定。[②]《规范》的颁布实施，极大地促进了无障碍建设的规范化。无障碍设施建设标准方面，住房和城乡建设部标准定额司陆续组织编制并发布了《特殊教育学校无障碍设计规范》（2003）、《无障碍设施施工验收及维护规范》（2011）等。2005年6月，铁道部发布实施了《铁路旅客车站无障碍设计规范》。信息无障碍方面，国家陆续发布了系列标准，如《老年人、残疾人康复服务信息规范》（2009）、《信息无障碍 身体机能差异人群网站设计无障碍技术要求》（2008）等。这些标准、规范，对于残疾人无障碍设施建设、信息无障碍建设、服务无障碍建设，对于提升无障碍环境建设质量具有重要的意义。

在无障碍法规建设方面，2008年《中华人民共和国残疾人保障法》通过修订。修订后的残疾人保障法将无障碍建设由原来的一条扩展为一章，强化了对无障碍环境建设的规定。2009年，《无障碍建设条例》起草工作领导小组第一次会议在北京召开，会议成立了15个部委相关业务司局领导为成员的条例起草工作领导小组。2009年6月5日，《无障碍建设条例》起草专家组第一次会议在北京召开，会议成立了由23名设施设计、信息、法律专家组成的专家组。2009年11月22日—12月1日，中国残联、住建部、工信部、国务院法制办赴英国、荷兰考察无障碍建设立法情况。2010年3月31日，中国残联、住建部、工信部联合向国务院报送《无障碍建设条例（送审稿）》。2011年3月19—24日，国务院法制办、中国残联、住建部、工信部等有关部门赴广西、江苏两省开展《无障碍建设条例》立法调研，并实地考察无障碍建设情况。2011年4月25日，国务院法制办就《无障碍环境建设条例》（征求意见稿）向社会公开征求意见。2012年4月27日，国务院法制办、国务院研究

---

① 关于印发《无障碍建设"十二五"实施方案》的通知［EB/OL］．http://www.cdpf.org.cn/ywzz/wq_188/wzahjjs/wzajs/201201/t20120110_339778.shtml．
② 中华人民共和国住房和城乡建设部关于发布国家标准《无障碍设计规范》的公告［EB/OL］．http://www.mohurd.gov.cn/wjfb/201205/t20120504_209758.html．

室、中央财经办、住建部、工信部、教育部、广电总局、中国残联召开《无障碍环境建设条例》制定研讨会。2012年6月，国务院第208次常务会议通过了《无障碍环境建设条例》。2012年6月，国务院令第622号公布《无障碍环境建设条例》，标志着我国无障碍环境建设进入依法全面推进的新阶段。《无障碍环境建设条例》分别就总则、无障碍设施、无障碍信息交流、无障碍社区服务、法律责任、附则做了法律规定。

综上，在全面推进阶段，无障碍环境治理法治化建设水平不断提高，不仅出台了《无障碍环境建设条例》《无障碍设计规范》等专门的无障碍环境建设法规、规范标准，同时制定了系列无障碍环境建设的政策方案、技术规范标准，促进了无障碍环境建设的依法落实。无障碍环境建设在建设内容上日益丰富，由早期主要集中在无障碍建筑、公共设施方面，拓展到信息无障碍、无障碍服务、公众无障碍意识等诸多方面。在建设的空间布局上，随着示范城市范围的不断扩大，无障碍环境建设城市无障碍化工作格局基本形成。在建设主体上，依然是政府主导自上而下的无障碍环境治理模式，住建部、民政部、工信部、老龄委作为无障碍环境治理中的政府核心组织在其中扮演了举足轻重的角色，中残联作为枢纽组织，发挥了积极的沟通协调作用。大型赛事的举办快速推动了城市无障碍环境建设，北京奥运会、残奥会的举办，使北京市无障碍环境建设水平大大提升，其无障碍设施建设总量相当于申奥前二十年的总和。①上海世博会的举办、广州亚残运会的举办，都极大地促进了城市无障碍环境建设和改造。

三、现代化建设阶段（2013年至今）

2013年，党的十八届三中全会对全面深化改革作出总部署，首次提出"推进国家治理体系和治理能力现代化"这个重大命题，第一次使用"社会治理"理念，标志着无障碍环境治理进入现代化建设阶段。会议提出要紧紧围绕更好保障和改善民生，促进社会公平正义，深化社会体制改革，推进社会领域制度创新，加快形成科学有效的治理体制，改进治理方式，增强社会组织活力，确保社会既充满活力又和谐有序。

---

① 郑功成.中国无障碍环境建设发展报告[M].沈阳：辽宁人民出版社，2019.

无障碍市县村镇创建工作。2013年，住房和城乡建设部、工业和信息化部、民政部、中国残联、全国老龄办发布了《住房和城乡建设部、工业和信息化部、民政部等关于开展创建无障碍环境市县工作的通知》，组织开展无障碍环境市、县创建工作，同时发布了《创建无障碍环境市工作标准》《创建无障碍环境县工作标准》。[①]"十三五"时期，是我国无障碍建设范围进一步扩大，农村无障碍环境得到较大改善，无障碍建设整体水平明显提升的阶段。2018年，为进一步做好无障碍环境建设工作，住房和城乡建设部、工业和信息化部、民政部、中国残联、全国老龄办联合发布了《住房和城乡建设部等部门关于开展无障碍环境市县村镇创建工作的通知》，组织开展无障碍环境市县村镇创建工作，同时下发了《创建无障碍环境工作标准》。该工作标准规定的指标为创建无障碍环境市县村镇的基本工作要求，需各地根据自身具体情况努力提高建设水平和改造比例，丰富建设内涵和改造内容[②]。至此，我国建立起系统的市县村镇无障碍建设体系，对于保障残疾人平等参与融入社会生活权益，增强其生活幸福感，决胜全面建成小康社会具有十分重要的意义。

无障碍环境建设规划及实施方案。2016年，国务院印发《"十三五"加快残疾人小康进程规划纲要》，在提升残疾人基本公共服务水平部分将全面推进无障碍环境建设作为主要任务之一。无障碍建设相关的内容主要包括无障碍环境建设政策和标准的落实、完善，新（改、扩）建建筑物无障碍设施、公共服务场所设施的无障碍改造，无障碍设施的维护管理和监督使用，无障碍环境市县村镇创建，信息服务无障碍等方面。明确指出相关行业系统制定残疾人无障碍应急管理办法，加强残疾人无障碍应急救助服务。将加强信息无障碍促进项目列入残疾人基本公共服务重点项目，指出要加强公共服务机构网站无障碍改造，推动在全国大中城市建设聋人信息中转服务平台。在凝聚加快残疾人小康进程的合力部分将加快发展残疾人服务业作为主要任务之一。[③]为做好"十三五"期间无障碍建设工作，根据《"十三五"加快残疾人

---

① 住房和城乡建设部、工业和信息化部、民政部等关于开展创建无障碍环境市县工作的通知住房城乡建设部等部门关于开展无障碍环境市县村镇创建工作的通知［法宝引证码］CLI.4.326143。

② 住房和城乡建设部等部门关于开展无障碍环境市县村镇创建工作的通知［法宝引证码］CLI.4.326143。

③ 国务院关于印发"十三五"加快残疾人小康进程规划纲要的通知［法宝引证码］CLI.2.278219。

小康进程规划纲要》，住建部、民政部、中国残联等十三部门联合发布了《无障碍建设"十三五"实施方案》，提出"十三五"期间无障碍建设的三大主要任务及八条主要措施，这些内容都是对《"十三五"加快残疾人小康进程规划纲要》的进一步细化。

此外，无障碍环境建设纳入了国家相关政策规划。《国家新型城镇化规划》《国家人口发展规划（2016—2030年）》《"十三五"国家信息化规划》《国家人权行动计划（2016—2020年）》《国家残疾预防行动计划（2016—2020年）》《"十三五"推进基本公共服务均等化规划》《全国民政科技中长期发展规划纲要（2009—2020年）》《第二期特殊教育提升计划（2017—2020年）》《基层残疾人综合服务能力建设"十三五"实施方案》《残疾人事业信息化建设"十三五"实施方案》等文件中均有强调残疾人服务机构无障碍建设的相关内容。

无障碍环境建设规范、标准。2014年交通运输部发布《公共汽车类型划分及等级评定》，明确将设置残疾人轮椅通道或轮椅固定装置作为高等级大型、特大型公共汽车的必须配置要求。同时，交通运输部还编制了强制性行业标准《游艇码头设计规范》，明确规定游艇码头要设置无障碍通道。国家质检总局、国家标准化管理委员会发布《公共信息导向系统：基于无障碍需求的设计与设置原则》国家标准。

无障碍环境建设主体、建设内容。2013年中国残联在京召开促进残疾人参与社会生活无障碍座谈会，中国残联、中国盲人协会、中国聋人协会、肢残人代表、人民日报等媒体代表，中残联维权部、北京市残联等有关单位、人员参加了座谈会，会议就加强无障碍宣传、进一步推进无障碍工作进行了研讨。2014年住建部、民政部、财政部、中国残联、全国老龄办等部门下发《关于加强老年人家庭及居住区公共设施无障碍改造工作的通知》。2015年，中国铁路总公司办公厅、中国残联办公厅下发实施《视力残疾旅客携带导盲犬进站乘车若干规定（试行）》。教育部、中国残联联合下发实施《残疾人参加普通高等学校招生全国统一考试管理规定（暂行）》，为残疾人参加高考提供无障碍合理便利。2016年，清华大学无障碍发展研究院成立，山东建筑大学无障碍研究中心成立。2017年，中消协与中国残联联合发布《2017年百城无障碍设施调查体验报告》。2018年，中央宣传部、中国残联、教育部、国家语委和国家广播电视局联合发布《国家通用手语推广方案》《国家通用盲文推广方案》。2018 年，由中国残联指导、清华大学主办的"包容与多样——无障碍发展国际学术大会"在清华大学召开。2019 年，全国 20 家无障碍机构共同发出《无障碍发展天津倡约》。2020 年，国铁集团、退役军人事务部、中国残联共同发布《关于进一步做好铁路残疾人旅客专用票额车票发售工作的通知》，共同推进残疾人（残疾军人）身份信息及残疾人购票资质录入、更新、确认工作，铁路人文服务水平大大提升。

综上，在现代化建设阶段，无障碍环境治理法治化建设成效显著，无障碍环境建设政策法规、技术规范标准不断完善。无障碍环境治理主体日益多元，政府主导的自上而下的无障碍治理模式与市场、社会力量介入的自下而上的无障碍治理模式相结合，住建部、民政部、工信部、老龄委依然是无障碍环境治理中政府核心组织，扮演着举足轻重的角色，中残联作为枢纽组织，依然是各方力量沟通的重要桥梁，而且这一中介地位得到进一步加强。无障碍环境建设内容日益丰富，农村无障碍环境建设不断加强。无障碍建设专家委员会的成立、清华大学无障碍发展研究院等科研机构建设的不断加强，强化了无障碍环境治理的专业化力量支撑，促进了社会无障碍专业化知识的传播和无障碍意识的不断增强。

第三节　我国无障碍环境治理成效与不足

从"八五"到"十三五"期间，我国残疾人事业无障碍建设从城市到农村，逐步在更大的空间范围推开，无障碍建设不断深入。同时，无障碍建设内容从起步阶段关注无障碍设施建设到逐步加强无障碍法治建设，加强无障碍信息交流、无障碍服务、社会公众意识，建设内容不断丰富和完善。

一、无障碍环境治理取得的成效

党和政府高度重视无障碍环境，大力推动无障碍建设，无障碍环境建设得到快速发展，取得了显著成效[①]。无障碍的法律法规逐渐丰富，政策体系日益完善，无障碍环境建设取得全面发展，人们对无障碍的关注度大幅度提高。自2012年以来，全国系统开展无障碍建设的市、县、区数量逐年增加；全国开展无障碍建设检查次数较多；无障碍培训次数比较稳定，每年均超过3万人次，如表1-3-1所示。

表1-3-1 2012—2020年中国无障碍环境建设情况

年份	系统开展无障碍建设的市、县、区数量（个）	全国开展无障碍建设检查次数（次）	无障碍培训（万人次）
2012	1084	3354	3.4
2013	1419	3492	3.6
2014	1506	4906	4
2015	1618	6445	3.6
2016	1623	4904	3.2
2017	1622	4006	3.2
2018	1702	2929	3.7
2019	1737	3261	4.9
2020	1753	8000	5.6

资料来源：2012—2020年残疾人事业发展统计公报。

（一）中国无障碍相关法规和政策

1989年，由建设部、民政部、中国残疾人福利基金会联合编制的《方便残疾人使用的城市道路和建筑物设计规范（试行）》正式实施，标志着中国无障碍设施建设工作步入正轨。1990年国家颁布《中华人民共和国残疾人保障法》，其中规定："国家和社会逐步实行方便残疾人的城市道路和建筑物设计规范，采取无障碍措施。"首次以法律的形式确定了国家和社会对无障碍环境建设的重要责任。2012年国务院颁布了《无障碍环境建设条例》，标志着我国无障碍环境建设进入了新的发展阶段。同年，住建部公布了《无障碍设计规范》。2015年，住房和城乡建设部、民政部、中国残联、全国老龄办联合发布《关于加强村镇无障碍环境建设的指导意见》，将无障碍环境建设的格局拓展

[①] 吕世明.我国无障碍环境建设现状及发展思考[J].残疾人研究，2013（02）：3-8.

到了村镇层面。

1. 中央法规和政策

为全面了解无障碍的相关法律和政策，本报告以北大法宝数据库为数据源，以"无障碍"为标题对中央的政策法规进行检索（检索时间为2020年6月15日），发现目前关于无障碍现行有效的中央法规有70个。分效力级别来看，行政法规1个，为《无障碍环境建设条例》；部门规章49个；团体规定19个；行业规定1个。对"无障碍"标题全文检索，发现目前关于无障碍现行有效的中央法规有993个，其中相关法律有27个，包括《民法典》《老年人权益保障法》《公共图书馆法》《残疾人保障法》[①]等，其余大多是全国人民代表大会的决议和有关发展规划纲要。从颁布的年份来看，如图1-3-1所示，整体呈逐年增多的趋势，尤其是2003年以来，增长趋势尤为明显，在2012年，达到了峰值。最新颁发和生效的是交通运输部于2020年6月12日印发的《关于印发客运场站和交通运输工具新冠肺炎疫情分区分级防控指南（第四版）的通知》，其中涉及道路客运站及城市公共汽电车封闭环境无障碍设施设备以及水路客运站无障碍设施设备消毒频次要求。

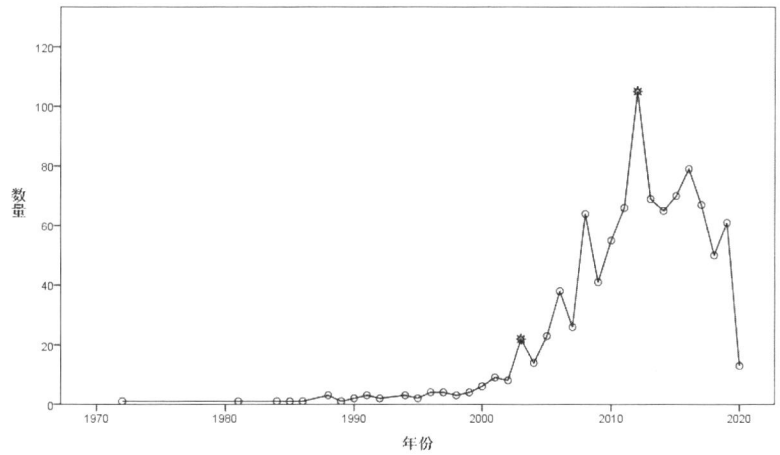

图1-3-1　1984—2020年涉及无障碍的中央法规和政策发布的篇数

数据来源：北大法宝。

[①] 需要说明的是，为简化起见，这些法律名称均省略了"中华人民共和国"。

2.地方法规和政策

根据中国残疾人联合会发布的疾人事业发展统计公报，中国关于省、地市、县级无障碍建设与管理法规、规章从2012年的438个增加到2019年的537个。使用北大法宝进行"无障碍"标题检索，共检索到421篇地方法规和政策。分效力级别来看，地方性法规有5个，分别是《甘肃省无障碍建设条例》《海南省无障碍环境建设管理条例》《深圳经济特区无障碍城市建设条例》《北京市无障碍环境建设条例》《张家口市无障碍设施建设管理条例》；地方性政府规章44个，省级无障碍建设或管理办法居多；地方规范性文件131个；地方工作文件235个；行政许可批复4个。分省份来看，河南省发布的最多，达39个；云南省和青海省最少，均仅有2个。从发布年份来看，发布最早的年份是1998年，为首都规划建设委员会办公室等部门发布的《关于加强无障碍建设与维护管理的通知》；发布年份最多的是2010年，达83个，多是无障碍城市建设管理的规定、办法和通知；最新生效的是杭州市人民政府办公厅于2020年6月3日发布的《关于印发杭州市"迎亚（残）运"无障碍环境建设行动计划（2020—2022年）的通知》，自2020年7月4日起施行。

（二）中国无障碍设施建设状况

无障碍设施是指保障残疾人、老年人、孕妇、儿童等社会成员通行安全和使用便利，在建设工程中配套建设的服务设施。自1984年以来，经过三十多年的发展，无障碍相关的法律法规、规划建设、标准规范逐步建立健全，人们意识的不断提升，中国无障碍设施建设从无到有、从点到面，覆盖范围逐步拓展，无障碍设施建设水平显著提升。下面本报告基于中国消费者协会和中国残疾人联合会于2017年在全国102个各级别主要城市的调研数据[1]，来说明中国无障碍设施建设状况。

图1-3-2展示了102个城市十类消费服务场所的实地体验普及率和满意度。从结果来看，102个城市的无障碍设施总体普及率为40.6%，普及率偏低；无障碍设施总体满意度为70.8分[2]，处于中等水平。分场所来看，不同场所的

---

[1] 中国消费者协会，中国残疾人联合会. 2017年百城无障碍设施调查体验报告[R]. http://www.cca.org.cn/jmxf/detail/27797.html.

[2] 满意度采用百分制评价标准：90—100为优，80—90为良，70—80为中，60—70为及格，60以下为不及格。

普及率差别较大；医疗卫生单位的普及率最高，商业中心的普及率最低，满意度也相对较低，处于及格水平。

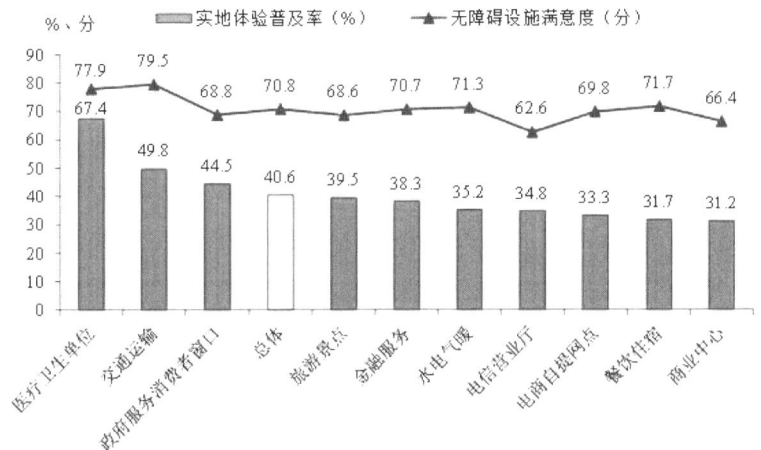

图 1-3-2 十大类场所无障碍设施普及率和满意度

数据来源：2017 年百城无障碍设施调查体验报告。

图 1-3-3 展示了不同区域无障碍设施的普及率和满意度。从结果来看，不同区域的普及率较大，但满意度差别相对较小；华北地区的普及率最高，为 46.3%，满意度 70.7 分，刚达到中等水平；东北地区的普及率最低，为 30.4%，满意度为 66.9，处于及格水平。

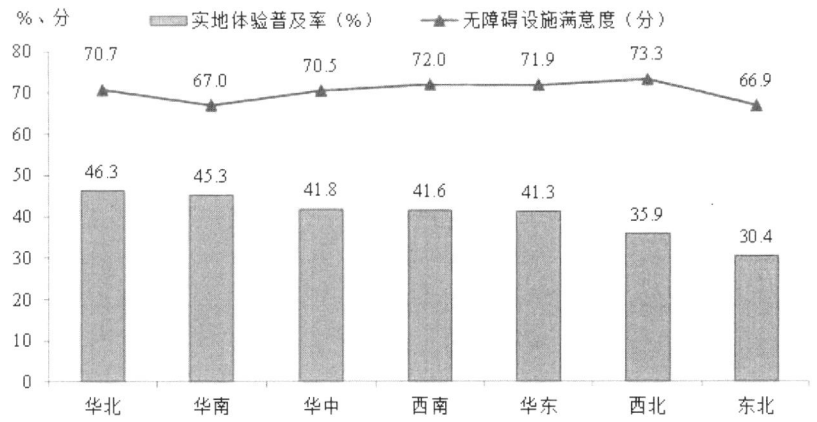

图 1-3-3 不同区域无障碍设施普及率和满意度

数据来源：2017 年百城无障碍设施调查体验报告。

(三)中国无障碍信息交流状况

信息交流无障碍指残疾人、老年人能够无障碍地获得信息,进行交流[①]。相关法规政策极大促进了信息交流无障碍的发展。《残疾人保障法》从维护残疾人的合法权益,保障残疾人平等地充分参与社会生活,共享社会物质文化成果等角度对残疾人无障碍信息和服务进行了规定。《无障碍环境建设条例》规定,国家鼓励、支持采用无障碍通用设计的技术和产品,推进残疾人专用的无障碍技术和产品的开发、应用和推广。在信息服务无障碍方面,2018年,交通运输部等七部门发布了《关于进一步加强和改善老年人残疾人出行服务的实施意见》,要求为老年、残疾乘客提供贴心服务,加强无障碍信息通用产品、技术的研发与推广应用。在互联网信息无障碍方面,企业和互联网组织致力于从提高信息无障碍技术能力的角度改善信息无障碍服务建设。

在一系列法规政策的推动下和社会各界的参与下,中国无障碍信息交流和服务取得了重要成就。根据《无障碍环境建设条例》规定,国家举办的升学考试、职业资格考试和任职考试,有视力残疾人参加的,应当为视力残疾人提供盲文试卷、电子试卷,或者由工作人员予以协助。2017年上半年全国大学英语四、六级考试进行中,首次采用盲文试卷,长春大学开设了全国首个大学生"英语四级"盲文考场,有5名全盲考生。2019年上半年,南京特殊教育师范学院两位盲生通过四、六级考试,首次有盲生通过。在2019年的高考中,有10名全盲考生用盲文试卷。为满足残疾人对文化服务和信息的需求,各省和地市积极创办残疾人专题广播和电视手语栏目。从表1-3-2可以看出,省级残疾人专题广播节目数量从2012年的38个下降到2018年的25个,2013年有一个比较大的变动;省级电视手语栏的数量比较稳定;地市级残疾人专题广播节目呈下降趋势,地市级电视手语栏目呈上升趋势。

表1-3-2 2012—2020年中国省级和地市级广播节目、手语栏目情况

单位:个

年份	省级残疾人专题广播节目	省级电视手语栏目	地市级残疾人专题广播节目	地市级电视手语栏目
2012	38	30	468	184

[①] 张东旺.中国无障碍环境建设现状、问题及发展对策[J].河北学刊,2014,34(01):122-125.

续表

年份	省级残疾人专题广播节目	省级电视手语栏目	地市级残疾人专题广播节目	地市级电视手语栏目
2013	120	36	539	227
2014	17	30	241	201
2015	19	29	216	233
2016	26	29	197	240
2017	25	31	198	264
2018	25	31	205	264
2019	25	32	219	272
2020	25	34	209	262

资料来源：2012—2020年残疾人事业发展统计公报。

2013年5月，由联合国教科文组织特别支持，中央网络安全和信息化领导小组办公室的特别指导的"美丽中国－中国政务信息无障碍公益行动"启动。行动主要是为了缩小数字鸿沟，共同推动我国政府政务信息无障碍环境建设，提升和强化各人民政府政务信息的公共服务水平。自启动以来，全国各省（市、区）政务信息无障碍建设取得较快发展。从表1-3-3可见，新疆、青海、海南、上海市和贵州等省级人民政府均以网站无障碍建设满足规范，服务效能好等优势，分别位列服务能力指数排名二到六名。在全国省级政务服务网站无障碍服务能力指数排行中，北京市、上海市政务服务分别位列排行一二位。从各省县、区以上政府门户网站无障碍建设指数，上海达到了100%，意味着所有的县、区以上政府门户网站均进行了无障碍建设；位列第二位的是安徽；省级政府门户网站无障碍服务能力指数较高的云南、青海、新疆、西藏等地的县、区以上政府门户网站无障碍建设指数却相对偏低。

表1-3-3　2019年第一季度全国各省（市、区）政务信息无障碍建设情况

	省级政府门户网站无障碍服务能力指数	省级政务服务网站无障碍服务效能指数	各省县、区以上政府门户网站无障碍建设指数
北京	89.92	88.76	72.3%
新疆	88.59	27.51	8.7%
青海	88.54	27.56	1.9%

续表

	省级政府门户网站无障碍服务能力指数	省级政务服务网站无障碍服务效能指数	各省县、区以上政府门户网站无障碍建设指数
海南	88.36	18.72	15.4%
上海	86.88	87.88	100.0%
贵州	86.74	67.24	14.3%
吉林	70.3	27.56	22.9%
云南	70.3	19.08	5.5%
天津	70.24	29.16	11.8%
河北	70.06	25.24	12.7%
宁夏	70	27.72	17.9%
湖北	69.52	24.68	23.6%
湖南	69.04	68.92	73.7%
江苏	68.62	27.9	30.7%
四川	68.62	19.08	55.1%
福建	68.5	19.5	18.3%
甘肃	67.84	68.5	16.8%
江西	67.48	19.14	61.1%
山西	67.48	25.36	20.0%
河南	67.3	19.44	27.2%
内蒙古	66.4	18.78	9.7%
安徽	65.8	24.62	83.6%
广东	65.32	39.76	53.6%
浙江	63.88	25.24	43.6%
西藏	25.8	67.72	1.2%
黑龙江	25.32	27.9	6.9%
陕西	25.26	27.41	29.9%
山东	25.14	27.46	43.5%
广西	24.9	19.02	17.7%

续表

	省级政府门户网站无障碍服务能力指数	省级政务服务网站无障碍服务效能指数	各省县、区以上政府门户网站无障碍建设指数
辽宁	24.6	27.64	11.3%
重庆	24.42	28.5	12.8%

数据来源：http://www.xinhuanet.com/info/2019-02/27/c_137854505_2.htm。

（四）中国无障碍社区服务状况

根据《无障碍环境建设条例》，无障碍社区服务包括社区公共服务设施应当逐步完善无障碍服务功能、逐步完善报警和医疗急救等紧急呼叫系统、对有需求的贫困家庭进行无障碍改造和提供盲文选票。随着《无障碍环境建设条例》的颁布实施，中国非常重视社区无障碍家庭无障碍的改造或建设。社区和家庭无障碍是改善残疾人人居环境和生活质量的重要前提和途径。

国务院颁布的多个文件，如《国家人口发展规划（2016—2030年）》《"十三五"加快残疾人小康进程规划纲要》，都提出了家庭无障碍改造。经过近几年的投入和建设，家庭无障碍改造工作取得了显著成绩。自2012年以来，累计为122.7万户贫困重度残疾人家庭进行了改造。为推进"十四五"困难重度残疾人家庭无障碍改造工作，中国残联、国家发展和改革委员会、民政部等继《无障碍环境建设"十四五"实施方案》发布之后，紧接着发布了《关于"十四五"推进困难重度残疾人家庭无障碍改造工作的指导意见》，明

图1-3-4　2012—2020年贫困重度残疾人家庭无障碍改造数量

资料来源：2012—2020年残疾人事业发展统计公报，http://www.cdpf.org.cn/sjzx/tjgb/。

确提出"十四五"期间补贴110万户困难重度残疾人家庭无障碍设施改造的目标，优先安排一户多残、老残一体等特殊困难残疾人家庭，兼顾各类别残疾人需求，扩大残疾人家庭无障碍改造覆盖面。一系列政策的出台，为方便残疾人生产生活，提高残疾人居家生活质量、助力残疾人全面发展和共同富裕提供了制度保障。

社区无障碍建设也取得了重要进展。根据2015—2017年全国残疾人基本服务状况和需求信息数据动态更新数据，村（社区）综合服务中心、医院（卫生室、所）和学校、幼儿园的无障碍建设情况，如图1-3-5所示。从村（社区）具有综合服务中心的无障碍设施覆盖率来看，出入口平整或有坡道的比重从2015年的72.9%上升到2017年的78.3%；拥有低位服务台的比重由2015年的32.17%增长到2017年的45%；无障碍厕所或厕位覆盖率从2015年的18.0%上升到2017年的26.4%。从医院（卫生室、所）和学校、幼儿园的无障碍设施覆盖率来看，基本呈现相似的发展趋势。综合来看，社区无障碍设施覆盖率从2015年到2017年呈现明显的上升趋势；从无障碍设施类型来看，出入口的无障碍设施覆盖率最高，其次是低位服务台，最低的是无障碍厕所。

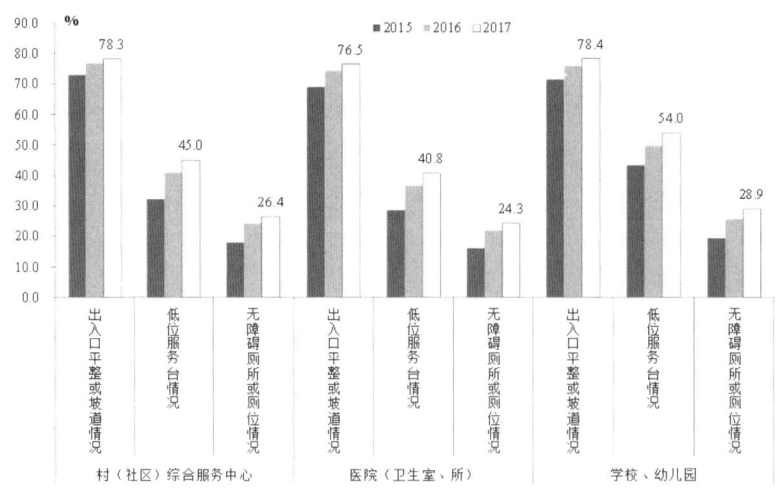

图1-3-5　2015—2017年社区无障碍设施覆盖率情况

数据来源：根据2015—2017年全国残疾人基本服务状况和需求信息数据动态更新数据整理。

（五）社会无障碍关注度与无障碍意识明显增强

20世纪80年代以后，关注无障碍建设已成为全球共识。对社会公众普及无障碍理念和知识是无障碍建设中的基础。发达国家的无障碍之所以做得较好，是因为公民清楚地意识到无障碍建设不仅仅是政府为了完善城市的功能，其亦使全国民众从中受益，改变其生活质量。尽管中国已经建立了相关的法律法规推动无障碍建设，但无障碍对公众的普及性不够，以及人们对无障碍的关注度还不是很高。

本节使用百度指数反映中国对无障碍的关注度[①]。公共关注度是基于个体对某公共议题的兴趣而产生的搜索行为，是在线大数据中较有代表的信息。基于搜索行为而得的百度指数，是公众在某段时间内对该议题主观探索和注意力分配的体现。本节使用2011年1月到2019年6月的百度指数作为测量无障碍关注度的数据来源。需要说明的是，百度指数提供了每天的搜索指数，为反映月度的变化趋势，本节对每月的搜索指数进行了加总，结果如图1-3-6所示。可以看出，自2011年以来，无障碍关注度呈明显的上升趋势。分时段来看，在《无障碍环境建设条例》发布实施之前的一年多时间里，搜索指数明显上升；在2013年和2018年之间，波动幅度较大，但仍呈现微弱的上升趋势；2018年以来，上升趋势比较明显。

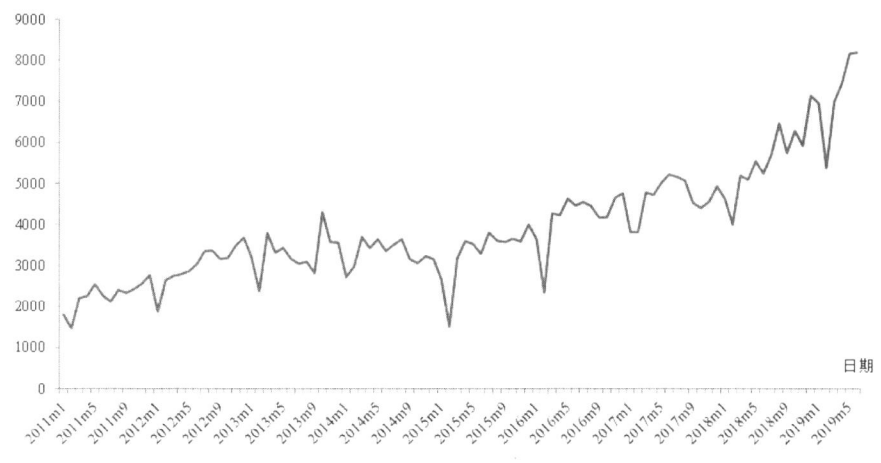

图1-3-6 2011年1月—2019年6月"无障碍"百度指数变化趋势

数据来源：http://index.baidu.com。

[①] 百度指数是以百度海量网民行为数据为基础的数据分析平台，是当前互联网和整个数据时代最重要的统计分析平台之一，自2011年始提供搜索指数。

从区域和城市来看,"无障碍"百度指数存在较大的区域和城市差异,区域差异分布统计得出,华东地区的搜索指数排名第一,华南第二,华北第三,西北和东北的搜索指数相对较低。从"无障碍"百度指数的城市排名来看(指数结果未展示),北京、上海、广州、深圳位居前四位,杭州、成都、郑州、武汉、重庆和天津,分别位居第5到第10名。可以初步判断,无障碍关注度和区域经济发展水平呈明显的正相关关系,经济社会的发展会提高人们对无障碍的关注和需求。

通过无障碍宣传教育以及三十多年的无障碍环境建设,广大民众的无障碍意识明显提高。从事无障碍宣传、促进和服务的社会组织越来越多,中国无障碍促进协会、深圳无障碍服务中心、大连无障碍促进会、西安无障碍建设委员会等社会组织参与无障碍环境建设的比重越来越大。

二、无障碍环境治理存在的不足

在政府主导、部门协调和社会参与下,中国无障碍环境建设取得了重要进展,政策法规体系不断丰富,标准规范逐渐完善,无障碍覆盖面稳步提升。但同时也应该看到,与无障碍环境建设先进国家相比,中国无障碍环境建设尚存在亟待解决的问题,主要表现在以下五个方面。

(一)无障碍政策法规不完善

加快无障碍环境建设,立法是保障。

如前所述,虽然我国目前已经在《残疾人保障法》等五部法律文件中涉及了无障碍,同时也制定了许多推进无障碍环境建设的政策,但从整体来看,这些关于无障碍的法规和政策比较宏观,适用性与实操性不足,体系尚不完善。从效力级别上看,《无障碍环境建设条例》属于行政法规,尚无关于无障碍专门的法律。《残疾人保障法》等法律只是宏观性地涉及无障碍,缺乏系统的、立体化的实施方案。相关立法规定零散地分布于部分法律法规的少数条款中,法律之间的衔接性不强,缺少一部国家级法律法规系统地对无障碍环境涉及的相关问题进行全面系统规定,也未设立一套完备的无障碍环境建设标准,因此无障碍相关的标准法律效力不强,实施力度偏软。

(二)无障碍评审和管理不规范

中国关于省、地市、县级无障碍建设与管理法规、规章在2018年多达

475个。中共中央、国务院出台《国家新型城镇化规划（2014—2020年）》《关于加快发展养老服务业的若干意见》《关于促进旅游业改革发展的若干意见》等多项文件，都对无障碍环境建设提出具体要求。中国目前关于无障碍的政策多是零星地嵌入其他政策规划之中，没有完全遵循无障碍环境建设的现实需要和系统规划，难免使得无障碍环境建设呈现碎片、重叠和无序的现象。

无障碍评审管理不规范的主要表现和后果有，无障碍设施建成后，在实际使用中却难以发挥作用：残疾人无障碍停车位被占用，盲道破损、断头和被占用；人行道无缘石坡道，公共场所供轮椅行走的坡道过陡；公共厕所无障碍厕位过小或未设置。商场、酒店、景点、文体活动中心等公共活动场所（场馆）无障碍设施规划建设和规范管理仍未达标。建筑无障碍、道路无障碍、公交无障碍建设过程中彼此间缺乏有效衔接，难以发挥实际作用满足使用者需要。

（三）无障碍发展不平衡不充分

党的十九大报告指出，"我国社会主要矛盾已经转化为人民日益增长的美好生活需要和不平衡不充分的发展之间的矛盾"。无障碍环境建设同样存在发展不平衡不充分的显著特征。20世纪80年代，中国无障碍建设是从北京开始的。1985年北京市政府将王府井、西单至西四、东单至东四、美术馆至朝阳门等四条街道和百货大楼、新华书店、儿童影院等建筑作为无障碍改造试点。此后的无障碍环境建设也是从大城市试点推进的。直到2015年，住房和城乡建设部等部门才发布《关于加强村镇无障碍环境建设的指导意见》，重视村镇的无障碍建设。中小城市、量大面广的村镇无障碍设施建设还处于起步阶段，不同地区间无障碍设施建设工作开展不平衡。2018年，全国系统开展无障碍建设的市、县、区数量为1702个，占中国三级行政区数量的60%。

从目前无障碍设施覆盖率和关注度来看，中国无障碍环境建设存在明显的区域不平衡和发展不充分的特点。根据《2017年百城无障碍设施调查体验报告》，无障碍设施实地体验普及率仅为40.6%，离完全普及尚有59.4%的差距。可以推断，其余小城市、县、镇、村的普及率更低，发展不充分的特征更明显。在区域差异上，华北和东北地区的普及率相差15.9个百分点。在无障碍信息交流上，以政务信息无障碍建设情况为例，全国各省县、区以上政府门户网站无障碍建设平均指数仅为29.8%，说明有70%的政府门户网站尚没有进行无障碍建设，特殊群体获取政务信息仍存在不小困难。在无障碍社区服务上也存在较大的不平衡不充分问题，以学校、幼儿园综合服务中心无障碍设施覆盖率为例，如表1-3-4所示。从2015年到2017年，城乡无障碍设施覆盖率始终存在差异，低位服务台的差异最大，无障碍厕所或厕位的覆盖率最低。

表1-3-4 学校、幼儿园无障碍设施覆盖率的城乡差异

单位：%

		2015年	2016年	2017年
出入口平整或坡道情况	城镇	75.51	80.11	82.25
	农村	68.6	73.14	75.66
城乡差距		6.91	6.97	6.59
低位服务台情况	城镇	52.17	59.04	62.72
	农村	37.26	43.41	47.84
城乡差距		14.91	15.63	14.88
无障碍厕所或厕位情况	城镇	23.51	31.31	34.88
	农村	16.57	21.82	24.75
城乡差距		6.94	9.49	10.13

数据来源：根据2015—2017年全国残疾人基本服务状况和需求信息数据动态更新数据整理。

（四）治理的系统性、协同性不强

无障碍环境治理的系统性、协同性不强，企业参与治理积极性不高，社会组织发展比较滞后、公众参与意识不强，多元主体共治模式有待加强。无障碍环境建设是一项复杂的系统工程。从参与主体角度而言，涉及各级政府部门、社会组织、企业等多元主体。从无障碍环境建设流程而言，涉及无障碍环境规划、设计、施工、建设、管理、维护、监督等环节，这些环节环环相扣，紧密衔接，需要系统考虑。从无障碍环境建设内容而言，涉及法规体系建设、设施建设、信息无障碍建设、服务无障碍建设等，这些内容不可或缺，总体上构成无障碍建设内容体系。无障碍环境建设具有牵涉主体较多、涉及流程较长、建设领域较广的突出特征，目前建设存在建设不规范、不系统等系列问题，亟待进一步改善和提升。

从我国无障碍环境建设和发展历程看，我国无障碍环境建设主要通过政府行政手段以开展创建活动的形式来推动，这一模式在我国无障碍环境建设的初期，使各级政府快速地整合公共资源投入到无障碍建设中，加速了无障碍环境建设的发展，使我国在较短时间内取得了显著成效。但这种建设模式过于依赖政府的作用，而无障碍环境又不是完全意义上的公共产品，在缺乏有效监督和其他主体积极参与的情况下，难免出现"政府失灵"，也无法满足社会对无障碍环境日益增长的需求。

治理的系统性、协同性突出表现在法治层面对不同主体义务和权责规定不够明确，中央和地方的政策协同不够。《中华人民共和国残疾人保障法》《中华人民共和国老年人保障法》虽然对开展无障碍环境建设的义务主体做出了规定，但规定过于笼统，只能作为制定行政法规和规章的法理依据。《无障碍环境建设条例》在法律规定的基础上，对政府及其部门承担的责任规定比较具体，但对政府不履行法定义务应该承担什么样的责任却没有明确规定，对各类社会主体的职责规定仍比较模糊。同时，规定缺少相应的标准支撑。例如《无障碍环境建设条例》规定了公共交通设施应当符合无障碍设施工程建设标准，但是在城市轨道交通的无障碍设施建设方面尚无国家标准，只有部分省市制定了地方标准；《条例》规定了"公共服务场所的工作人员应该按照国家有关规定提供无障碍服务"，但国家目前尚没有制定相应的规定。此外，由于我国各地建设基础和条件差异较大，所以在建设的过程中还需要根据法律和行政法规的原则性规定结合地方实际做出具体规定，但目前我国还有部分省级行政区没有制定相关的地方性法规或规章，有的地方性法规和规章是在《无障碍环境建设条例》颁布前制定的，法治建设落后于无障碍环境建设的实际需要。

企业是无障碍环境的直接建设者，同时发挥着为无障碍环境建设提供技术支持和产品保障的作用。但从我国城市无障碍环境建设的实际情况看，企业参与无障碍环境建设的积极性不高，动力不足。从无障碍设备研发来看，我国同发达国家的研发生产还有很大差距。我国目前生产的无障碍设备和产品主要还是半机械化辅助行动设备，而国外同类产品早已实现了自动化。无障碍信息交流方面，目前企业的积极性也没有发挥出来，从事无障碍信息交流标准、技术和产品研究的企业数量还不多。从企业追求利润的本质来看，企业直接投资无障碍环境基本上都是免费使用的，而无障碍技术和产品只针对少数有特殊需求的人群，企业难以从中获得合理的回报，因此企业参与无障碍环境建设积极性不高，必须从法律责任和鼓励性政策两方面促进企业发挥作用。法律责任方面，我国有关法律、法规对各种建设主体的责任规定不够明确。在鼓励性政策方面，我国的相关法律、法规虽然规定了国家鼓励企业参与无障碍环境建设的内容，但在实践中没有具体政策，从而无法充分调动企业的积极性。

社会组织作为无障碍环境治理中不可或缺的主体之一，在提供无障碍服务、进行无障碍监督方面有其独特角色优势，但目前社会组织服务能力弱，监督手段不足。从发达国家的经验来看，社会组织是为残疾人和老年人等有特殊需求的群体提供适合个性化无障碍服务的主要力量，但在我国从事志愿服务的组织和人数远远不足，提供专业服务的组织更是少之又少，已有的少数专业组织也普遍缺少人才、资金的支撑，还无法广泛地整合资源提供相应的服务，服务职能发挥有限，无法承担起为特殊群体提供个性化无障碍服务的重任。

无障碍环境建设既需要各个建设主体各负其责，也需要不同主体间通力合作才能有效地开展起来。无障碍法治环境建设过程中，仅仅依靠政府的执法力量去发现和制止社会上存在的违规行为是远远不够的，还需要各种特殊人群的维权组织对社会建设行为的监督，才能有效地达成无障碍环境治理目标。无障碍意识的形成方面，社会组织较政府有着更大的优势，社会组织开展宣传、教育和知识普及的方式往往更灵活、手段更丰富，也相对于政府有更好的效果。在提供无障碍服务方面，有效的方式是政府通过资金扶持和购买服务等方式同社会组织合作，共同为有需求者提供个性化的服务。此外，残疾人和老年人组织向政府反映无障碍环境建设违规行为的渠道和方式少，政府部门也缺少相应的问题处理反馈机制，因而社会的自我监督没有广泛开展。总之，政府对社会组织支持力度还不够，社会组织作用和优势尚未发挥；在公共服务领域，专业的社会组织同政府部门合作提供公共产品的模式和机制还没有形成，政府资助、购买服务等合作提供公共产品的方式还在探索中。

（五）专业人才不足，科技支撑乏力

无障碍事业的发展离不开高素质专业人才的支撑。高校是培养高素质、专业化人才的重要阵地，但从高校无障碍人才培养体系现状来看，目前国内

尚无一所高校独立开设无障碍本科专业，无障碍人才培养的层次多指向研究生教育而非本专科教育，尚未形成本硕博一体化的人才培养梯队，人才培养体系尚不健全。就研究生教育阶段而言，信息无障碍领域发展较好。浙江大学将信息无障碍研究方向正式纳入硕博士研究生招生目录，开展信息无障碍方向的硕博士研究生培养，有力地推动了高层次信息无障碍技术人才的培养。但在建筑学、管理学等领域，尚未正式纳入招生目录，进行专门人才培养。无障碍专业人才培养无论是培养层次，还是培养类型上均不完善。无障碍事业的特殊性决定其需要专门的高等教育人才培养体系，但我国无障碍学科理论体系和人才培养体系还没有完全建立。无障碍的专业性决定了当前常规的专业设置和培养方式无法满足社会对无障碍专业人才的需求。因此加快构建多层次、多类型无障碍人才培养教育体系，使之融入各级各类教育教学过程是有效满足社会对无障碍专业人才需求的必然选择。

近年来，以社会化网络与移动互联网应用为代表的新兴科技对我们生活方式、行为模式产生了深刻的影响。将智能化技术与无障碍环境建设相结合，创造更好的用户体验，让社会全体成员尤其是残疾人、老年人共享数字化带来的便捷是高科技时代无障碍环境建设的重要方向。积极运用大数据、人工智能、云计算等数字技术，充分发挥技术对无障碍环境治理的支撑作用，以科技支撑赋能无障碍环境治理。依靠科学思维和技术手段，是从全局性、针对性和专业性高度，提升无障碍环境治理水平的根本途径。

目前，我国无障碍环境治理尽管已经进入"互联网+"时代，但科技支撑赋能无障碍环境治理依然处在起步阶段，无障碍产品服务科技含量不高，设计标准混乱，在着力健全治理体系的要求下，以科技支撑赋能无障碍环境治理比以往任何时期都更为紧迫。长期以来，我国主要依靠制度优势化解各类风险挑战，但在以科技的利器实现公共问题的治理方面却有所不足，要通过深化技术标准、法律制度、市场经济等方面改革，形成以科技支撑赋能治理体系，应注重科技进步对无障碍环境治理的引领作用，将无障碍环境治理融入"智慧中国""智慧城市""智慧政府""智慧社区"要求，利用新技术、新渠道、新模式开展无障碍信息监测，推动治理系统创新。应引导建立一批以大数据、云计算为核心的高技术企业，加强研发投入和技术攻关，加大财政等配套政策支持，培育有利于科技企业参与治理的市场条件和社会氛围。

第四节　无障碍环境治理体系的构建

党的十八大以来，以习近平同志为核心的党中央，站在全球治理和国家治理的新高度，勾画了国家治理所涵盖的政治治理、经济治理、社会治理、文化治理、生态治理和党的建设六大体系蓝图，提出了国家治理体系和治理能力现代化这一重大课题，为我们深化社会治理规律认识拓宽了新境界。尤其在社会治理上，进一步明确了"系统治理、依法治理、源头治理、综合施策"的原则，提出了"打造共建共治共享的社会治理格局"新要求，充分体现了以人民为中心的执政理念，为新时代社会治理实践提供了根本遵循。

新的社会治理理念落实到无障碍环境治理领域，体现在认识论上，要坚持无障碍环境治理的系统思维，要加强党委领导，发挥政府主导作用，鼓励和支持社会各方参与无障碍环境治理，形成治理合力。体现在方法论上，要加强无障碍环境建设的法治建设，运用法治思维和法治方式破解无障碍环境治理难题，提升无障碍环境治理的法治化水平；要加强源头治理，强化社会成员无障碍意识，规范社会行为，要强化无障碍技术标准规范的执行落实，强化无障碍规划设计、建设、验收、管理、维护责任的落实，要立足无障碍环境治理全局抓大事，以无障碍环境治理重要领域和关键环节作为突破口，在关键点上集中发力，使各项举措在政策取向上相互配合、在实施过程中相互促进、在实际成效上相得益彰。

进入新时代，人民美好生活需要日益广泛，不仅对物质文化生活提出了更高要求，而且在公平、正义、安全、环境等方面的要求也日益增长。整合各类主体和各种要素，构建整体性、系统化的无障碍环境治理体系，是加强无障碍环境治理的关键所在，是破解当前无障碍环境建设问题，不断提升无障碍环境建设水平，满足人民对美好生活环境需要，是实现无障碍环境治理目标的必由之路。

一、无障碍环境治理体系的构建逻辑

党的十九大提出"打造新时代共建共治共享的社会治理格局"[①]，党的十九届四中全会《中共中央关于坚持和完善中国特色社会主义制度 推进国家治理体系和治理能力现代化若干重大问题的决定》（以下简称《决定》）提出"坚持和完善共建共治共享的社会治理制度"[②]，由"格局"到"制度"，这一涉及制度定性的关键词的变化，反映了中国社会治理体系逐渐成熟的过程，充分表明我们党对社会治理认知的系统性、科学性和整体性在不断增强，充分证明我们党具有强大的制度调适能力和创新能力。这一论断为当前无障碍环境治理实践的发展指明了方向，"共建共治共享"既是无障碍环境治理的国家制度安排，也是无障碍环境治理体系的整体逻辑框架，遵循谁来治理（治理主体）、治理什么、如何治理（治理理念、治理目标、治理重点、治理方式）、治理得怎样（治理绩效）的逻辑思路。

共建是基本要求，体现治理主体的多元化，这是实现有效治理的关键。解决无障碍问题，满足残疾人、老年人等社会成员的无障碍需求，是无障碍环境治理的起点与归宿。无障碍环境建设问题的复杂性，社会成员需求的多样性以及无障碍环境建设价值的共享性，使得政府与社会、政府与市场、市场与社会之间的互动表现出错综复杂的关系。面对动态复杂多样的现代化社会，政府单方面包揽所有事务必将导致"政府失灵"，无论是政府还是市场、社会都不可能单方面包揽解决无障碍领域的问题，必须充分发挥市场作为配置社会资源的基本力量，必须积极培育并推动社会的成长，发挥政府、市场和社会等多元主体不可或缺的重要作用，共同参与无障碍事务的管理与服务。

共治是重要手段，体现治理模式的系统化。多元主体参与无障碍事务过程中，不同的主体处于什么地位？扮演什么角色？发挥什么功能？主体之间如何互动？如何共同面对无障碍现实问题，有效组织各种力量，利用多种资

[①] 习近平.决胜全面建成小康社会 夺取新时代中国特色社会主义伟大胜利——在中国共产党第十九次全国代表大会上的报告（2017年10月18日）[M].北京：人民出版社，2017.

[②] 中共中央关于坚持和完善中国特色社会主义制度 推进国家治理体系和治理能力现代化若干重大问题的决定[M].北京：人民出版社，2019.

源，采取多种方式进行综合治理？如何聚焦无障碍领域关键问题进行重点突破，从而不断提升无障碍环境建设水平？如何因地因事制宜，根据不同地区、不同问题采取不同的资源整合模式和方法，以达到更好的治理效果？这些问题都需要我们对无障碍环境治理结构、治理机制、治理重点、治理方式进行深入研究，以揭示其内在运行规律。

共享是最终目标，强调治理的结果与成果广惠。无障碍环境治理不是为了某个人，某个群体，而是惠及所有人。共享不是追求建设成果的平均分配，而是致力于实现公共利益、恪守公共价值和培育公共精神的治理过程。因此，必然要求政府、市场和社会等多元治理主体秉持公共精神、恪守公共价值，致力于公共利益，在构建起社会有机体的基础上实现治理成果的共享。同时，在治理过程中，不同治理主体之间信息共享、资源共享，以减少信息获取成本，提高治理资源的利用程度，促进主体间工作的协同。成果的广惠，是将治理成果惠及广大的人民，增加民众的安全感、获得感、幸福感，缓解人民日益增长的美好生活环境需要和不平衡不充分发展之间的矛盾。

二、无障碍环境治理体系的结构框架

党的十九大将社会治理体系表述为"完善党委领导、政府负责、社会协同、公众参与、法治保障的社会治理体制"[①]，党的十九届四中全会《决定》又进一步明确为"完善党委领导、政府负责、民主协商、社会协同、公众参与、法治保障、科技支撑的社会治理体系"[②]。定性词从"体制"向"体系"转变，这些关键词的变化，体现了党对社会治理内涵认知的系统性在不断增强。本书以党的十九届四中全会精神为根本遵循，以"共建共治共享"为无障碍环境治理体系的整体逻辑框架，聚焦于解决"谁来治理？""治理什么？""如何治理？""治理的如何？"等无障碍环境治理中的关键问题，以无障碍环境治理体系的构建为主线，探究具有中国特色的现代化无障碍环境治理体系围绕无障碍环境治理体系的核心构成要素，从治理理念、治理目

---

① 习近平. 决胜全面建成小康社会　夺取新时代中国特色社会主义伟大胜利——在中国共产党第十九次全国代表大会上的报告（2017年10月18日）[M]. 北京：人民出版社，2017.
② 中共中央关于坚持和完善中国特色社会主义制度　推进国家治理体系和治理能力现代化若干重大问题的决定[M]. 北京：人民出版社，2019.

标、治理主体、治理重点、治理方式、治理绩效等方面展开论述，力图通过无障碍环境治理体系的阐释，为促进我国无障碍环境治理水平、治理能力的提升，推动我国无障碍事业发展起到一定的积极作用。这六个要素相互作用，其健全程度、相互之间的互动程度直接影响治理效能。

（一）治理理念

理念是行动的先导，无障碍环境治理首先要明确治理理念，这是指引无障碍环境治理行动的指导思想和行动纲领。习近平总书记指出："创新社会治理，要以最广大人民根本利益为根本坐标，从人民群众最关心最直接最现实的利益问题入手。"无障碍环境治理要树立以人民为中心的治理理念，始终将维护人民权利、实现人民利益，满足人民对美好生活环境的向往作为治理的价值目标，为构建共建共治共享的无障碍环境治理体系奠定坚实的理念基础。

（二）治理目标

治理目标指治理的价值愿景与追求，它不仅是方向，而且是构建主体结构、运行机制、确定治理重点、选择治理方式及绩效评价指标的基本原则。习近平指出："人民对美好生活的向往，就是我们的奋斗目标。让老百姓过上好日子是我们一切工作的出发点和落脚点。"检验我们一切工作的成效，最终都要看人民是否真正得到了实惠，人民生活是否真正得到了改善。无障碍的发展直接涉及8500多万残疾人、2.5亿老年人和2.5亿儿童的幸福生活，同时也是惠及所有人的工程。不论家居环境还是出行，不论是信息交流还是人际关系，不论是无障碍创新产品的发展还是城乡无障碍，都体现民生的获得感和幸福感，彰显着以人民为中心，为人民谋幸福的价值追求。

同时，我们也应深刻意识到，无障碍环境建设首先要满足人们基本的生存和发展需要，同时对特殊困难人群进行特殊扶持和救助，要格外关注、格外关爱、格外关心特殊人群，要立足社会主义初级阶段这个最大国情，不能脱离这个最大的实际提出过高目标，要根据经济发展和财力状况逐步规划实现，保障社会成员平等参与社会生活，更有能力面向未来的发展。

（三）治理主体

治理主体指参与无障碍环境治理的行为主体，是构建无障碍环境治理体系的基础性要素，包括参与治理的多元主体，以及各主体职责定位、网络关系结构以及主体间互动关系。无障碍环境治理要构建由党委领导、政府主导、残联积极协调、企事业单位、社会组织及公民等多元主体积极参与的多元主体协同共治的组织体系。党委是无障碍环境治理的政治主体，是无障碍环境治理体系的核心，发挥着从宏观决策上统领全局、在微观执行中协调各方的重要作用。要深化党建在治理主体中的核心引领作用，充分发挥党在政治上的领导能力、思想上的引领能力、社会领域的号召能力，把党的优势有效转化为治理效能。政府是治理的行政性行动者，其主导作用主要表现在以下几个方面：制定无障碍相关规划、实行宏观协调和指导；通过制定完善法律和政策保障障碍人群的权益；通过政府各职能部门来管理协调涉及障碍人群的信息交流、交通、文化、教育等无障碍事宜；提供必要的财政支持，或外包项目于社会组织或市场主体。市场主体是治理的市场性行动者，主要包括各类企业等经济组织，主要是直接或间接提供无障碍产品或服务的各类企业。它们通过生产残疾人、老龄、儿童产品，特别是通过智能技术提供解决障碍问题。企业在无障碍发展中有巨大的作为空间，是未来无障碍发展的一支关键力量。社会主体是治理的社会性行动者，是支持和推动无障碍发展的各类主体，主要包括各级残联、各类老龄组织、各种儿童组织，各类无障碍发展的专业组织、慈善组织和公益组织等。他们是联系政府与障碍人群的纽带，承担着需求调研、社会动员、资金募集、政策推动、传播教育和督促检查等大量的无障碍社会工作。社会主体在党的领导和政府引导下与公众协同合作、优势互补；鼓励公众参与治理，这既是人民当家作主的本质体现，也是人民群众享受权利和承担义务的直接途径。

（四）治理重点

无障碍环境治理重点主要涉及建筑无障碍、交通无障碍、信息无障碍、社区无障碍。建筑无障碍是任何人，不管是残疾人还是健全人，在任何情况下都能平等地、方便地、无障碍地进入法律许可达到的建筑物。交通无障碍是任何人在任何情况下都能平等、快捷、无障碍地出入法律许可的地方。交通无障碍是从动态过程保障无障碍，使残疾人人群能够动起来，走出家门，平等地融合社会生活。信息无障碍是指任何人在法律许可的任何情况下都能平等、方便、无障碍地识别、获取、交流和利用信息，不断提升信息无障碍服务水平。社区无障碍主要包括社区公共服务设施应当逐步完善无障碍服务功能、逐步完善报警和医疗急救等紧急呼叫系统、对有需求的贫困家庭进行无障碍改造和提供盲文选票。随着《无障碍环境建设条例》的颁布实施，中国非常重视社区无障碍家庭无障碍的改造或建设。社区和家庭无障碍是改善残疾人人居环境和生活质量的重要前提和途径。

（五）治理方式

加强和创新无障碍环境治理，必须不断改进治理方式，法治化、社会化、智能化、专业化，既是新形势下提升无障碍环境治理现代化水平的客观要求，又是推进无障碍环境治理创新的基本途径。"社会化"是要充分调动各方社会组织力量、协调统筹各类社会资源，提高社会力量参与无障碍环境治理的主观能动性和能力水平。"法治化"是营造完善的治理法治环境，提高治理多元主体运用法治思维和法治行为参与治理的意识和能力，通过完善的法律体系保障、规范、引领无障碍环境治理在法治轨道上推进，在法治路径上统筹各种力量，调节权责关系，规范多元主体参与治理的行为，以法治方式破解无障碍治理难题。"智能化"是充分利用多种现代化科技手段作为技术辅助工具，把现代科技与无障碍环境治理深度融合，要找准大数据、人工智能、云计算、物联网等高科技手段与无障碍环境治理的契合点，将科技同无障碍环境治理深度融合，把科技思维运用于治理实践。此外，要积极探索"互联网＋治理"方式，深入研究大数据平等、开放和共享等特征，找到其与无障碍环境治理创新之间的内在联系，有效利用大数据预测无障碍需求、预判无障碍问题，提升无障碍环境治理智能化水平。"专业化"是提高治理专业化队伍水平，为提升治理效能打造更具专业、快速、高效的专业化水平队伍。社会化、法治化、智能化、专业化的有机联动、相互交融，为治理方式的转变升级指明了方向和路径。

（六）治理绩效评价

无障碍环境治理绩效评价对于保证建设资金投入的效益，优化治理措施，提升治理绩效都有重要意义。本书基于无障碍环境治理理念及治理目标，将定性指标与定量指标相结合，围绕无障碍环境治理绩效评价的主要内容，着力解决无障碍环境治理绩效评价中谁来评价、评价什么、怎样评价、结果反馈等基本问题，即评价主体、评价指标、评价方法、评价结果应用。结合具体案例阐述评价体系的运作方法，并针对绩效评价结果进行分析提出相应政策建议。

上述六个要素相互联系共同构成了无障碍环境治理体系的系统性结构框架。治理主体是形成无障碍环境治理体系的行为主体，回答了"谁来治理"这个问题。治理理念、治理目标、治理重点、治理方式主要解决"治理什么""如何治理"的问题。治理绩效评价主要回答"治理得如何"这一问题。通过六个要素的有机联结和有效整合，共同实现治理体系的运行。

第二章

无障碍环境治理的价值取向与战略规划

第一节 无障碍环境治理的价值取向

2015年10月，党的十八届五中全会正式提出坚持"以人民为中心"的发展思想，把坚持人民主体地位，作为必须遵循的指导原则，强调"必须坚持以人民为中心，把增进人民福祉、促进人的全面发展作为发展的出发点和落脚点"。习近平指出："以人民为中心的发展思想，不是一个抽象的概念，不能只停留在口头上、止步于思想环节，而要体现在经济社会发展各个环节。要坚持人民主体地位，顺应人民群众对美好生活的向往，不断实现好、维护好、发展好最广大人民根本利益，做到发展为了人民、发展依靠人民、发展成果由人民共享。"

无障碍环境治理必须始终坚持"以人民为中心"的价值取向，既要在物理空间、设施等"硬性需要"的环境建设上发力，又要在法治、平等、尊重等"软性需求"的环境营造上着眼，从而更好满足人民在工作、生活等方面对无障碍环境的需要，更好地提升社会文明水平，推动人的全面发展，促进社会的全面进步。

一、治理目标：为了人民

2012年11月15日，习近平在十八届中央政治局常委同中外记者见面时，鲜明地宣示："人民对美好生活的向往，就是我们的奋斗目标。"2019年11月，习近平在上海调研时指出："城市是人民的城市，人民城市为人民。无论是城市规划还是城市建设，无论是新城区建设还是老城区改造，都要坚持以人民为中心，聚焦人民群众的需求，努力创造宜业、宜居、宜乐、宜游的良好环境，让人民有更多获得感，为人民创造更加幸福的美好生活。"无障碍环境治理的目标，就是为了满足人民对美好生活环境的需求，尤其是为了满足残疾人、老年人、儿童等对无障碍环境依存度高的弱势群体的对美好生活环境的需求，通过加强无障碍环境治理，不断提升治理成效，增强人民的获得感、满意度、安全感。

无障碍环境建设是一项涉及人口、经济、政治、技术，涉及意识观念、政策法规、建筑设施、信息技术、公共服务等诸多领域内容的系统性复杂性工程。在无障碍环境建设推进过程中，势必会产生一些治理方面的问题。传统的治理理念强调统治或管控，仅仅把人作为治理的对象和客体，更多地通过强制性手段来控制人的行为，实践证明，这种忽视人的主体地位的治理理念和方式，反而在一定程度上容易导致新的社会问题或社会矛盾。这些问题如果不能有效解决，可能产生巨大的社会风险，危及社会稳定与和谐发展。因此，当前无障碍环境治理既要正视环境建设过程中面临的风险和挑战，又要科学界定人在无障碍环境治理中的主体地位，一切从人的真实需求出发，注重人的服务，以尊重人、发展人、实现人为治理的目的，尊重公众需求，凸显人的服务的实质，为人民提供高质量的公共服务。

弱势群体是广大人民群众的一部分，他们在无障碍环境治理中的主体地位同样不容动摇。弱势群体既包括生理性弱势群体，如残疾人、老年人和儿童等；也包括社会性弱势群体，即主要由于社会因素、信息不对称等造成的社会弱者。弱势群体与一般意义上的人相比，他们在现实政治、经济和社会制度条件下常常处于不利地位，处于社会的边缘，合法权益得不到保障，利益表达机会缺失。弱势群体的特殊地位和角色决定了对其权益保障尤为重要。无障碍环境治理要尊重弱势群体的真实需求和意愿，尤其需要充分尊重老年人、残疾人、儿童等对无障碍环境依存度较高的群体对美好生活环境的需要，保障他们以及社会成员平等参与社会生活的合法权益，从而促进社会稳定并和谐发展。

无障碍环境治理要聚焦广大人民群众急难愁盼问题，开展无障碍环境专项治理行动，明确重点治理领域，通过消除广大人民群众在全面发展过程中的各种环境障碍，提高人民生活品质，促进人全面发展。

二、治理成果：人民共享

习近平指出："国家建设是全体人民共同的事业，国家发展过程也是全体人民共享成果的过程"。①"生活在我们伟大祖国和伟大时代的中国人民，共同享有人生出彩的机会，共同享有梦想成真的机会，共同享有同祖国和时代一起成长与进步的机会"②。作为五大发展理念之一的共享发展，要求发展成果人人享有，强调全民共享、全面共享、共建共享。无障碍环境治理坚持人民共享的价值取向，就是让广大人民共享无障碍设施建设、信息无障碍建设、无障碍服务、无障碍法治建设等无障碍各个领域所取得的发展成果，不断满足人民对美好生活环境的向往。

在无障碍环境治理领域，落实共享发展理念，一是要充分调动人民群众参与无障碍环境建设的积极性、主动性、创造性，充分集聚人民的智慧和力量，不断推进无障碍事业发展。二是要增强人民无障碍意识，落实共享发展理念，满足人民利益诉求。坚持人民共享价值取向，首先要大力提升人民群众无障碍意识，尤其要树立人人需要、人人参与、人人共享的科学的无障碍理念，摒弃无障碍环境建设只是为了残疾人、老年人这些特需群体的片面认识，汇聚广大人民群众的力量，聚力推进无障碍事业发展，充分保证广大人民平等参与社会生活，营造安全、便捷、自如、舒适的学习、工作、生活环境。无障碍环境从本质上而言属于公共产品，其建设成果分配秉承提升公共福祉的目的，主要基于对广大人民需求的实际考察，体现公平性的同时特别关注社会弱势群体的权利保障。

三、治理成效：人民评价

习近平强调"检验我们一切工作的成效，最终都要看人民是否真正得到了实惠，人民生活是否真正得到了改善，人民权益是否真正得到了保障"③，"改革发展成功不成功，最终的判断标准是人民是不是共同享受到了改革发展成果"④。"以人民为中心"即以人民满意为标准，坚持人民主体地位、着力实现人民利益，以及积极依靠人民群众的作用，根本都要落实到人民是否满意

---

① 《习近平关于协调推进"四个全面"战略布局论述摘编》，中央文献出版社 2015 年版，第 44 页。
② 《十八大以来重要文献选编》（上），第 235 页。
③ 《十八大以来重要文献选编》（上），第 698 页。
④ 《人民日报》2015 年 10 月 31 日。

的标准上。

这些重要论述为无障碍环境治理绩效评价指明了方向，也提供了新时代更为完善的治理评价标准。以人民为中心，强调人民利益至上，意味着无障碍环境治理成效最终要由人民来评价，治理得好不好从根本上说要看人民群众是不是满意。因此，人民群众是无障碍环境治理绩效评价的主体，包括残疾人、老年人、儿童等在内的广大人民群众能否安全、便利、自主地通行，能否自如、充分地进行信息交流，能否平等地融入社会生活，参与社会各项事务，共享社会发展成果，将影响其对无障碍环境治理成效的满意度评价。人民对于无障碍环境治理绩效的评价将促进政府不断改进治理方式、不断优化治理机制、不断提升治理效能绩效。

第二节　无障碍环境治理的战略分析

一、政治与法律环境

（一）党和国家领导人对无障碍环境建设高度重视

以习近平同志为核心的党中央对无障碍环境建设高度重视。2019年9月25日，习近平总书记出席北京大兴国际机场投运仪式，宣布机场正式投运并巡览航站楼，实地了解值机、安检、登机和残疾人无障碍设施等情况。2020年9月17日，习近平总书记在湖南考察并主持召开基层代表座谈会，听了杨淑亭代表残疾人群体的发言，习近平总书记指示，"不断满足人民群众对美好生活的需要，必须保护好残疾人权益，残疾人事业一定要继续推动，无障碍设施建设问题，是一个国家和社会文明的标志，我们要高度重视"。2021年1月20日，习近平总书记在人民大会堂主持召开北京2022年冬奥会和冬残奥会筹办工作汇报会，他强调"北京冬奥会、冬残奥会是我国'十四五'初期举办的重大标志性活动，要围绕如期办赛目标，全面梳理并切实抓好各项工作落实。场馆建设和管理，要按照标准完善场地和设施设备，按期完成非竞赛场馆建设，同步推进各类配套设施和无障碍环境建设"。习近平总书记关于无障碍环境建设的重要指示为我国无障碍事业指明了前进方向，提供了根本遵循。

李克强总理连续4年在《政府工作报告》中提出"提高新型城镇化质量，完善城镇规划，优先发展公共交通，健全菜市场等便民服务设施，加快无障碍设施建设"，"城镇老旧小区要大力进行改造提升，支持加装电梯和无障碍环境建设，健全生活服务设施。新型城镇化要处处体现以人为核心……更具包容和人文关怀"，"完善便民、无障碍设施，让城市更宜业宜居"，"加强无障碍设施建设，让社区生活更加便利"。国务委员、国务院残疾人工作委员会主任王勇同志在代表党中央、国务院的讲话中多次指出"要加快无障碍环境建设，促进残疾人广泛参与、充分融合和全面发展"。全国残联主席张海迪多次就中国无障碍建设的理念和现状进行阐释："无障碍环境建设是为包括残疾人在内的一切需要它的社会成员平等参与社会、实现融合发展的重要举措。发展无障碍实际上是消除歧视，是尊重生命、维护权利和拥有尊严的充分体现。"无障碍是残障人享有并行使一切人权与基本自由的基础和前提。

（二）无障碍环境建设政策法规不断完善

随着改革开放以来经济社会的发展，文明程度的提高，中国越来越重视公民无障碍权利保护，以2008年《中华人民共和国残疾人保障法》修订和北京奥运会、残奥会的召开为标志，中国无障碍法治建设进入了新的发展阶段。尤其在中共十八大以后，中国政府更加重视无障碍环境建设的立法工作，出台了很多促进无障碍环境建设的法律法规和政策措施。根据2020年残疾人事业发展统计公报统计，全国已出台了674个省、地、县级无障碍环境建设与管理法规、政府令和规范性文件；1753个地市、县系统开展无障碍环境建设。①

根据北大法宝数据库全文检索，截至2021年4月，中国中央层面涉及无障碍环境建设的法律已经有28部、行政法规65部、国务院部门规章675部，为推动中国无障碍环境建设提供了有力的法治保障。目前，中国已经形成以

---

① 2020年残疾人事业发展统计公报［EB/OL］. https://www.cdpf.org.cn/zwgk/zccx/tjgb/d4baf2be2102461e96259fdf13852841.htm.

《残疾人权利公约》为国际框架，以《中华人民共和国宪法》为根本依据，以《中华人民共和国残疾人保障法》为基础，以《无障碍环境建设条例》为主导，以地方无障碍环境建设法规为主体，以相关法律法规为辅助，全面保障公民无障碍权利和促进无障碍环境发展的法律体系。

国际层面对无障碍环境建设的规范主要是《联合国残疾人权利公约》（以下简称《公约》），这是联合国2007年发布的旨在保障残疾人平等参与社会生活权利和促进残疾人具有公平发展机会的国际人权公约，全球共有146个国家签署了这一公约。《公约》第九条专门针对缔约国在无障碍环境建设方面提出了许多具体要求，主要目的是通过促使缔约国查明和消除影响无障碍环境的因素，并采取积极的促进无障碍环境建设的措施，达到确保残疾人可以与健全人一样平等地使用公共设施和服务，包括无障碍地进出物质环境、使用交通工具、获取信息和进行通信等，实现残疾人独立生活和充分参与社会生活的各个方面。2008年中国全国人大常委会批准加入了《公约》，承诺履行《公约》规定的义务。加入《公约》以来，中国积极践行《公约》精神，积极修订和出台与无障碍环境相关的法律法规，并通过法律、政策、经济、科技、文化等途径不断推动无障碍环境建设取得新的进展。

我国无障碍环境法治系统中，与无障碍环境建设相关的法律很多，作为根本大法的《中华人民共和国宪法》主要从保障基本人权的角度，明确残疾人在各方面享有与其他公民同等的权利，规定国家和社会帮助安排残疾人的劳动、生活和教育。作为无障碍环境建设基础依据的《中华人民共和国残疾人保障法》则是从维护残疾人的合法权益，保障残疾人平等地充分参与社会生活，共享社会物质文化成果角度，对残疾人无障碍出行和获取信息的相关问题进行了规定。1990年，首次颁布的《中华人民共和国残疾人保障法》，就从法律上明确了中国无障碍设施建设的内容，规定"国家和社会逐步实行方便残疾人的城市道路和建筑设计规范，采取无障碍措施"，这使我国无障碍环境建设获得了初步的法治引领和保障。2008年，全国人大常委会通过了对《中华人民共和国残疾人保障法》进行修正，其中"无障碍环境"部分由一条扩展成了一章，对国家和社会的责任，无障碍设施的建设、残疾人信息交流、公共服务、政治参与等方面进行了全面的规定，丰富了内容，明确了要求，增强了操作性。并且规定对于不符合国家有关无障碍设施工程建设标准的新建、改建和扩建建筑物、道路、交通设施，包括对无障碍设施未进行及时维修和保护造成后果的，由有关主管部门依法处理。

1996年8月，中国颁布了《中华人民共和国老年人权益保障法》，其中规定在新建或者改造城镇公共设施、居民区和住宅时，应当考虑老年人的特殊需要，建设适合老年人生活和活动的配套设施。《中华人民共和国老年人权益保障法》自颁布以来，已经经过了2009、2015、2018年三次修正，现行《中华人民共和国老年人权益保障法》明确规定新建、改建和扩建道路、公共交通设施、建筑物、居住区等，应当符合国家无障碍设施工程建设标准。要求各级人民政府和有关部门应当按照国家无障碍设施工程建设标准，优先推进与老年人日常生活密切相关的公共服务设施的改造。对无障碍设施的管理和使用进行了规定，规定无障碍设施的所有人和管理人应当保障无障碍设施正常使用。对老年宜居社区建设做出了规定，提出国家将推动老年宜居社区建设，引导、支持老年宜居住宅的开发，推动和扶持老年人家庭无障碍设施的改造。对相应的违法责任进行了规定，规定涉及老年人的工程不符合国家规定的标准或者无障碍设施所有人、管理人未尽到维护和管理职责的，由有关主管部门责令改正；造成损害的，依法承担民事责任；对有关单位、个人依法给予行政处罚；构成犯罪的，依法追究刑事责任。

此外，2016年发布的《中华人民共和国公共文化服务保障法》，规定在设计和建设公共文化设施时，应当配置无障碍设施设备，并且符合国家规定的标准。2017年发布的《中华人民共和国公共图书馆法》规定政府设立的公共图书馆应当积极创造条件，提供适合老年人和残疾人等群体需求特点的文献信息、无障碍设施设备和服务等。2020年发布的《民法典》第281条规定：经业主共同决定，建筑物及其附属设施的维修资金可以用于电梯、无障碍设施等共有部分的维修、更新和改造。2021年发布的《乡村振兴促进法》中，融入无障碍理念，注重加强无障碍环境建设，对乡村无障碍设施建设，农村人居环境改善做出规定。2021年2月24日，中共中央、国务院印发的《国家综合立体交通网规划纲要》指出要加强无障碍设施建设，完善无障碍装备设备，提高特殊人群出行便利程度和服务水平。

在行政法规层面，最重要的是2012年国务院颁布实施的《无障碍环境建设条例》（以下简称《条例》），它为推动中国加速开展无障碍环境建设提供了具体的法规保障，此后中国无障碍环境建设的系统性、规范性明显增强。《条例》集中体现了中国改革开放以来无障碍环境建设的实践和理论探索成果，标志着中国无障碍环境建设正式进入了法制化的轨道，具有里程碑意义。

《条例》秉持"创造无障碍环境，保障残疾人等社会成员平等参与社会生活"的立法目的，首先对无障碍环境建设的含义进行了界定，即"为便于残疾人等社会成员自主安全地通行道路、出入相关建筑物、搭乘公共交通工具、交流信息、获得社区服务所进行的建设活动"。《条例》规定无障碍环境建设必须遵循"实用、易行、广泛受益"的原则，提出无障碍环境建设应当与经济和社会发展水平相适应的总体要求。规定国务院住房和城乡建设主管部门承担全国无障碍设施工程建设活动的监督管理职责，县级以上人民政府负责组织编制和实施无障碍环境建设发展规划，编制时应当征求残疾人组织等社会组织的意见，而且要将其纳入国民经济和社会发展规划以及城乡规划。在具体内容上，《条例》主要从无障碍设施建设、无障碍信息交流、无障碍社区服务三个方面对无障碍环境建设进行了规定，并对相关法律责任进行了明确。

此外，2003年6月通过的《公共文化体育设施条例》规定，在设计公共文化体育设施时，应当便利残疾人的使用，采取无障碍措施。2017年2月修订的《中华人民共和国残疾人教育条例》提出，县级以上地方人民政府及其教育行政部门应当逐步推进各级各类学校无障碍校园环境建设。2017年7月施行的《残疾预防和残疾人康复条例》要求，康复机构应当具有符合无障碍环境建设要求的服务场所以及与所提供康复服务相适应的专业技术人员、设施设备等条件。

除了以国务院名义颁布的行政法规以外，住建部、工信部、教育部、民政部等国务院相关部门联合发布了很多涉及无障碍环境建设的政策文件，为相关领域无障碍环境建设发展提供了具体的指导，明确了相关要求。国务院办公厅印发《关于全面推进城镇老旧小区改造工作的指导意见》，将无障碍建设作为老旧小区改造的重要内容之一；民政部、中国残联等9部委联合下发《关于加快实施老年人居家适老化改造工程的指导意见》；住建部、教育部、工信部、公安部等13个部门联合印发《关于开展城市居住社区建设补短板行动的意见》纳入无障碍及残疾人相关内容，切实提升城市居住社区无障碍环境建设水平。住建部等 6 部门发布《绿色社区创建行动方案》，同步纳入无障碍建设与改造要求；全国文明单位评测标准纳入"对外服务场所按照标准建设改造无障碍设施"。

为维护残疾人的合法权益，保障残疾人平等参加普通高等学校招生全国统一考试，教育部、中国残联 2015 年发布了《残疾人参加普通高等学校招生全国统一考试管理规定（暂行）》，要求全国各级招生考试机构必须遵循高考基本原则，提供平等机会和合理便利以保障残疾人参加高考。教育部、中国残联于 2017 年 4 月对此规定进行了修订，发布并实施了《残疾人参加普通高等学校招生全国统一考试管理规定》，对应该提供的保障残疾人参加高考的无障碍合理便利进行了进一步明确。

交通运输部等七部委出台《关于进一步加强和改善老年人残疾人出行服务的实施意见》，提出了我国交通运输业无障碍环境建设的目标和任务措施；工信部制定《移动终端无障碍技术要求》《信息技术—互联网内容无障碍可访问性技术要求与测试方法》行业标准，出台专项行动方案，开展互联网网站与移动互联网应用（APP）适老化及无障碍改造。

地方性法规对于保证宪法和法律在地方的实施、对于补充国家立法以及各地因地制宜自主解决本地方的事务发挥着重要作用。由于地市级层面的法规过于繁杂，本研究主要关注省级层面有关无障碍环境建设的立法情况。截至 2021 年 4 月，我国目前专门针对无障碍环境建设而设立的省级地方性法规只有 5 部，分别为 2020 年海南省发布的《海南省无障碍环境建设管理条例》、北京市 2019 年发布的《北京市无障碍设施建设和管理条例（2019 修正）》、深圳市 2019 年发布的《深圳市无障碍环境建设条例（2019 修正）》、张家口市 2019 年发布的《张家口市无障碍设施建设管理条例》以及甘肃省 2010 年发布的《甘肃省无障碍建设条例》。

（三）无障碍环境技术标准体系逐步形成

随着国家经济实力的增强，文明程度的提高以及人文理念的深入，作为无障碍环境建设实施层面的技术参考，无障碍环境技术标准对于有效治理和解决无障碍环境建设中存在的不规范、不系统和不实用等问题，指导和帮助无障碍环境建设做得更加细致到位越来越不可或缺。中国非常重视无障碍环境技术标准的建立，目前，中国已经建立了比较完整的无障碍环境技术标准体系。

1989年4月，作为中国第一部无障碍建设技术标准的《方便残疾人使用的城市道路和建筑物设计规范（试行）》，由建设部正式颁布，标志着中国无障碍设施建设工作开始步入正规化道路，其中对新建、扩建和改建城市道路和建筑物时应遵循的规范，进行了详细说明。但是由于没有规定建设单位必须强制执行此设计规范，所以其执行情况欠佳，许多应该配套无障碍设施的新建、改建道路和建筑，并不符合设计规范要求。为了加强在城市建设中贯彻执行此设计规范，1998年4月，建设部下发了《关于做好城市无障碍设施建设的通知》，同年6月，建设部、民政部、中国残联共同下达了关于贯彻实施《方便残疾人使用的城市道路和建筑物设计规范》若干补充规定的通知，提出要对无障碍工程的审批和验收进行更严格的管理，在设计、建设公共建筑和公共设施时都必须考虑无障碍通行的需求。同时，建设部等部门，在参考有关国际标准和国外先进技术的基础上，着手对此设计规范进行修订，2001年6月，建设部、民政部、中国残联联合发布了建设范围和标准更加明确的《城市道路和建筑物无障碍设计规范》，其中的24条规范被列为国家标准，要求必须严格执行，因此有力地推动了无障碍设施建设的规范化开展。2012年，为了确保无障碍设计规范对新建设施的有效约束和强制执行，解决无障碍环境建设中存在的不规范、不系统和不实用等突出问题，住建部、民政部、中国残联组织对无障碍规范再次进行了修订，出台了作为国家标准的GB 50763-2012《无障碍设计规范》。

除了《无障碍设计规范》以外，中国的无障碍建设国家标准还有适用于新建、改建和扩建的城市道路、建筑物、居住区、公园等场所的无障碍设施的施工验收和维护的GB 50642-2011《无障碍设施施工验收及维护规范》；适用于城市公用交通设施及类似设施的无障碍设计和评价的GB/T 33660-2017《城市公共交通设施无障碍设计指南》。以及专门为弱势群体而制定的图形符号国家标准GB/T 10001.9-2008《标志用公共信息图形符号第9部分：无障碍设施符号》，该标准规定了视力障碍、行走障碍、听力障碍等15个供残疾人、老年人、伤病人及其他有特殊需求的人群使用的标志用公共信息图形符号。

除了无障碍环境建设国家标准以外，各行业部门也都对无障碍环境技术标准制定工作十分重视，国家民航、铁路、工业和信息化、教育、银行等主管部门分别制定实施了民用机场旅客航站区、铁路旅客车站、网站及通信终端设备、特殊教育学校、银行等行业无障碍建设标准规范。2000年中国民用航空局发布了《民用机场旅客航站区无障碍设施设备配置标准》；2003年建设部和教育部批准了《特殊教育学校无障碍设计规范》；2003年7月，建设部批准了《建筑无障碍设计》标准图集；2005年铁道部发布实施了《铁路旅客车站无障碍设计规范》；2006年工业和信息化部开始制定实施《网站无障碍》等一系列信息交流无障碍建设标准；2008年信息产业部《网络设计无障碍技术要求》标准发布，针对不同形式的信息交流障碍，规定了语音识别技术等七大辅助技术；2018年住房和城乡建设部批准《老年人照料设施建筑设计标准》为行业标准；2018年，为推动中国银行业无障碍环境建设，由中国银行业协会制定的《银行无障碍环境建设标准》在河北雄安新区发布。

党的十八大以来，我国无障碍环境建设快速发展，无障碍环境建设相关政策、标准规范不断完善，为保障社会成员平等参与、融合共享社会精神文明和物质文明成果提供了坚强的法治保障。

二、经济环境

（一）国家经济实力快速提升

无障碍事业的发展以一定的经济发展为基础，良好的经济条件为无障碍环境建设提供了经济保障。同时，无障碍事业发展也会成为促进经济发展的一个重要动力。随着国家无障碍战略的实施，无障碍行业的发展将成为经济发展的新动力，形成新的经济增长点。根据国家统计局发布《2020年国民经济和社会发展统计公报》，2020年中国GDP规模达101.6万亿元，首次突破百万亿大关。2020年中国的人均GDP为10484美元，较上年增加了390美元，在全球所有经济体中处于中上游水平，这都意味着我国经济实力、综合国力又跃上一个新的大台阶。

目前，中国经济总量占世界比重约为16%，对世界经济增长的贡献率超过30%，为世界经济稳定和发展作出了重要贡献，为无障碍事业发展奠定了良好的经济基础。

（二）无障碍产业起步较晚但发展迅速

与西方国家相比，我国的无障碍产业发展相对起步较晚，市场竞争力不强，但需求旺盛，市场潜力大，产业发展迅速。我国有8500多万残疾人，60岁及以上人口已达2.64亿人，失能半失能的老年人口约有4400万之多，60岁以上残疾人已占到残疾人总数的58%，无障碍环境刚需人口约占总人口的35%以上，且数量还会快速增加，这预示着其消费和需求在社会总消费和总需求中所占的份额越来越大，并将直接影响中国的市场结构。

无障碍产业涵盖出行设备、康复辅具、智能穿戴、智能看护、无障碍旅游、无障碍电影等软硬件产品研发、设计、生产、流通与服务等完整产业链条培育发展无障碍战略性新兴产业，使其成为经济发展新的增长点，能实现社会效益和经济效益的最大化。不仅有助于增进残障群体福祉，降低家庭负担，而且有助于商品和服务供给，激发内需潜力，助力构建以国内大循环为主体、国内国际双循环相互促进的新发展格局。近年来，我国无障碍产业规模持续扩大，产品种类日益丰富，服务质量稳步提升，但仍存在产业化程度不高、市场竞争力较弱、功能品种不丰富、自主创新能力不强、市场秩序不规范等问题。发展无障碍产业有利于引导激发新消费、培育壮大新动能、加快发展新经济，推动经济转型升级；有利于积极应对人口老龄化，满足残疾人康复服务需求，推进健康中国建设，增进人民福祉。

近几年，信息无障碍产业发展迅速。作为社会和经济发展的重要元素，在创造财富价值、提高生活质量、发展人类文明的过程中，企业是主要的参与者，也是关键的领导者，并是变革的促进者。越来越多的企业对完善企业的自我价值产生了追求，不仅仅满足于经济价值，开始追求更高的社会价值，并把社会价值融入自己的主体价值中，实现社会创新，共建更好的生态系统。为了响应我国政府号召、开展包括信息无障碍在内的无障碍环境建设，企业作为数字经济发展的中流砥柱和政府、社会组织等利益相关方，将信息无障碍从爱心帮扶的公益视角，逐步融入企业和组织发展的各个阶段，纳入管理流程，主动参与技术标准与产品研发，建立起顶层架构规划，不断完善及推动信息无障碍。一些具有社会责任感的互联网企业、智能制造企业已率先行动起来，使个人信息终端、公共设备等均不同程度地实现了残障融合。腾讯基于自研的手语识别算法专门推出了一款"AI手语翻译机"，支付宝推出了"无障碍支付"功能，喜马拉雅积极响应互联网应用适老化及无障碍改造专项行动的倡议，推出大字模式，得到大批老年用户的认可与喜爱。

三、技术环境

在信息多元化的今天，确保所有社会成员都能平等、便捷、无障碍地获取和使用信息，成为信息无障碍理念所探讨和追求的核心。语音识别、图像识别、语音合成、外骨骼、智能导航等技术应用，可以补偿人类在身体机能方面的差异，为所有人平等参与社会生活创造新的条件；以移动互联网、物联网、大数据、云计算为代表的新一轮信息技术给信息无障碍事业的发展带来了全新的机遇和挑战。

现代社会的信息化程度高速发展，个人信息通信终端已经成为人们日常生活不可缺少的基本工具。个人信息终端产品在研发设计之初就将信息无障碍理念纳入，有助于保障残疾人、老年人等特殊人群和弱势群体无障碍使用和获取信息。随着我国老龄化问题的加剧，支持字体放大、操作容错、语音操控、易懂易记等适老无障碍要求的个人信息终端将赢得更多的市场。目前信息无障碍领域吸引了越来越多的高科技企业的关注，很多企业开始进行信息无障碍技术研究。例如，服务于听障者的语音转文字功能，能够在不方便听的场景下帮助用户读取信息；服务于视障者的语音播报功能，能够在不方便看的场景下帮助用户使用地图导航；实时翻译功能，能够帮助人们在环球旅行时跨越语言障碍顺畅交流。信息技术的发展让人们有更多通用技术可以选择，人工智能、大数据等都可以作为障碍群体使用的辅助技术，在为特殊人群带来便利的同时，也会为所有人改善生活环境。

（一）互联网技术与无障碍

随着互联网技术的飞速发展，其创新成果已融入经济社会各领域之中，为人们的生活带来了全新体验。"互联网＋通信"使得人们能够通过即时通信APP（如微信、QQ）进行语音、文字或是视频交流；"互联网＋交通"将移动互联网和交通出行相结合，改善了人们出行的方式。"互联网＋"产品开发企业需要充分考虑残疾人、老年人等特殊人群平等参与社会生活的需求，不断改善他们的生活质量。

（二）人工智能技术与无障碍

随着人工智能技术的不断发展和应用加速，相关技术与辅助工具的融合将推动行业实现跨越式发展。基于人工智能目标识别技术，能帮助盲人辨识人脸、图片、货币；智能家居音响、智能家电等采用声控的设备，使视障者、肢体伤残者可以用语音操控家电设备；支持语音识别的人工智能产品可以为有听觉障碍的用户生成闭路字幕；采用人工智能技术的仿生假肢、外骨骼可以让肢残人的行走体验越来越接近于健全人。随着问题的不断解决和应用场景的逐渐完善，人工智能在信息无障碍领域将发挥越来越大的作用。

（三）大数据技术与无障碍

为了支持精准化、个性化服务，做好信息化支撑与保障服务，开展大数据研究工作、建设残疾人数据库提上了政府议事日程。我国高度重视残疾人事业大数据和信息化建设，目前已建立了全国残疾人人口基础数据库，支持残疾人基本服务状况和需求信息数据动态更新机制，为助残特殊政策落实做依据。大数据建设将对改善残疾人整体状况起到很好的作用，为实现精准化服务和精细化管理奠定基础，是实现残疾人精准扶贫脱贫的一项基础性工作。

（四）物联网技术与无障碍

新技术的出现为信息无障碍带来的挑战与机遇并存。基于物联网技术，视障者可通过无障碍信息技术满足更多生存需求。例如，视障者经常需要辨识物品，包括辨识商品、药品等。将物联网技术应用于商品（特别是药品）的管理，对于改善视障者的生活、保障他们的用药安全具有非常重要的意义。

公交无障碍是城市环境无障碍化的重要保证。基于无障碍设计理念，在设施与道路上部署标准化标签，可以方便障碍群体识别环境；借助 GPS、AGPS 辅助定位、云计算、大数据技术，可实现无障碍导航 APP，提高出行便利性和安全性。此外，随着新技术、新业务的不断更迭，加强信息无障碍技术的研究，不断推动适合残疾人、老年人等特定人群使用信息通信产品和服务的建设，让残疾人等特殊群体能够全面融入信息社会，建设以人为本的包容性信息社会是开展无障碍建设的最终目的。

四、社会文化环境

（一）障碍人群大幅上升

无障碍环境建设以通用包容、合理便利为原则，从单纯的物理空间层面，向科技、信息、社会、人文等全方位辐射，为所有人构建安全便利、平等友爱、相互尊重、享受美好生活的人文环境，是一项普惠性、通用性、必要性的重大民生工程。我国有8500多万残疾人，60岁及以上人口已达2.64亿人，失能半失能的老年人口约有4400万之多，60岁以上残疾人已占到残疾人总数的58%，无障碍环境刚需人口约占总人口的35%以上。障碍人群的大幅上升以及人口老龄化形势的日趋严峻对无障碍事业的发展提出了迫切的要求，无障碍环境建设刻不容缓。我国现有8500多万残疾人，约2.6亿60岁以上人口，加上大量的伤病人、儿童、孕妇等，如何保障这些对无障碍环境存在特殊需求的障碍人群同等享受安全便利的生活环境，已经成为当前不容忽视的问题。保障障碍人群的权利，尊重他们的价值，充分发挥他们的潜能，是人类文明和社会进步的标志，也是社会和政府不可推卸的责任。营造关注残疾人、老年人等特殊群体，关注无障碍环境建设的良好氛围，全面推进无障碍环境建设，并将这种对障碍人群及老年人的关怀扩展为惠及所有人的一种通用安排，已经成为现代化建设的一项新议程，成为衡量当今社会现代化文明程度的基本指标。

（二）全龄友好的社会氛围日益浓厚

无障碍环境建设是一项长期的持续的过程，物质环境、信息环境和服务的系统衔接至关重要，因为这直接决定了能否实现所有人机会均等，自由体面便捷地参与社会生活。这些与政策法规、财政保障、社会创新、信息技术、教育培训、理念传播和引领示范都息息相关。党的十八大以来，我国无障碍环境建设进入快速发展的新时代。以习近平同志为核心的党中央高度重视无障碍环境建设，对残疾人群体特别关心、特别关注。面对新时代发展中的社会老龄化、城市现代化、新型城镇化、乡村振兴等战略布局，无障碍环境建设已成为国家民生保障大计，承载着社会公平正义诉求和对人的生命尊重与关怀，实现"两个一百年"奋斗目标的最终落脚点和出发点。

扶残助残社会风尚基本形成。中国政府网站开设残疾人信息与服务专栏，报刊、广播、电视和网络等新闻媒体广泛报道残疾人生活和事务，促进尊重残疾人的尊严和权利，消除对残疾人的偏见和歧视，形成理解、尊重、帮助残疾人的社会氛围。自1991年设立全国助残日（每年5月第三个星期日）以来，已开展29次全国助残日活动。每年开展"牵着蜗牛去散步"等公益系列活动，各类公益慈善组织、志愿者服务组织开展了形式多样的面向残疾儿童的公益活动。举办残疾人运动会、文艺汇演、职业技能竞赛等大型活动，展示残疾人自强不息的精神风貌。开展百家图书馆、百家媒体、百家博物馆、百家出版社等文化公益助残活动，提升全社会对残疾人的关注。在中小学生中开展"红领巾手拉手助残"行动；在高校学生和广大青年中开展中国青年志愿者助残"阳光行动"；成立中国助残志愿者协会，整合凝聚社会力量推进志愿助残服务。

五、全球环境

随着全球化的发展，中国在国际社会的地位日益提升，中国与世界的联系日益紧密，中国不仅要关注国内无障碍环境治理，同时也要放眼世界，关注全球无障碍环境建设。2013年3月，习近平首次提出人类命运共同体理念。2015年9月和2017年1月，他又分别在联合国纽约和日内瓦总部全面阐述人类命运共同体思想。中国倡导加强全球治理，目的在于集合最大力量来共同应对在各国日益紧密的联系中可能引发的风险与挑战。习近平总书记强调："不管全球治理体系如何变革，我们都要积极参与，发挥建设性作用，推动国际秩序朝着更加公正合理的方向发展，为世界和平稳定提供制度保障。"

随着世界格局的深刻调整，全球经济治理体系的决策机制正在从美国主导演变为集体领导。世界上的事情越来越需要各国共同商量，建立国际机制、遵守国际规则，追求国际正义成为多数国家的共识。中国坚定维护联合国权威和地位，积极履行应尽的国际义务和责任，始终做世界和平的建设者、全球发展的贡献者、国际秩序的维护者。世界正处于大发展大变革大调整时期，正经历百年未有之大变局，我国正处于走向强国的关键时期，积极应对人口老龄化的国内外环境正发生深刻复杂的变化，挑战和机遇并存，有利因素和不利因素同在。

第三节 战略规划构想

按照中央的治理构想，到2035年基本实现国家治理体系和治理能力现代化，到本世纪中叶实现国家治理体系和治理能力现代化。这个伟大目标，是顺应新时代发展需要和实现中华民族伟大复兴的治理规划，这一治理规划为无障碍环境治理战略规划的制定提供了方向指引。

为残疾人和老年人等特殊群体乃至所有社会成员提供便利而无障碍的社会环境是文明进步的必然要求，是落实党的十九大提出的"以人民为中心"和"弱有所扶"理念的重要内容。残疾人享受包括信息交流在内的无障碍环境是《联合国残疾人权利公约》《中华人民共和国残疾人保障法》《无障碍环境建设条例》等法规规定的残疾人的合法权益。党中央、国务院高度重视无障碍环境建设，将其列入城乡建设、公共服务、信息化发展等一系列国家发展规划之中。

国家虽然没有制定专门的无障碍发展规划，但是将其列为我国无障碍环境建设的重要组成部分并纳入国家发展规划进行了通盘考虑。从国家"八五"计划时期开始，我国残疾人事业与国家整体发展规划同步制定，目前已发布七个五年规划纲要。无障碍建设在不同时期的残疾人事业发展规划中均有不同程度的体现，大多列入公共建筑无障碍、公共服务设施无障碍、综合服务设施无障碍、信息无障碍、服务无障碍等相关内容中加以部署和谋划。

在残疾人事业发展的"八五""九五"计划时期，主要强调《方便残疾人使用的城市道路和建筑物设计规范》的实施、宣传与推广以及重要公共建筑的无障碍建设。残疾人事业发展"十五"计划时期，在注重建筑物无障碍建设的基础上，强调了信息和交流无障碍建设方面的目标，并为实现目标制定了系列举措。残疾人事业发展"十一五"规划时期，主要强调已有无障碍建设相关法律、法规和设计规范的严格执行，信息交流无障碍法律、法规、信息无障碍技术标准的制定以及城市现有建筑物、公共服务设施的无障碍改造、维护和管理等内容。残疾人事业发展"十二五"规划时期，确立了加快推进城乡无障碍环境建设的目标，并将制定无障碍建设条例作为促进目标实现的重要保障。同时，提出开展全国无障碍建设市、县、区创建，加强公共服务领域信息无障碍建设等系列任务及措施。残疾人事业"十三五"规划时期，明确了全面推进无障碍环境建设的主要任务，并进一步提出贯彻落实《无障碍环境建设条例》、完善无障碍环境建设政策和标准、开展无障碍环境市县村镇创建、加快推进公共服务机构无障碍设施改造等系列措施，并将公共服务机构网站无障碍改造列入残疾人基本公共服务重点项目加以推进。其中，明确指出加强残疾人无障碍应急救助服务。

为进一步促进我国无障碍环境建设的快速发展，我国从残疾人事业发展"十五"计划期间起，开始制定无障碍建设专项实施方案。无障碍建设实施方案主要依据同期残疾人事业发展规划制定，是对残疾人事业发展规划中无障碍环境建设目标、任务、措施等内容的进一步细化。

2021年3月，全国人民代表大会发布《国民经济和社会发展第十四个五年规划和2035年远景目标纲要》。其中第十六章"加快数字社会建设步伐"强调聚焦养老、抚幼、助残等重点领域，推动数字化服务普惠应用，持续提升人民群众的获得感；强调建设智慧城市和数字乡村，以数字化助推城乡治理模式创新，推进设施智能化改造，完善治理平台，推进数据大脑建设、数字乡村建设；强调智慧社区建设，打造智慧共享的新兴数字生活，提供社区生活服务、社区治理及公共服务等服务；加强信息无障碍建设，帮助特殊群体共享数字美好生活。在第二十九章"全面提升城市品质"部分，强调转变城市发展方式，加快城市更新、老旧小区改造；强调推进新型城市建设，建立宜居、智慧、绿色、人文、包容、友好的新型城市。在第五十章"保障妇女未成年人和残疾人基本权益"部分，强调坚持儿童优先发展，提升残疾人关爱服务水平，切实保障残疾人等群体发展权利和机会；强调加强残疾人服务设施和综合服务能力建设，完善无障碍环境建设和维护政策体系，支持困难残疾人家庭无障碍设施改造；强调完善残疾人就业支持体系，加强残疾人劳动权益保障，提升残疾人医疗、养老等保障和发展能力。在第四十五章"实施积极应对人口老龄化国家战略"部分，强调完善养老体系，推进公共设施适老化改造，推动专业机构服务向社区延伸，整合利用存量资源发展社区嵌入式养老。综合考虑人均预期寿命提高、人口老龄化趋势加快、受教育年限增加、劳动力结构变化等因素，按照小步调整、弹性实施、分类推进、统筹兼顾等原则，逐步延迟法定退休年龄。发展银发经济，开发适老化技术和产品，培育智慧养老等新业态。

此外，《法治政府建设实施纲要（2021—2025年）》《交通强国建设纲要》《国家综合立体交通网规划纲要》《"健康中国2030"规划纲要》《"十四五"公共文化服务体系建设规划》《"十四五"残疾人保障和发展规划》等各专项领域规划均为无障碍环境规划目标的制定提供了重要依据和参考。

一、"十四五"时期目标

"十四五"规划时期处于"两个一百年"奋斗目标的历史交汇期，是迈向基本实现社会主义现代化的关键阶段，是积极应对人口老龄化的重要战略机遇期。"十四五"时期，国内外环境和自身条件都发生了复杂而深刻的重大变化。从国际形势看，世界正经历百年未有之大变局，国际政治、经济、科技、文化等格局都在发生深刻调整，不稳定性不确定性明显增强。从国内形势看，我国社会主要矛盾已经转化为人民日益增长的美好生活需要和不平衡不充分的发展之间的矛盾，发展中的矛盾和问题集中体现在发展质量上。从发展方式上，我国推动经济从规模扩张转向结构优化、从要素驱动转向创新驱动，正处于质量变革、效率变革、动力变革的关键时期；从战略格局看，中心城市和城市群成为承载发展要素的主要空间形式，经济发展优势区域将更多地集聚人口和要素资源。总的来看，我国已转向高质量发展阶段，制度优势显著，治理效能提升。

到2025年，无障碍法治建设方面，加快推进出台无障碍环境建设法律，切实为我国无障碍环境建设提供法律保障，加快推进无障碍技术标准体系建设、无障碍认证工作，无障碍法治体系日益健全；工作机制方面，无障碍环境建设协调领导小组或联席会议制度日趋完善，无障碍环境建设纳入国民经济和社会发展规划、城乡建设规划、残疾人保障和发展规划、老龄事业发展规划等系统推进，无障碍领导体制、工作机制不断完善；城乡无障碍环境建设方面，将无障碍环境建设纳入城镇老旧小区改造、乡村振兴以及养老服务设施建设等工作统筹推进，重点支持110万户困难重度残疾人家庭无障碍环境改造，持续开展全国无障碍建设市县村镇达标验收工作，不断提升城乡无障碍环境建设水平，为方便残疾人、老年人生产生活，提升其生活质量创造良好的环境条件；信息无障碍方面，加快信息化与无障碍环境的深度融合，将信息无障碍纳入智慧城市、数字乡村建设，加快电子政务、公共服务等信息无障碍建设，支持信息无障碍技术及产品研发，切实解决残疾人、老年人出行、居家生活、就业创业环境问题，为其充分参与社会生活营造良好环境；无障碍环境建设监督方面，加大无障碍环境维护管理，进一步建立和完善无障碍环境监管机制，完善残疾人督导员工作机制，结合新技术创新监督方式，创建无障碍环境"共建、共治、共享"局面；无障碍宣传教育及理念推广方面，加大无障碍人才培养力度，提升无障碍建设专业化水平，运用多种载体，通过多种渠道宣传推广无障碍理念，强化社会成员无障碍意识。

重点领域为信息无障碍、交通无障碍、教育无障碍、社区无障碍、家庭无障碍改造、无障碍公共服务、无障碍产业培育与发展、无障碍治理平台建设等。信息无障碍作为数字社会、数字政府、智慧城市、数字乡村建设的重要组成部分，进一步推广便利普惠的电信服务，加快政府政务、公共服务、电子商务、电子导航等信息无障碍建设，加快普及互联网网站、移动互联网应用程序和自助公共服务设备无障碍，促进信息无障碍国家标准推广应用，加强对互联网内容可访问性的测试、认证能力建设，开展互联网和移动互联网无障碍化评级评价，为方便残疾人、老年人无障碍信息交流及利用创造良好环境。落实交通强国战略，加强公共交通无障碍环境建设，系统推进综合客运枢纽、铁路客运站、汽车客运站、城市轨道交通站、港口客运站、民用运输机场航站区、高速公路服务区等公共交通设施和民用航空器、客运列车、客运船舶、公共汽车、城市轨道交通车辆等公共交通工具无障碍建设和改造，提高无障碍建设的规范化、系统化水平。聚焦教育、养老、医疗、就业等重点领域，提供智慧无障碍服务。推动数字化服务普惠应用，持续提升民众获得感。推动无障碍项目纳入国土空间整体规划，建设无障碍产业园、创意文化园等无障碍项目，不断优化无障碍产业营商环境，完善无障碍产业支撑服务，延伸无障碍产业链条，提升无障碍内生发展动力。

展望"十四五"，无障碍设施将由"点"到"线"到"面"全面提升，无障碍基本公共服务体系将更加完备，信息无障碍服务水平将不断提升，无障碍人文环境将不断优化，城乡无障碍建设的规范性、系统性和包容性水平将不断提升，人民群众获得感、幸福感、安全感将不断增强，期待通过"十四五"建设，为2035年实现安全便捷、健康舒适、多元包容的无障碍环境奠定良好基础。

二、2035年远景目标

我国经济实力、科技实力将大幅跃升，人民平等参与、平等发展的权利得到充分保障，无障碍法治日趋完善，无障碍环境治理格局基本形成，无障碍环境治理体系和治理能力基本实现现代化；无障碍全产业链形成，无障碍信息系统完善，残疾人、老年人共享数字生活；无障碍文化战略深入推进，无障碍教育深入开展，无障碍建设机制进一步完善，横向到边、纵向到底的无障碍系统建设网络全面实现，城乡无障碍环境全面改善，社会文明程度达到新的高度，社会成员无障碍意识不断增强，美丽中国目标基本实现，联合国《2030年可持续发展议程》中的无障碍目标全面达标。

到2035年，现代化综合交通体系基本形成，智能、平安、绿色、共享交通发展水平明显提高，无障碍出行服务体系基本完善，人民满意度明显提高。到2035年，无障碍事业与经济社会协调发展，与国家基本实现现代化目标相适应。社会平等包容的氛围更加浓厚，残疾人平等参与社会生活、公平发展程度全面提升，物质生活更为宽裕，精神生活更为丰富，残疾人的全面发展和共同富裕取得更为明显的实质性进展。

第三章
无障碍环境治理的主体

第一节　无障碍环境治理主体的主要类型

无障碍环境治理是一项复杂的系统工程，不仅涉及无障碍环境治理的所有领域，也涉及所有与无障碍公共事务相关的过程。在当前老龄化趋势日趋严峻的形势下，建设关系民生的无障碍战略工程，构建与我国政治体制相调和、与社会文化相适应、与经济发展相匹配的无障碍环境治理体系迫在眉睫。中共十九大和十九届四中全会以来，打造共建共治共享的社会治理格局，完善党委领导、政府负责、民主协商、社会协同、公众参与、法治保障、科技支撑的社会治理体系，建设人人有责、人人尽责、人人享有的社会治理共同体，已成为新时代党和国家推进国家治理体系与治理能力现代化的一个重要维度。具体到无障碍环境治理领域，系统分析无障碍环境治理结构，明确各主体在治理结构中的位置、扮演的角色，构建有效的协同治理机制，对于充分发挥各治理主体的作用和功能，促进治理体系和治理能力的现代化具有重要意义。

一般来说，无障碍环境治理主体可以细分为政党组织、各级政府组织、社会组织、市场组织、公众等，这几乎囊括了各类组织和群体，具有最广泛的多元性、代表性。

一、政党组织

习近平总书记在庆祝中国共产党成立 95 周年大会上的讲话中指出："办好中国的事情，关键在党。中国特色社会主义最本质的特征是中国共产党领导，中国特色社会主义制度的最大优势是中国共产党领导。坚持和完善党的领导，是党和国家的根本所在、命脉所在，是全国各族人民的利益所在、幸福所在。"[①]在党的十九届四中全会第二次全体会议上，习总书记进一步指出，

[①]《人民日报》2016 年 7 月 2 日。

"坚持和完善中国特色社会主义制度、推进国家治理体系和治理能力现代化，是全党的一项重大战略任务。必须在党中央统一领导下进行，科学谋划、精心组织，远近结合、整体推进"。

无障碍环境治理必须加强党对无障碍环境治理的领导，首先要增强"四个意识"、坚定"四个自信"、做到"两个维护"，形成上下贯通、执行有力的严密组织体系和领导体系，确保围绕无障碍环境治理改革创新的重大决策部署与工作安排都能落到实处。其次，要发挥党总揽全局、协调各方的领导核心作用，凝聚各方力量，调动各方积极性，形成无障碍事业改革创新的合力。最后，发挥党把方向、谋大局、定政策、促改革的能力和作用，确保在治理创新中始终坚持"党委领导"，体现"党性"要求。

二、政府组织

各级政府积极贯彻落实国务院《无障碍环境建设条例》。截至目前，已有22个省、直辖市、自治区出台省级无障碍环境建设地方性法规或政府规章，有效地促进了地方无障碍环境建设。无障碍环境建设融入城乡发展建设之中，形成高质量、高品质、广覆盖、多元化发展之势。城市无障碍建设如火如荼。北京市开展进一步促进无障碍环境建设三年行动，明确17个方面的重点整治，以城市道路、公共交通、公共服务场所、信息交流等4个方面为重点领域。天津市以"无障碍环境"助力残运会，全国率先创新启用全市区域室内外无障碍设施信息进行系统采集的无障碍导航系统。上海市打造"全方位无障碍"城市环境体系。深圳市发布《深圳市创建无障碍城市行动方案》，实施无障碍城市建设"七大行动"29条措施，印发《深圳市无障碍城市总体规划（2020—2035年）》。哈尔滨市政府发布《无障碍系统化专项规划设计导则》和《信息无障碍专项规划设计导则》。杭州市实施"迎亚（残）运"无障碍环境建设三年行动计划。成都市坚持无障碍设施与房屋和市政基础设施同步设计、同步施工、同步验收、同步投入使用，编制《天府绿道无障碍设施设计导则——以锦城绿道为例》，形成了政府引导、社区主导、业主主体、各方支持无障碍建设模式。

实践表明，无障碍环境建设已摆上各级人民政府的重要议事日程，得到政府和各职能部门的重视。截至2020年底，全国共出台了674个省、地、县级无障碍环境建设与管理法规、政府令和规范性文件，1753个地市、县系统开展无障碍环境建设。各级政府建设规划、民政、老龄、公安、残联、教育、交通、旅游、邮政和电信行政主管部门及各金融、供水、供电、供气等行业系统密切配合，积极参与，协同作战，形成强大的无障碍环境建设和优化的合力。

三、社会组织

实践表明，无障碍环境治理既需要政府的主导，亦需要社会组织的广泛参与。积极培育专业化社会组织，不断提升社会力量参与治理水平，是推进无障碍环境治理进程中亟待落实的工作之一。2013年《中共中央关于全面深化改革若干重大问题的决定》明确提出，要激发社会组织活力，重点培育和优先发展行业协会商会类、科技类、公益慈善类、城乡社区服务类社会组织，并实行直接申请登记制。2016年12月，财政部、民政部发布《关于通过政府购买服务支持社会组织培育发展的指导意见》。2018年，民政部发布《社会组织信用信息管理办法》。这些政策的出台，为社会组织的发展营造了良好的法治环境。

中国残联是国家法律确认、国务院批准的由残疾人及其亲友和残疾人工作者组成的人民团体，它们秉持弘扬人道主义思想，发展残疾人事业，促进残疾人平等、充分参与社会生活，共享社会物质文化成果的宗旨，积极落实中央群团工作会议精神和残联改革任务要求，聚焦主责主业，广泛听取残疾人无障碍需求，开展残疾人家庭无障碍改造，建立无障碍环境建设促进队伍，推进无障碍环境建设。中国残联将残疾人家庭无障碍改造列为助力脱贫攻坚的一项重要内容，指导地方将残疾人家庭无障碍改造纳入政府为民办实事等民生工程。据全国残疾人基本服务状况和需求动态更新数据统计，残疾人家庭无障碍改造覆盖率从2017年的9.6%到2019年的40.7%。

残疾人无障碍环境促进会是热心于无障碍环境建设的各类别残疾人的群众性组织和非营利性社会组织，他们积极发挥宣传、协助、督导和体验作用，定期开展培训、学习经验，建言献策，积极推进无障碍环境建设工作。

深圳市信息无障碍研究会是中国最早专注于信息无障碍的专业机构，首创了适应国内互联网环境的一站式信息无障碍解决方案，组建了国内首支信息无障碍专家团队。目前，研究会已经为腾讯、阿里巴巴集团、百度等知名企业机构旗下的超过60款产品提供专业信息无障碍服务。

四、市场组织

建立多元主体无障碍环境治理结构离不开发挥市场主体的作用。1992年，党的十四大正式提出"建立社会主义市场经济体制"，市场在社会经济建设中的作用得到重视。党的十八届三中全会进一步明确市场在资源配置中起决定性作用。

无障碍智能科技创新，日益成为信息无障碍的未来发展趋势。腾讯、字节跳动等近百家单位和社会组织，发起"无碍世界，有爱必达"的倡议行动；以字节跳动、手机QQ、阿里巴巴旗下闲鱼产品，华为、百度、腾讯、阿里巴巴、科大讯飞等高科技企业不断研发新一代信息无障碍产品，积极履行企业社会责任，助力构建数字包容社会。

五、公众

无障碍环境建设开始于对残疾人的一种关怀和解决方案。随着老龄化社会、社会文明的进步发展，无障碍已扩展至惠及老年人乃至所有人的一种通用安排。公众参与无障碍的积极性、广泛性和有效性关系无障碍环境治理的程度和效果。随着无障碍事业的快速发展，迫切需要提升公众的无障碍认知、无障碍意识，提高公众参与无障碍环境治理的能力，建立公众参与无障碍环境治理的有效机制。首先，通过学校教育，培育公众参与意识、主体意识和责任意识。利用新闻媒体等各项媒介传播参与的权利、知识和技能，发挥社会团体功能，通过举办相应的活动增强公众参与各项社会活动的权利和义务的意识。通过培育公众的主体意识，促进公众积极行使权利和履行职责。另一方面提升公众的参与能力。通过为公众提供各种专业化的参与技能培训，提高公众表达诉求的能力、议事能力。此外，要建立健全公众参与的有效机制。比如完善公众参与表达机制，充分利用网络等技术进一步推动政务公开的范围和深度，引导公众依法行使参与权利。

六、国际组织

2015年，联合国发布《变革我们的世界：2030年可持续发展议程》提出2030年前人类要共同实现的17个可持续发展目标和169个具体目标，这一议程得到世界各国的普遍认同和支持，包括中国在内的国家也相应发布落实《2030年可持续发展议程》的国别规划、进展报告等[①]。从理念和政策层面与联合国提出的纲领呼应，从最权威层面宣告，全球治理开始了新航程。

我国高度重视无障碍环境建设工作，不断加强与国际组织的深度合作，在联合国无障碍指导委员会的倡导下，积极响应联合国行动倡议，共同探讨更加科学、更加公正、更符合国情的无障碍建设政策、无障碍发展规划、无障碍数字包容，主动分享经验，担负国际义务，促进对话、能力建设和资源共享，推动国际无障碍事业发展，用中国方案为更多的残疾人带来福祉，有效促进稳定和谐的全球秩序的形成。

全球治理时代，我国无障碍相关组织与联合国人居署、康复国际、联合国世界旅游组织、联合国教科文组织、国际电信联盟等国际组织按照可持续发展理念，广泛开展无障碍国际战略研讨、交流合作。清华大学无障碍发展研究院与联合国等国际组织在建设包容、韧性、可持续发展社会过程中开展了深入合作。通过国际研讨交流的方式，康复国际、美国应用行为分析委员会等组织的专家学者围绕"包容性发展的国际视角"，从人居环境、通用设计、特定群体研究、孤独症康复教育、人机融合、推动无障碍立法等角度，对国际前沿性观点进行了交流。国内的无障碍专家、公益组织和企业的代表，从建筑、交通、信息、教育、文化和公益的角度，就"无障碍的世界标准与中国特色"和"如何更好促进可持续社会价值的实现"进行了交流讨论。加强无障碍环境治理过程中的国际合作，贯彻落实习总书记提出的"构建人类命运共同体"理念，秉持共商共建共享精神，积极推动世界向更加开放、包容、普惠、平衡、共赢的方向发展。

---

① United Nations.Transforming our World: The 2030 Agenda for Sustainable Development [EB/OL]．Https://sustainable development.un.org/post2015/transforming our world/publication.

第二节 无障碍环境治理结构及主体位置与角色

一、无障碍环境治理结构

无障碍环境治理结构主要解决治理主体是谁以及主体间关系及定位问题。党的十九届四中全会作出《中共中央关于坚持和完善中国特色社会主义制度 推进国家治理体系和治理能力现代化若干重大问题的决定》，从国家战略高度，提出国家治理体系和治理能力的若干重大问题。社会治理是国家治理体系的重要组成部分，无障碍环境治理作为社会治理的重要子领域，社会治理结构为其结构框架的确立提供了根本遵循。

党的十八大以来，无障碍环境治理在不断增进无障碍公共产品及服务供给基础上，大大提升了治理的再组织程度，进一步增强了党在治理领域的领导权，构建了党委领导、政府负责、多元主体力量参与协同治理无障碍领域公共问题的治理结构。

党在治理结构中居于核心领导地位，是引领、聚合各主体力量的主心骨，在无障碍环境治理结构中具有特殊的功能与作用。党采取组织化嵌入、党员嵌入与服务嵌入等多种方式下沉并全覆盖现实空间和虚拟空间，将组织建设在各类各级单位。党运用民主协商议事机制，倾听各方声音，整合各种利益诉求，将重大、关键的公共议题上升为政策议题，最终形成治理政策。党通过倡导公共治理议题，推动利益相关者参与政策制定与执行。党作为价值引领者，提供自身推崇的价值标准引导公众价值判断，形成社会价值共识，进而动员、整合各主体力量实现既定战略目标，使得治理共同体有效运转。

我国当前所提倡的治理结构强调的是加强党委领导，发挥政府主导作用，鼓励和支持社会各方面参与，实现多元协同治理。在主体上，我国要构建的是一种"一核多元"式治理结构。

无障碍环境治理在一核多元结构框架下，党委、政府坚持以人民为中心，在治理共同体中担当引领、服务而非控制的角色。政府负责是关键，也是前提，政府不是大包大揽、包办一切的政府，而是有所为有所不为的政府，要坚持以人民为中心，基于公共利益考虑，与各治理主体共同讨论、协商，要给市场组织、社会组织行动的空间，要充分认识不同主体在治理过程中的优势及缺陷，充分发挥各主体能力。正如习总书记所指出的，治理创新要加强党委领导，发挥政府主导作用，同时更要注重动员组织社会力量共同参与。要真正在"一核"领导下，做到"多元"协同共治，在多元主体进行角色定位，明确分工基础上充分发挥各自功能，从而有力地助推人民生活幸福安康、社会和谐稳定。

二、无障碍环境治理主体位置与角色

无障碍环境治理必须厘清哪些主体参与，在治理结构中扮演什么角色，承担什么责任。具有中国特色的无障碍环境治理体系需要包括党委、政府、社会、市场、公众以及国际六大主体。

1. 党委领导

党委在无障碍环境治理结构中处于核心地位，这是由党的性质决定的，也是最具中国特色的内容。党委的核心领导地位就是党在无障碍环境治理中要发挥统筹全局、协调各方的作用，就是要求党在处理全局性、战略性、根本性、关键性的无障碍公共事务上，从全局、战略高度思考和谋划无障碍环境治理，把握好政治方向，任用重要干部、作出重大决策事项，从政治上、思想上、组织上加强党的领导，为无障碍环境治理提供组织、制度、人才保障。要坚持党在无障碍环境治理中的核心领导地位，使得治理沿着正确的政治方向进行。一方面，充分体现以人民为中心，切实改善和提升人民生活环境品质，促进全体社会成员平等共享社会物质文化成果；另一方面，治理问题较多，在学习和借鉴国外治理理论和经验时，要有科学、准确的判断。

2. 政府负责

政府不是无障碍环境治理的唯一主体，但是由于政府在资金的使用、政策法规的制定以及社会影响上具有绝对的主导作用，因此政府必然成为无障碍环境治理中起主导作用的主体。从法治的角度无论是政府的建设行为还是管理行为都需要法律和法规的授权才能有效地开展，无障碍环境治理主体的责任往往通过法律、法规的形式进行规定。

《中华人民共和国残疾人保障法》（2018修正）对于政府在无障碍环境治理中的责任进行了制度化安排。在第七章"无障碍环境"，第五十二条至第五十四条中明确规定"各级人民政府应当对无障碍环境建设进行统筹规划，综合协调，加强监督管理；各级人民政府和有关部门应当按照国家无障碍设施工程建设规定，逐步推进已建成设施的改造，优先推进与残疾人日常工作、生活密切相关的公共服务设施的改造，对无障碍设施应当及时维修和保护；各级人民政府和有关部门应当采取措施，为残疾人获取公共信息提供便利"。《中华人民共和国老年人权益保障法》（2018修正）也对政府在无障碍环境治理中的角色予以明确。在第六十四条中明确指出"各级人民政府和有关部门应当按照国家无障碍设施工程建设标准，优先推进与老年人日常生活密切相关的公共服务设施的改造"。《无障碍环境建设条例》多处对政府在无障碍环境治理中的职责进行了明确规定，如第一章第四条、第五条规定"县级以上人民政府负责组织编制无障碍环境建设发展规划并组织实施；国务院住房和城乡建设主管部门负责全国无障碍设施工程建设活动的监督管理工作，会同国务院有关部门制定无障碍设施工程建设标准，并对无障碍设施工程建设的情况进行监督检查"。第二章第十一条、十二条中规定"对城镇已建成的不符合无障碍设施工程建设标准的道路、公共建筑、公共交通设施、居住建筑、居住区，县级以上人民政府应当制定无障碍设施改造计划并组织实施；县级以上人民政府应当优先推进特殊教育、康复、社会福利等机构、场所的无障碍设施改造"。第四章第二十八条、二十九条规定"地方各级人民政府应当逐步完善报警、医疗急救等紧急呼叫系统，方便残疾人等社会成员报警、呼救；对需要进行无障碍设施改造的贫困家庭，县级以上地方人民政府可以给予适当补助"。由此可见，在国家的相关法律法规中，各级政府部门在无障碍环境治理过程中主要扮演了规划者、规范者、监督者、建设者、引导者等角色。

规划者。无障碍环境建设是一项迫切而又长期的工作，需要国家相关部委开展调研，精心设计，统筹协调，制定发展规划。地方政府应在国家总体规划的指导下，制定适合本地区经济社会发展的无障碍环境建设规划。通过规划，统一布局，合理安排，保证系统完整，切实解决现实中的迫切问题，确保总体目标和阶段性目标相结合，新建和改建相结合，科学指导和有序推进相结合。

建设者。无障碍物质环境、无障碍信息交流和无障碍服务中均有属于纯公共物品的部分，例如城市道路中铺设的盲道和坡道、政府公共服务信息的发布等。主要由政府直接投资建设。

规范者。无障碍环境建设涉及物质环境的建设、信息环境的建设、制度体系的建设、公共服务的提供、社会意识的培养等多个领域，往往由多个部门共同参与完成这一综合系统工程。只有建立有效的规范和管理，才能保证建设的效率和效果[①]。

监督者。无障碍设施的建设需要按照一定的技术标准进行设计和施工，才能保证使用者能够安全、便利地使用这些设施。各级人民政府要责成规划、建设和信息部门从源头上把好无障碍环境建设的设计关、审批关、准入关、施工关和监管关，要严格按国家标准进行监督检查，对不符合要求的项目和产品一律不予批准；对违反设计要求的行为，加强监督并严肃处理；对不按照规范要求进行施工和生产的行为实行一票否决，并按照有关法规予以查处。

引导者。各级人民政府要引导其他主体参与无障碍环境建设。政府还会通过税收优惠、政府补贴等引导性的公共政策来鼓励社会进行无障碍建设或提供无障碍服务。对各类社会组织，政府也往往会通过财政支持、政府购买服务等手段来促进这些组织向社会提供无障碍服务。在社会无障碍意识培育方面，政府也经常利用自身影响力通过教育、宣传等手段促进社会无障碍意识的发展。

3. 社会协同

各级残联组织。在无障碍环境治理过程中，各级残联组织发挥着重要的作用，在无障碍环境建设中扮演了协调者、监督者、宣传者等重要角色。中国残联及其地方组织，代表残疾人的共同利益，维护残疾人的合法权益，依

---

① 潘海啸，熊锦云，刘冰.无障碍环境建设整体理念发展趋势分析[J].城市规划学刊，2007（02）：168.

照法律、法规、章程或者接受政府委托,开展残疾人工作。作为党和政府与残疾人联络的纽带,残联在保障残疾人的基本权利、促进残疾人平等参与融合共享,推进无障碍事业发展过程中发挥了积极的沟通协调作用。为协调国务院有关残疾人事业方针、政策、法规和计划的制定与实施工作,协调解决残疾人工作中的重大问题,国务院残疾人工作协调委员会作为国务院的议事协调机构成立,体现了国家对残疾人工作的高度重视。

社会组织。在无障碍环境建设实践中,社会组织也一样扮演着不可或缺的角色。他们大多扮演专业的无障碍服务提供者的角色,这些组织主要由各种志愿组织投资兴办或接受政府资助运营。他们定位于为特殊群体服务,在投资规模上远不如政府和企业。社会组织最主要的作用体现在促进无障碍法治环境、社会无障碍意识发展,以及提供无障碍服务方面。许多社会组织致力于无障碍意识的培育,他们通过出版刊物、公众号等方式向人们宣传无障碍理念、普及无障碍知识。

4. 市场担责

在无障碍环境治理中,市场主体的主要作用表现在直接投资进行无障碍环境建设和为无障碍环境建设提供技术和产品支持。同时,作为平等权利主体的残疾人也拥有从事劳动的权利,作为雇主,市场主体也有义务为残疾人提供适合他们身心特点的劳动条件。但是现实中他们容易有意或无意地忽视特殊群体平等接受服务的权利,因此世界各国比较通常的做法是利用法律、法规来强调市场主体履行社会责任,提供无障碍环境。此外,市场主体还承担无障碍产品或服务的生产与经营,比如日常生活中常见的无障碍电梯、电动轮椅等,这些适应特殊人群特征的产品的生产和与之相应的技术开发都必须依靠专业的企业来承担。

5. 公众参与

公众是无障碍环境治理的力量源泉,他们既是无障碍环境治理的重要参与者,是无障碍环境的重要建设者,也是治理成效的重要评议者和治理成果的受益者。无障碍公共事务与残疾人、老年人等特殊群体的利益福祉是密不可分的,他们对无障碍环境建设成效有最直接的敏感度,并且希望通过参与治理解决他们最关心、最迫切和最现实的问题,尤其是在新媒体极大地增强了其话语权的情况下,如何及时准确回应,引导正向参与,考验着政府的治理能力。公众积极有序地参与无障碍环境的治理，不仅有利于促进政府与公众之间的良性互动，也有利于发挥公众的集体智慧促进无障碍环境的有效治理。公众参与无障碍环境治理包括直接方式和间接方式。一方面，我国人民当家作主的权利主要通过党和政府来代表行使。另一方面，公众可以社会组织成员的身份或个体方式，通过座谈会、公益活动、意见征求、问卷调查等渠道参与治理。公众通过表达意愿行使参与治理的权利，也作为公民履行了对社会应尽的义务。无障碍环境治理中，无障碍环境的最大受益者是残疾人、老年人等特殊群体，要充分发挥使用者在无障碍环境建设中的作用，让他们参与规划设计、论证评估和监督管理，保障他们对无障碍公共事务的知情权与监督权，提高其参与治理的热情，提高其获得感、幸福感和满意度，同时促进政府决策的科学化和民主化。

6. 国际合作

从全球范围来看，无障碍环境治理主体还包括他国政府、国际非政府组织等。国际无障碍环境治理，不是某个国家积极推进，而是由各个国家政府、非政府组织共同推进。联合国积极推进与无障碍有关的人权事业，为保障残疾人的权益，提供了包括资金支持和物质帮助在内的多方面国际援助。世界卫生组织通过设立项目为各国提供技术和资金支持，它制定的《国际功能、残疾和健康分类》是评价残疾程度以及残疾与外部环境之间关系的一个基础性文件，它与各国卫生部门、非政府组织、残疾人组织合作，支持会员国建立辅具系统，在无障碍发展中发挥了显著作用。我们在构建国内无障碍环境治理共同体的同时，也要在人类命运共同体理念的指导下，积极构建国际无障碍环境治理共同体，加强与国际组织的合作，共同应对全球无障碍公共事务中的问题。

第三节　无障碍环境治理的运行机制

打造共建共治共享的无障碍环境治理格局，既蕴含着治理理论的深厚基础，也彰显出现代社会治理的强烈现实需求。

一、需求导向

无障碍需求是无障碍环境建设最关键的因素，是从社会成员对环境的适用要求出发，无障碍需求决定设计，无障碍需求决定标准，需求是无障碍环境建设的基础。客观而言，要瞄准公众需求，以公众需求为基准点，建立科学合理的公共需求精准识别机制，以保障每一位社会成员都能共享治理成果。首先，要切实尊重各类参与主体的真实意愿，真正体现其主体地位和作用。其次，要建立健全公共意见搜集机制。可以委托第三方机构通过广泛深入调查，了解公众需求并列出详细的公共服务需求内容、数量、成本，进而在相关利益群体中进行调查，这种需求表达机制既符合政府要求，又能兼顾公众实际需要，能实现公共服务的供需一致。只有以需求为导向，精准把握社会成员对环境建设的要求，才能切实提高其对环境建设的满意度。冬奥会场馆的无障碍建设，通过场馆设施中五大客户群包括运动员、观众、媒体记者、组委会官员、工作人员等对环境建设的要求，充分进行残疾人数、残疾类型、残疾程度等无障碍需求分析，进而决定无障碍出入口、无障碍卫生间、无障碍通道、无障碍停车位、无障碍席位，从而提升场馆无障碍环境建设水准。

二、协作治理

打造共建共治共享社会治理格局，需要尊重多元主体的地位，激发其积极作用。首先，各级党委要发挥党建引领作用，要坚持和完善中国特色无障碍环境治理体系，加强无障碍环境治理的正确价值导向，发挥宏观统筹作用。政府要发挥主导作用，将职责范围内的事情做好，将不属于其职责范畴的权属归还市场和社会，并向市场和社会组织科学赋权，促进其健康发展；要合理划分上下级政府以及政府部门与派出机构之间的权责边界；要健全完善不同主体之间的权责体系，通过明确的制度规范，厘清市场、社会组织、公众个人等治理主体之间的权责边界，以此消解各类治理主体之间因权责不明而导致的矛盾冲突，进而将不同主体的力量和作用有机融合在"共建共治共享"的框架之下，实现多元主体的良性互动与有机互补。

在共建共治共享社会治理格局中，政府要坚持包容、开放、合作、创新的理念，正视社会组织的发展，按照"明确责权、依法自治、发挥作用"的原则，健全完善社会组织培育发展机制，从准入门槛、资金支持、规范引导、管理监督等方面进行配套设置，积极推动社会组织发展。要进一步推进放管服改革，培育壮大市场主体，激发市场主体活力与潜能，不断优化营商环境，促进无障碍产业健康有序发展。此外，要加强培育锻造公众公共精神，引导公众强化公共意识，要把有效培育公共精神作为提升现代化治理水平的现实议题。

三、法治保障

党的十九届四中全会提到社会治理时明确要完善党委领导、政府负责、民主协商、社会协同、公众参与、法治保障、科技支撑的社会治理体系，建设人人有责、人人尽责、人人享有的社会治理共同体。如今以前的社会管理模式已经变成了多元共治，由原来的政府单一管理变成政府、公民和社会组织共同治理。但是就目前的情况而言，公众、社会组织的实际参与率还远远不够，还有政府部门之间无法有效地协同。作为社会治理主体之一的公众、社会组织的法治保障机制不健全是主要影响因素之一。社会组织数量众多、形式多种多样，但能力参差不齐、联系不够紧密，且政府与社会组织的权力边界、职能划分不是很明确。政府部门之间不能很好地协调的原因，一方面是因为对于责任不明确；另一方面是不同部门之间会因为某件事务的处理处于对立局面，互相牵绊与抵制。

无障碍环境治理的核心就是要在法治的框架内妥善地处理无障碍公共事

务，妥善处理多元主体之间的互动关系。与我国经济社会结构相适应、多元主体协同共治的无障碍环境治理的法治保障机制应当包括以下几个方面：一是参与协同治理的主体要合法，治理创新的内容、程序要合法，治理的方式要合法；二是在立法日益完善的背景下促进各类社会组织、市场组织的规范发展，使各类组织明确其在治理中的角色和作用，在正常的法治秩序中开展活动，形成有序参与治理的法律机制；三是依法行政，必须建立法治的有限政府，以法律的形式规范政府权力，逐步让权于市场和社会，明确党委对于无障碍环境治理的领导地位，逐步扩大多元主体参与治理的空间。

四、技术支撑

数字化时代，要充分发挥大数据、物联网、人工智能等新一代信息技术在无障碍环境治理领域的重要作用，这是治理现代化的必然要求。诸多事实表明，无障碍环境治理牵涉主体众多、涉及领域广泛、业务流程较长，这些特征无形中增大了治理的复杂度，客观上需要强化以数字化为基础的技术支撑。首先，要消除信息共享的障碍，建立一体化、集约化、网络化的无障碍环境综合治理平台。充分利用信息化技术打破传统的城市管理部门和行政区划空间的界线，打通信息孤岛，实现高效联通和数字化，切实实现跨层级、跨地域、跨系统、跨组织、跨业务的无障碍数据的互联互通。同时，通过数据库加密、数据库检测等过程环节的精细化管理，保障信息数据安全。其次，充分利用现代化治理手段，实现大数据整合，充分发挥智慧治理的积极作用，推动住建、城管、交通、旅游等相关部门无障碍数据整合，以云平台、云服务等大数据核心技术为公众提供智慧服务，方便公众无障碍出行，打造宜居、宜游、宜行的美好生活环境。总之，无障碍环境治理的现代化要以业务需求为牵引，以智能技术为支撑，构建全面感知、数据融合、智能分析、统筹决策的治理平台。在不断加强智慧治理平台建设的同时，还要注重人机结合的决策运行机制，建立社会科学专家在内的跨学科、跨业务的专家决策团队，从而实现无障碍治理决策智能的升级。

五、激励约束

《中华人民共和国残疾人保障法》第十三条规定"对在社会主义建设中

做出显著成绩的残疾人，对维护残疾人合法权益、发展残疾人事业、为残疾人服务做出显著成绩的单位和个人，各级人民政府和有关部门给予表彰和奖励"。《中华人民共和国老年人权益保障法》（2018修正）第八十二条"涉及老年人的工程不符合国家规定的标准或者无障碍设施所有人、管理人未尽到维护和管理职责的，由有关主管部门责令改正；造成损害的，依法承担民事责任；对有关单位、个人依法给予行政处罚；构成犯罪的，依法追究刑事责任。"国家在法律层面，对于无障碍环境治理的激励约束机制进行了顶层制度化设计。构建面向多元治理主体的"激励约束"机制，是推动治理有效运转的重要保障。无障碍环境治理的"激励约束"机制主要包含以下方面：政府部门内部管理的"激励约束"机制、无障碍企业的"激励约束"机制、社会组织的"激励约束"机制和公众监督的"激励约束"机制。政府作为治理的核心协调者，是对无障碍问题进行行政监管的主体，其治理的效率直接影响政府的合法性和公信力。建立面向政府内部的"激励约束"机制，有助于完善政府部门内部管理、提升政府监管效率。优化无障碍企业的"激励约束"机制。实际治理工作中，市场机制因其自发性往往出现"失灵"的尴尬，单一的行政处罚由于较低的违规成本亦难以发挥实效。因此，亟须通过刚性规制与柔性规范相结合对企业建立弹性的"激励约束"机制，使企业真正担负治理责任。不断优化社会组织评估制度，促进社会组织完善和发展。对政府而言，通过评估制度引导和督促社会组织健康发展。同时，将公众纳入社会组织的监督体系，强化外界监督。对社会组织而言，评估促进其提高规范运作意识，完善内部治理结构，提升自身运作能力和服务能力。增强其公信力。公众参与治理的机制建设。如果缺乏有效的激励机制和宣传引导，公众参与治理的积极性并不高。因此，健全公众监督的"激励约束"机制，激发公众参与治理的积极性，规范其参与行为，可以更好地发挥公众的监督作用。只有对公众的监督做到奖罚分明，才能真正发挥公众参与的作用。

六、标杆学习

施乐公司创造的标杆管理不但适合企业也可用于公共部门。在无障碍环境治理中，通过创建无障碍示范城市、无障碍县、无障碍村镇，促进市县村镇无障碍环境建设，促进无障碍事业的有序良性发展。1995—1997年，联合国亚太经济社会委员会为推进亚太地区无障碍事业发展,选择在中国、印度和泰国三个国家进行无障碍改造竞赛。北京市方庄无障碍社区顺利通过验收,并且获得了金牌。

从"十五"时期开始,我国开展创建全国无障碍设施建设示范城(区),首批 12 个城市荣获无障碍设施建设示范城市,到"十一五"期间,示范城市活动扩展到全国 100 个城市,其中 60 个城市获得全国无障碍建设先进城市表彰。"十二五"期间,无障碍建设示范创建拓展到市县,全国 51 个无障碍建设示范县得到表彰。"十三五"期间,无障碍示范创建范围和规模进一步扩大,质量进一步提高,布局进一步合理,全国 72 个市县村镇荣获全国无障碍环境示范市县村镇表彰。通过示范创建,在全国形成了良好的社会氛围,不断探索总结推进无障碍建设的成功经验和做法,在全国发挥了良好的示范、带动作用,为高质量推进无障碍建设奠定了坚实基础。

此外,为推动我国无障碍事业的高质量发展,提高无障碍环境设计技术水平,引导鼓励培育无障碍环境建设领域单位和专业技术人员创造出更多质量优、水平高、应用广的无障碍设计精品,满足社会成员对无障碍环境建设日益增长的需求,由国家级无障碍专家组遵循实事求是、科学严谨、实用成型、应用推广、公开公平、公正无私的基本原则,评选出无障碍史上首批 10 项精品案例,在无障碍领域起到了很好的标杆示范引领作用。

第四节 无障碍环境治理的政策主体分析

1998 年,国务院机构改革方案将政府基本职能定义为"宏观调控、社会管理和公共服务",首次提出了"社会管理"这一概念。一般来说,社会管理是指政府在法治之下对社会事务、社会组织和社会生活的监管。2013 年 11 月,中共十八届三中全会提出"社会治理"这一术语概念,被视为政府和社会团体之间的关系进一步转向参与和合作的标志。

根据"十三五"规划，政府力求通过社会合作、公众参与和法治发展党领导下的社会治理体系。当前我国的治理改革要改变由政府垄断一切公共事务的传统行政模式，建立政府与市场、政府与社会之间的协同治理模式；要改革政府传统自上而下的权力运作方式，拓宽沟通渠道，优化信息传输网络，使公民的呼声能及时、准确地反映到相关部门，并能体现在政策措施中。政府、市场和社会形成治理共同体，在长期交往、合作、互动过程中形成一系列认同关系网络，这些网络传承着共同体以信任、互惠与合作为主要表征的普遍精神、思想意识和组织方式，即形成丰厚的社会资本。

全面理解当前我国无障碍环境治理的现状，是科学治理和提高政府治理方式和能力的前提。1990年，《中华人民共和国残疾人保障法》正式颁布，该政策的第七章"环境"涉及无障碍内容，可看做我国首部涉及无障碍环境治理的政策。1990年至今，我国的无障碍政策已发展三十多年。本研究基于我国无障碍政策，对无障碍环境治理政策主体进行研究。许巧仙（2015）以社会治理理论为视角，通过分析残疾人事业统计公报中有关无障碍建设的数据，分析无障碍环境建设困境的主要影响因素，提出多元行动主体责任共担是无障碍环境建设的发展路径[1]。无障碍环境建设面临的挑战一方面来自无障碍领域发展所呈现的新特征，另一方面则指向治理的主体。基于目前的研究现状，本文在治理理论、公共行政理论及社会网络理论的支撑下，使用文本编码、统计分析、归纳总结、社会网络分析等多种方法，围绕政策的治理主体开展定性与定量结合的实证研究。

本节研究数据来源于北大信息法律网[2]，主要以标题或全文为"无障碍"进行检索搜集，为了保证政策样本的准确性和代表性，进一步依据以下标准对政策文本进行了筛选：第一，本研究主要选取中央层面发布的无障碍政策，地方层面的政策文件仅选择省级行政区、自治区、直辖市的无障碍政策；第二，主要选取了直接与无障碍有密切关系的政策文本，剔除了仅仅泛指的文本；第三，主要选取法律法规、规划、意见、办法、细则、条例、通知等体现政府所持态度的文件，剔除重复的、失效的、已被修改的政策文本，剔除

---

[1] 许巧仙.破解无障碍环境建设困境：以社会治理理论为视角[J].河海大学学报（哲学社会科学版），2015（06）：43.

[2] http://www.pkulaw.cn/.

国家领导人及相关负责人的讲话、信函、批示、工作报告等；四是选取的政策文本发文时间截至 2021 年 7 月 15 日。最后，在对政策文本进行整理和筛选的基础上，最终梳理了中央层面有效政策样本 183 份，省级行政区、自治区、直辖市有效政策样本份 139 份。

其中，中央层面政策类型分布如下（见表 3-4-1）：

表 3-4-1 中央层面政策类型信息表

政策类型	法律	条例	办法	决定	纲要	意见	通知	共计
数量	2	1	2	4	8	27	139	183

一、中央层面治理

1.中央层面政策治理主体分类

中央层面无障碍政策治理主体主要涉及 55 个。其中，一部分主体在治理期间内还存在着合并、撤销、组建等重大变更，比如交通部、铁道部、文化部、建设部等部委已撤销。通过梳理无障碍政策中所含的政策主体，及主体之间在中国行政体制下的相互隶属关系，并结合主体在治理期间内的变更，本研究将中央层面的政策治理主体分为四类：第一类主体为具备"国家级"行政级别的政策主体，如全国人民代表大会、全国人大常委会等，是国家最权威的机构，主要进行政策顶层设计，其发布的政策效力级别高、约束范围广，对地方政府、基层政策具有强大的影响力；第二类主体为具备"省部级（含副部级）"行政级别的政策主体，主要为国务院及下属各类机构，如住建部、工信部、民政部、财政部等，这类主体行政级别高，发布的政策指导性强，能引起社会广泛关注；第三类主体为国家级的社会团体，作为无障碍环境治理主体力量的重要组成部分，他们在制定行业准则、约束会员单位方面有特殊的作用，参与无障碍环境治理的社会团体主要有中国残联、中国肢残人协会、中国银行业协会等；第四类主体为中央管理的国有企业，如中国铁路总公司（已改制为中国国家铁路集团有限公司）。四类主体结构呈现"橄榄型"分布，呈现党委领导、政府主导的鲜明特征，第三、第四类主体较少，社会组织、市场组织参与不足。

政策主体发布政策的数量一定程度上可以反映其在无障碍环境治理中的

影响力，而政策主体发布政策的频率一定程度上可以反映政策主体的活跃度或者政策治理能力。本研究选取政策主体发布政策数量来测量政策主体影响力，选取政策主体首次发布时间与末次发布政策时间的跨度测量政策主体的治理活跃持久性，选取发布政策数量与时间跨度之比来衡量政策主体的治理能力，选取发布政策数量与时间跨度的积衡量政策主体总体治理影响力。研究选取 55 个中央层面政策治理主体中每个指标排名前 10 的政策主体。如下表 3-4-2 所示。

表 3-4-2 中央层面政策治理主体治理指标排序表（排名前 10）

序号	发布政策数量	活跃持久性	治理能力	总体影响力
1	中国残联	国务院	国家市场监管局	中国残联
2	民政部	民政部	国家卫健委	民政部
3	住建部	中国残联	中国残联	国务院
4	国务院	教育部	全国残疾人康复办	住建部
5	工信部	公安部	住建部	教育部
6	建设部*	全国老龄委	中华全国总工会	中宣部
7	全国残疾人康复办	全国人大	商务部	公安部
8	中宣部	中宣部	工信部	工信部
9	国务院办公厅	中共中央	民政部	全国老龄委
10	交通运输部	住建部	中国肢残人协会	建设部*

注：部分主体使用简称

根据政策主体发布政策数量以及活跃持久性，可以识别出四类治理主体。第一类为较长时间内发布较多政策的主体，这类主体较早开始对无障碍环境进行治理，且发布政策较多，中国残联、民政部、住建部、国务院属于这一类型的典型主体，对无障碍环境治理产生持续较大影响。第二类为较短时间内发布较多政策的主体。工信部、交通运输部属于这一类型主体。第三类为较长时间发布较少政策的主体。这类主体以全国人大为代表。这类主体行政级别高，是整个治理体系中的领导者，发布的政策数量不多，但效力级别高、影响范围广、强度大。第四类为较短时间发布较少政策的主体。这类主体数量比较多，主要源于党的十八大以来，国家对无障碍环境建设的日益重视，引起社会各领域对无障碍环境建设的广泛关注，这是无障碍环境治理可持续发展的力量保障。如图 3-4-1 所示。

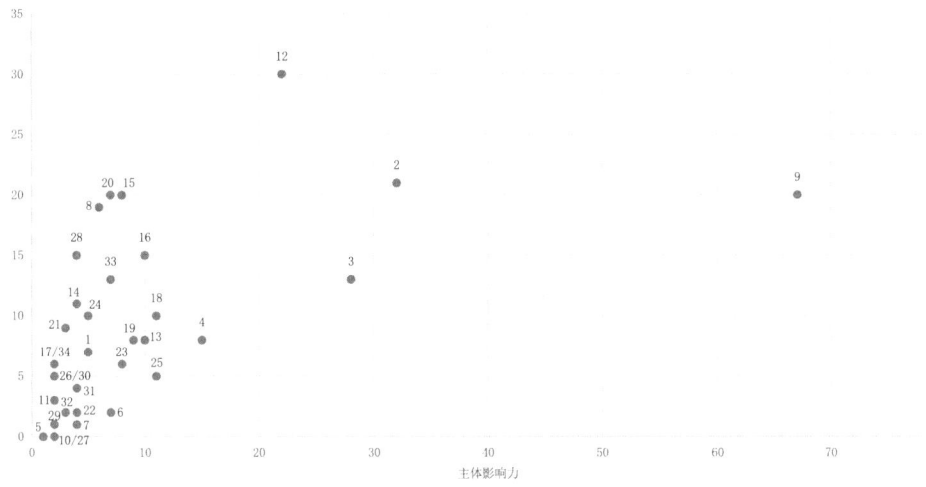

1. 财政部　2. 民政部　3. 住房和城乡建设部　4. 工信部　5. 国资委　6. 卫健委　7. 市监局
8. 老龄委　9. 中国残联　10. 国家卫计委　11. 国家邮政局　12. 国务院　13. 国务院办公厅
14. 残工委　15. 教育部　16. 中宣部　17. 文明办　18. 建设部　19. 交通运输部　20. 公安部
21. 国家机管局　22. 总工会　23. 发改委　24. 司法部　25. 全国残疾人康复办　26. 最高人民法院
27. 全国人大常委会　28. 全国人民代表大会　29. 商务部　30. 卫生部　31. 央办厅
32. 中国肢残人协会　33. 中共中央　34. 中国民航局

图 3-4-1　政策主体发布政策数量—活跃持久性分布图

2. 无障碍政策主体合作分析

由于无障碍环境治理涉及领域广泛，牵涉主体众多，要取得好的治理成效，治理主体的多元化以及治理领域的复杂性，无障碍环境治理日益表现出多元主体力量协同治理的需求。地方层面的治理政策以单主体发布为主，而中央层面的治理政策表现为一定程度的部门合作。中央层面 183 份政策中有 68 份为多主体联合发布的政策，占比 37.2%。本研究将多主体联合发布政策视为治理主体间的合作关系，根据主体间的合作关系，通过绘制各主体合作网络图，可以直观形象地呈现主体间的合作情况。如图 3-4-2 所示。网络图中，节点表示一个个政策主体，为使图形整洁美观，我们采用数值标签的方式代表无障碍政策主体，节点的大小表示节点所代表的主体与其他主体联合发文的数量的大小，节点越大，说明该主体与其他主体联合发文数量越多。节点之间的连线表示主体联合发文情况，与某个节点相连的线条越多，说明该主体的合作广度越大。线条的粗细表示相连的两个主体联合发文数量的多少,线条越粗,表示两个主体联合发文数量越多,合作强度越大。如图3-4-2所示,节点9代表的中国残联、节点2代表的民政部、节点3代表的住建部、节点8代表的全国老龄委、节点4代表的工信部不仅节点较大,与相关主体合作广泛,而且这几个节点之间连线明显较粗,说明这几个政策主体联合发文数量较多,合作密切。

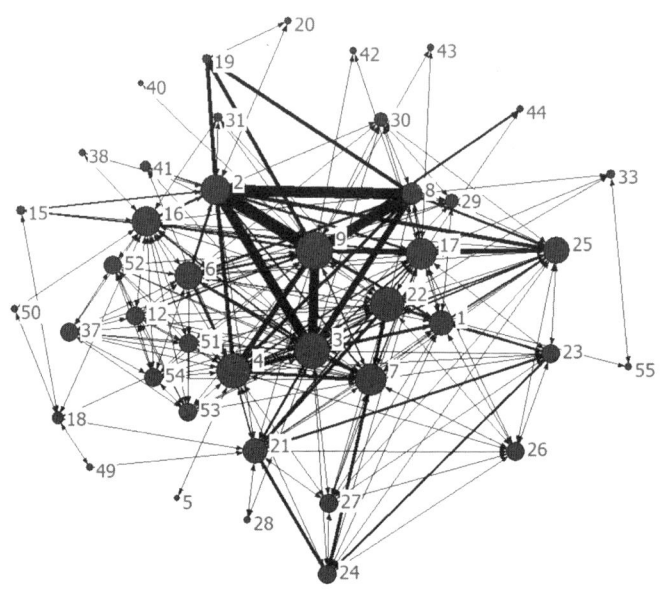

注:2号代表民政部,3号代表住建部,8号代表全国老龄委,9号代表中国残联,4号代表工信部

图 3-4-2 无障碍环境治理政策合作网络图

由图3-4-2可知,少数治理主体的合作广度和合作强度均较高,成为网络中的核心主体;绝大多数的治理主体的合作广度和合作强度较低,集中分布于网络图的边缘。

同一部政策虽由多个政策主体发布,但在发布署名上却有排名先后的区分。根据实践,可将第一署名单位看做合作网络中的"牵头主体",将第二署名单位看作"协助主体",第三及以后的署名单位看做"配合主体",当主体单独发布相关政策时,主体则作为"单独主体"。根据中央层面无障碍政策发文主体数据,作为单独主体发文量最多的为中国残联,单独发文35份,主要为团体规定。国务院在单独主体发文量排序中排名第2，发文主要为国务院规范性文件。联合发文中，中国残联发文量最多，联合发文32份，其次为民政部，联合发文29份。政策主体作为牵头主体、协助主体、配合主体发文情况如下表3-4-3所示。

表3-4-3 政策主体发文情况统计表

序号	单独发文数	联合发文数	牵头主体	协助主体	配合主体
1	中国残联	中国残联	住建部	民政部	中国残联
2	国务院	民政部	中国残联	国务院	民政部
3	全国残疾人康复办	住建部	中共中央	国家发改委	住建部
4	住建部	工信部	建设部*	中宣部	工信部
5	国务院办公厅	中宣部	交通运输部	工信部	国家卫健委
6	建设部*	教育部	中共中央办公厅	中国残联	国家市场监管总局
7	全国人民代表大会	国家发改委	民政部	国务院办公厅	教育部
8	民政部	国务院	工信部	教育部	公安部
9	工信部	交通运输部	国家市场监管总局	中国肢残人协会	中华全国总工会
10	司法部	公安部	中宣部	公安部	财政部

* 建设部：2008年3月15日，根据十一届全国人大一次会议通过的国务院机构改革方案，"建设部"改为"住房和城乡建设部"。

如上表3-4-3所示，合作网络中，以牵头主体地位联合发文的政策主体数量为17个，并以住建部、中国残联为主，牵头发文数量远高于其他政策主体。网络中以协助主体地位联合发文的政策主体数量为19个，民政部以署名第二的身份协助牵头主体联合发文15份政策位列协助主体第一。合作网络中"配合主体"较多，包含33个政策主体，数量上大于"牵头主体"与"协助主体"，这类政策地位的主体以中国残联、民政部、住建部、工信部、国家市场监管总局为主。

综合考虑政策主体的合作治理广度、治理强度及政策地位可知，中国残联在其中扮演了极为重要的角色，合作广度与强度都较高，而且既作为牵头主体，同时也作为协助主体、配合主体联合发文，在无障碍政策治理政策主体中是极为活跃、极其具有影响力的治理主体。住建部多以牵头单位的身份与相关主体联合发文，而教育部、公安部等部门主要协助治理和配合治理，这与无障碍环境治理是一个综合治理领域有关。

独立主体衡量政策主体独立发布政策的数量，由其分布可以看出，一部分主体在政策中承担"唯一主体"角色，但同时也作为其他三个角色存在，这类主体在政策网络中独立性与合作性共存，是治理中的"综合性主体"，这类主体以中国残联、住建部、民政部等主体为主。而另一部分主体则只作为"唯一主体"存在，这类主体一部分以全国人大、国务院、国办厅这类行政级别较高的机构为主。

二、地方层面治理

地方层面的治理主体主要指地方党委、政府、各部门及地方性团体组织。基于地方治理主体数量较多，并且各省市治理主体既存在相似性又存在特殊性，因此，首先将所有属于地方层次的治理主体确定到省级行政区、自治区、直辖市这一级别，然后选取与主体治理能力密切相关的指标，在统一的标准下衡量各省份治理能力。

根据各省、自治区、直辖市治理主体的数量以及各政策主体的政策发布数量、活跃持久性，对各省的主体治理能力作统一的定量衡量。

（1）在无障碍环境治理的参与范围上，全国22个省、5个自治区、4个直辖市（暂不包括港澳台）中，有6个省、3个自治区、1个直辖市没有发布省级法规，结果显示我国无障碍环境治理范围较广，但仍有不少地方未制定省级地方性法规。

（2）从各省、直辖市、自治区参与无障碍环境治理的主体数量上，北京市、上海市的参与主体最多，达到10个左右。安徽省、河北省、湖北省次之，云南省、四川省、宁夏回族自治区只有1个。总之，省级行政区、自治区、直辖市政策主体与中央层面相比，政策主体数量偏小，合作治理主体规模和范围均偏小。

（3）从各省、直辖市、自治区颁布相关政策的数量上，北京市、安徽省、河北省、湖北省、广西壮族自治区的政策数量较多（均在10部左右），而贵州省、海南省、青海省、云南省、四川省政策数量较少，只颁布了1—2

项政策，西藏自治区颁布政策为0部。

（4）从地区划分而言，治理能力发展不均衡，华东地区的治理能力较为领先，但江苏偏弱。同时，西南地区治理能力处于偏弱水平，亟待加强。

针对治理主体的研究表明，中央层面的治理主体在三十多年间经历了许多部门调整，其主体层级结构明显，从政策主体发布数量、主体活跃持久性两个维度可以识别出四类特征类别的治理主体。地方层面的治理主体范围广泛，但平均治理主体数量及部门平均发布政策数量偏少。此外，中央层面的治理主体规模及主体多元程度均远高于地方层面，地方政府在贯彻落实中央层面政策，出台配套地方政策方面以及加强地方各部门合作治理方面有待加强。

第四章
无障碍环境治理的重点领域

无障碍环境是包括残疾人、老年人等社会成员在内的障碍群体参与社会生产生活的前提。消除环境的障碍，这一目标的实现可以重点从三个方面来建设，即建筑环境无障碍、交通环境无障碍、信息和交流环境无障碍。

本章主要从建筑无障碍、交通无障碍、信息无障碍三个方面讨论无障碍环境治理的重点领域。

第一节 建筑无障碍

建筑空间是现代人类生产和生活活动离不开的舞台。建筑领域无障碍无疑是无障碍环境建设的重点领域。无障碍建筑空间的创造，可以优化障碍群体生产和生活的环境。

一、定义与内涵

何为建筑无障碍？参考我国国家标准《无障碍设计规范》（GB 50763-2012）对无障碍客房（accessible guest room）和无障碍住房（accessible housing）的定义，无障碍客房指的是"出入口、通道、通信、家具和卫生间等均设有无障碍设施，房间的空间尺度方便行动障碍者安全活动的客房"，无障碍住房指的是"出入口、通道、通信、家具、厨房和卫生间等均设有无障碍设施，房间的空间尺度方便行动障碍者安全活动的住房"。虽然国标没有对建筑无障碍本身进行界定，但可以从无障碍客房、无障碍住房的定义中总结，出入口、通道、通信、家具和卫生间、空间尺度是重要的要求。笔者认为建筑无障碍是指，建筑应当满足作为建筑使用对象的人的需求，无论是健全人还是残疾人，无论年轻人还是老年人，都能够在使用建筑内部空间及外部周围空间的活动中消除行动障碍，进而完成活动。作为人类艺术和技术相结合的产物，建筑是人类主观能动性的具体体现，建筑内外部空间的无障碍环境可以被"设计"，障碍并非必然。即使不能完全无障碍，特定建筑本身也应当满足能够方便老弱病残使用的要求。事实上，一个小门槛可能就是一个隐形的杀手[①]。然而在现实生活中，往往是人们去适应建筑，而非建筑满足人们需求。[②]

建筑无障碍的内涵和无障碍设计（barrier-free design）、通用设计（universal design）、包容性设计（inclusive design）三个概念息息相关。无障碍设计是1974年联合国组织提出的设计新主张。20世纪80年代，人们意识到障碍并非产生自人固有的身心机能障碍，而是由环境带来，"设计致残"（design disables），人类应当排除环境所带来的巨大"困难"。在这一理念的影响下，逐渐有了建筑作为主语的命题，建筑应该无障碍，消除残疾人生活出行的困难，建筑物本身应该与残疾人相适应，或者相适用。无障碍设计的主张在建筑界提出，强调通过规划设计为残疾人和老年人等特殊群体消除在建筑环境方面的障碍。

早期无障碍设计存在一些局限性。这些局限性主要表现为过分强调设计是专门针对残障人士使用，例如，将无障碍设施设置为残疾人专用，并与健全人使用的设施区别开来，这种区别做法造成无障碍设施使用时的隔离感。例如，在日本，长期以来，很多人对无障碍住房的认知理解存在错误，认为无障碍住房设计主要是为残疾人使用，导致其存在感并不明显。因此，在20世纪70年代，无障碍设计开始逐渐向通用设计演化。[③]

通用设计理念于20世纪80年代最早由美国北卡罗来纳州大学的建筑师罗纳德·梅斯（Ronald L.Mace）提出，其核心是倡导"为所有人而设计"，强调产品、服务、环境的设计不仅面向残疾人，而且是对包括残疾人在内的所有人。相较于无障碍设计，通用设计更有利于落实平等、参与、共享的原

---

① 焦舰．中国由无障碍设计向通用设计发展的趋势分析［J］．无障碍设计：为所有人，2019（10）：14．
② ［德］乔西姆·菲希尔，菲利普·莫伊泽．无障碍建筑设计手册［M］．沈阳：辽宁科学技术出版社，2009：31．
③ 汪晓春，焉琛，陈睿博．无障碍设计、通用设计与包容性设计的比较研究［A］．中国设计理论与技术创新学术研讨会——第四届中国设计理论暨第四届全国"中国工匠"培育高端论坛［C］．中国湖南湘潭，2020-09-18：110．

则。在日本，20世纪90年代，一种"非障碍建筑"新的形式出现。非障碍建筑并非仅仅为残疾人或是老年人所用，逐渐取代了"残疾人建筑"，许多制造商开始改进自己的产品，在功能性和美观性上下功夫[①]。环境的适老性就属于通用设计的内容。20世纪90年代，随着一些发达的资本主义国家人口结构的变化，对老龄化、超级老龄化社会到来的担忧，人们对"残疾"的认识进一步深化，逐渐认识到残疾是一个相对的概念，任何人都有可能遇到特殊情况，即在某一特定的时间段或环境中成为"暂时的"或"永久的"不健全人。德国及其欧洲邻国的统计数据显示，无障碍建筑对于10%的人口来说是必需的，对40%的人口是必要的，对100%的人口是便利的。[②] 因此，无障碍设计逐渐开始向通用设计（universal design）发展，当然，通用设计的最终目标依然是"无障碍"，其经典的原则是梅斯提出的七大原则，即：公平使用（equitable use）、使用的灵活性（flexibility in use）、使用的简单直观（simple and intuitive use）、方便理解（perceptible information）、容错（tolerance for error）、不费力（low physical effort）、空间满足需求（size and space for approach and use）。[③] 以通用设计的理念去审视和完善建筑中的部件和设施，是当下我国建筑设计领域亟待开展的工作。[④]

包容性设计概念第一次出现是1994年。罗杰·科尔曼（Roger Coleman）在其1994年的论文中提到"包容性设计并不是一种全新的设计思想，而是对20世纪60年代以来各种设计实践和理念的整合，它试图将设计和社会需求联系起来，以应对老龄化、残疾和社会公平等问题"。[⑤] 包容性设计以通用设计原则作为设计指导。和通用设计相比，包容性设计强调使产品和服务能力"尽可能多"的人使用的设计方法和过程，更强调设计过程的包容性，把"包

---

① [德]乔西姆·菲希尔，菲利普·莫伊泽.无障碍建筑设计手册[M].沈阳：辽宁科学技术出版社，2009：20.
② [德]乔西姆·菲希尔，菲利普·莫伊泽.无障碍建筑设计手册[M].沈阳：辽宁科学技术出版社，2009：19.
③ 焦舰.无障碍设计与通用设计[J].建设科技.2019（07）：18-19.
④ 焦舰.中国由无障碍设计向通用设计发展的趋势分析[J].无障碍设计：为所有人，2019（10）：13.
⑤ 转引自汪晓春，焉琛，陈睿博.无障碍设计、通用设计与包容性设计的比较研究[A].中国设计理论与技术创新学术研讨会——第四届中国设计理论暨第四届全国"中国工匠"培育高端论坛[C].中国湖南湘潭，2020-09-18：110.

容"作为目标，强调平等，尊重多样。^①从"所有人"到"尽可能多的人"，体现出理念更具有落实的可能。

不论是无障碍设计、通用设计，还是包容性设计，在建筑设计领域，三者的本质都是突出对人的关爱，最终回到人性化的设计方法，淡化把建筑作为重心的设计理念，考虑人这个主要载体的切实感受，让越来越多的人从设计中受益。无障碍是建筑设计人性化理念的重要方面，为老弱病残孕的人们提供更加便捷舒适、安全可靠的生活空间。

基于此，笔者认为建筑无障碍的内涵可以总结为，建筑物在满足功能性需求的同时，还要便于人们使用这一目标，应该与成为"暂时的"或"永久的"不健全人相适应，或者相适用。这要求建筑设计全面贯彻无障碍人性关怀设计理念，在服务对象上从残疾人和老年人扩大到所有人，在设计内容上不再局限于传统意义上的无障碍设施，而是设计出适合所有人使用的无障碍环境。当然，并不是所有的建筑都应该是无障碍设计。

二、设计要点

建筑无障碍设计首先应当考虑明确建筑的使用对象的无障碍需求，才能在了解功能障碍基础上，满足不同障碍类型的具体要求。可以根据不同人群的需求特征，将障碍群体主要分为肢体障碍者、视觉障碍者和语言障碍者三大类。肢体障碍者主要包括肢体残疾者、行动不便的老人、行走困难的病人、小孩以及携带物体者等群体。视觉障碍者主要包括盲人及弱视者，还包括乘坐轮椅者和小孩等群体，他们的视线高度较低，无法辨认一些标志。语言障碍者主要为失聪及弱听者，还包括语言不通等群体。这三类群体对无障碍的需求并不完全一致。

如弱视者对建筑要求主要为[②]：

·房间足够明亮，不刺眼；

·台阶、门槛和边缘等危险区域以及开关和把手等设备应使用统一色调的不同颜色区分。

---

① 董华.包容性设计专题引介［J］.设计，2020，33（15）：55.
② ［德］乔西姆·菲希尔，菲利普·莫伊泽.无障碍建筑设计手册［M］.沈阳：辽宁科学技术出版社，2009：285-287.

失明者对建筑要求主要为[①]：

·避免出现台阶、门槛和边缘等危险区域；

·使用触觉元素区分方向（如使用不同材料铺设地面）；

·使用防震玻璃（如玻璃门）；

·空间安装统一的声响设备；

·使用声音信号代替光学信号（如烹饪用具以及电梯都使用铃声）。

弱听者[②]对建筑要求主要为[③]：

·按照统一的声响设备，便于过滤杂音；房间要隔音；房间足够明朗，不刺眼；将声音信号与视觉信号相结合。

失听者对建筑要求主要为[④]：

·房间足够明亮，不刺眼，方便唇语交流，将声音信号与视觉信号相结合。

从这一角度来看，无障碍通用设计所达到的要求也不同。比如，纹理清晰的材料适合视力障碍的人，而开放式的空间布局却又会给他们带来很大的麻烦。当然用统一的建筑形式来满足人们多样化的需求是不可能的。

其次，无障碍建筑的设计要点还需具体考虑建筑本身的无障碍功能，不同的建筑也有不同的无障碍要求。例如博物院、护理院、公寓、图书馆、教学楼、老年中心等，尤其需要考虑到人员的安全疏散，保护行动不便的使用者。

我国2012年颁布的《无障碍设计规范》（GB 50763-2012）是目前我国的无障碍设计的国家标准，对全国城市新建、改建和扩建的城市道路、城市广场、城市绿地、居住区、居住建筑、公共建筑及历史文物保护建筑做出了详细的规定。这一国标以通用设计为理念编制，许多技术要求的出发点都是通用设计，它明确了无障碍环境包括物质环境无障碍和信息无障碍，明确了包括居住建筑，办公、科研、司法建筑，教育建筑，体育建筑，文化建筑，商

---

① [德]乔西姆·菲希尔，菲利普·莫伊泽.无障碍建筑设计手册[M].沈阳：辽宁科学技术出版社，2009：285-287.

② 先天性听力障碍往往同语言障碍相关，听不清别人说话，也听不清自己说话，而后天障碍主要特征是大声说话。

③④ [德]乔西姆·菲希尔，菲利普·莫伊泽.无障碍建筑设计手册[M].沈阳：辽宁科学技术出版社，2009：285-287.

业服务建筑等在内的公共建筑的无障碍设计的范围。参考这一标准及《北京2022年冬奥会和冬残奥会无障碍指南》等相关文献，就建筑无障碍的设计要点，本节作一归纳。

建筑无障碍设计的要点主要考虑总体规划、出入口、无障碍厕所、无障碍电梯、机动车停车位、导向标识等方面。具体来看：

（一）考虑总体无障碍设施空间及数量配置的设计要点

涉及无障碍机动车停车位、无障碍厕所、无障碍厕位、母婴室、无障碍电梯、无障碍出入口、无障碍客房及无障碍席位的空间及数量配置等要求，设计需要合理安排空间结构。

1. 无障碍机动车停车位空间及数量配置，要求停车场应设置符合一定数量的无障碍机动车停车位。

例如：城市广场、公园绿地公共停车场的停车数在50辆以下时应设置不少于1个无障碍机动车停车位，100辆以下时应设置不少于2个无障碍机动车停车位，100辆以上时应设置不少于总停车数2%的无障碍机动车停车位。

· 居住区停车场和车库的总停车位应设置不少于0.5%的无障碍机动车停车位；若设有多个停车场和车库，宜每处设置不少于1个无障碍机动车停车位。

2. 无障碍厕所、无障碍厕位、母婴室空间及数量配置

例如：

· 公共厕所女厕所的无障碍设施包括至少1个无障碍厕位和1个无障碍洗手盆；男厕所的无障碍设施包括至少1个无障碍厕位、1个无障碍小便器和1个无障碍洗手盆；

· 办公、科研、司法建筑内至少应设置1个无障碍厕所；

· 儿童医院的门、急诊部和医技部，每层宜设置至少1处母婴室，并靠近公共厕所。

3. 无障碍电梯、无障碍楼梯空间和数量配置要求

例如：

· 居住区内的居委会、卫生站、健身房、物业管理、会所、社区中心、商业等为居民服务的建筑应设有电梯的建筑至少应设置1部无障碍电梯；未设有电梯的多层建筑，应至少设置1部无障碍楼梯；

· 设置电梯的居住建筑应至少设置1处无障碍出入口，通过无障碍通道直

达电梯厅；未设置电梯的低层和多层居住建筑，当设置无障碍住房及宿舍时，应设置无障碍出入口；

· 设置电梯的居住建筑，每居住单元至少应设置 1 部能直达户门层的无障碍电梯；

· 建筑内设有电梯时，至少应设置 1 部无障碍电梯；

· 主要教学用房应至少设置 1 部无障碍楼梯；

· 医疗康复建筑同一建筑内应至少设置 1 部无障碍楼梯；建筑内设有电梯时，每组电梯应至少设置 1 部无障碍电梯；

· 福利及特殊服务建筑楼梯应为无障碍楼梯；电梯应为无障碍电梯；

· 体院建筑大厅、休息厅、贵宾休息室、疏散大厅等主要人员聚集场所宜设放置轮椅的无障碍休息区；

· 体育建筑供观众使用的楼梯应为无障碍楼梯。

4. 建筑无障碍出入口空间和数量配置要求

例如：

· 无障碍客房应设在便于到达、进出和疏散的位置；

· 办公、科研、司法建筑，医疗康复建筑，福利及特殊服务建筑建筑物首层的主要出入口应为无障碍出入口；

· 体育建筑物的观众、运动员及贵宾出入口应至少各设 1 处无障碍出入口，其他功能分区的出入口可根据需要设置无障碍出入口。

5. 无障碍住房、无障碍宿舍空间和数量配置要求

例如：

· 居住建筑应按每 100 套住房设置不少于 2 套无障碍住房；

· 宿舍建筑中，男女宿舍应分别设置无障碍宿舍，每 100 套宿舍各应设置不少于 1 套无障碍宿舍；当无障碍宿舍设置在二层以上且宿舍建筑设置电梯时，应设置不少于 1 部无障碍电梯，无障碍电梯应与无障碍宿舍及无障碍通道连接。

6. 无障碍席位空间和数量配置要求

例如：

· 法庭、审判庭及为公众服务的会议及报告厅等的公众坐席数为 300 座及以下时应至少设置 1 个轮椅席位，300 座以上时不应少于 0.2% 且不少于 2 个

轮椅席位；

· 多功能厅、报告厅等至少应设置 1 个轮椅坐席；

· 合班教室、报告厅以及剧场等应设置不少于 2 个轮椅坐席。

7. 休息区域空间配置要求

例如：

· 福利及特殊服务建筑物室外院区的休息座椅旁应留有轮椅停留空间。

（二）无障碍出入口设计的技术要点

（1）消除高差。无障碍出入口的形式主要包括平坡出入口、同时设置台阶和轮椅坡道的出入口、同时设置台阶和升降平台的出入口三种。在能够建设平坡出入口的条件下，应优先考虑平坡出入口，在非特殊情况下，建筑入口应做到无台阶设计。但实际中，很多可以设置成平坡的出入口，反倒画蛇添足设置台阶，配以在出入口两旁设置坡道。

住宅或公共空间出入口应满足无台阶设计标准。由于特殊原因必须有台阶（楼梯）设计的，应额外增加坡道或电梯，方便老年人或残疾人使用。应当摒弃不必要的台阶及过高的台阶的设计。

（2）考虑出入口地面材质。出入口地面防滑、平整。确保地面坚固、防滑、防静电，适合轮椅通过。确保地面坚固、低反光、防滑、防静电，同一色调的不同颜色的路面特别益于弱视者使用。

（3）考虑出入口平台纵深。平台应便于轮椅回转、通行，还应方便其他人的停滞和通行。过去很多入口平台的深度非常小，部分单元门推开后就下台阶，一不小心就会出现跌倒的危险，这增加了残障人及老年人的通行困难。无障碍出入口的平台净深度 ≥ 1.5m，当出入口设置两道门如门厅、过厅时，门扇同一时间打开时两道门的间距应 ≥ 1.5m。

（4）在设置轮椅坡道的出入口时，应满足轮椅坡道的坡度、宽度、高度、扶手等要求，必要情况下，应添加屋顶，方便行动障碍者通行。

坡度是坡道的重要技术要求，轮椅使用者不能独立通过坡度较大的坡道，从坡道下滑时容易导致上身前倾，造成危险。对于行动不便的人来说上坡时，小腿和脚之间会形成一个锐角，坡度陡会使得上坡更加困难，而下坡时，对骨骼肌和关节的灵活性要求较高，尤其是老年人，坡度也不能过陡。轮椅坡道的纵向坡度，一般情况下推荐 ≤ 1∶20；应 ≤ 1∶12。路面纵坡度达到3%，就必须建造坡道。坡道长度也有要求。由于残疾人和轮椅使用者的身体原因，坡道长度600厘米处应设置150厘米的平台，便于休息。但坡道两侧不应设置平台，防止轮椅翻倒。

（三）建筑内部空间设计的技术要点

（1）宽阔的走廊、楼梯以及电梯。宽阔的走廊、楼梯以及电梯能提供足够的空间，使得轮椅能够自由进出，方便行动障碍者不受任何阻碍地到处走动。建筑内的所有区域都适合轮椅和床通过。狭窄的通道本身可能给残障群体造成不便的环境障碍。

（2）平门槛。房间入口处应设平门槛。所有空间，包括出挑的阳台，宜采用平门槛设计，或是修建坡道，来消除高度差异带来的障碍，方便行动障碍者。

（3）安装电梯。通往各层的电梯适合轮椅和床通过。不设电梯往往会给残障人造成环境障碍。

（4）墙壁扶手。墙壁扶手设计成不同的高度，为视力障碍者指引方向。

（5）地面材料。建筑内地面铺设材料应达到防眩光、防滑以及防静电等标准。室外地面应保持平整。

（四）无障碍厕所、厕位设计的技术要点

无障碍厕所是指在公共厕所旁设置单独的无性别卫生间。公共空间中，台阶、高差是轮椅无法进入的卫生间的最大障碍。

（1）入口平门槛，入口的宽度应≥800mm。房间地面一定要保证平整性，禁止设置台阶。

（2）一定不能安装内开门，卫生间里安置内开门会限制其活动空间，人不小心摔倒在地上，很难把门打开。另外，确保在经济情况下，门能够从外面打开。

（3）内部空间适当放大一些尺寸，卫生间还应保留充足的轮椅回转空间，确保轮椅顺利出入。活动空间至少为150厘米×150厘米。卫生间设施前及无障碍淋浴区的活动空间大小至少为120厘米×120厘米，活动空间可重复利用。

（4）设置一些辅助设置，方便老人以及带孩子的人使用。如应设置扶手在坐便器的两边，还应对坐便器与扶手的间距进行综合考虑，根据现场体验调查，大多数卫生间的距离偏大，应从人体工程学的角度出发来进行。应在盥洗台侧边或前沿合适的位置设置扶手，供老年人或残疾人在使用时抓扶或倚靠。厕所两侧距地面85厘米处应安装可折叠支撑扶手装置（距厕所中轴线35厘米处）。

（5）坐便器（包括坐垫）高度为48厘米，特殊情况可根据需要调整。坐便器左、右两侧的空间至少为：宽95厘米，纵深70厘米，一侧距离墙壁或其他设备的距离至少为30厘米。卫生纸应放在触手可及范围内（或支架上）。

（6）洗手台下方应保留充足的空间以便保障轮椅使用者的可用性，同时为轮椅使用者靠近洗手台提供方便。

（7）地面应使用防滑装饰材料。考虑到老年人和残疾人行动不方便，同时卫生间是有水房间，摔伤的情况时有发生，是容易发生事故的区域，地面材料铺设应关注防滑性能。

（8）通风装置。卫生间应设计通风装置。即使卫生间内已有窗户，也应安装通风装置，因为重度残疾人有时需要1—2小时排便，而在寒冷的天气里不能一直开窗。

（五）无障碍楼梯、无障碍电梯设计的技术要点

（1）电梯门前面积为150厘米×150厘米的空间，便于活动。电梯门前的活动空间至少为150厘米×150厘米。

（2）电梯入口前，电梯门的左右两侧，确保轮椅使用者能够在一侧够得到呼叫按钮，此外，按钮与家具、防护栏之间的距离应为50厘米。

（3）电梯门净宽要达到90厘米，方便电动轮椅通过。

（4）电梯间面积：净宽110厘米，净高140厘米。电梯间的大小必须能够容纳轮椅使用者及其陪同人员。

（5）电梯内需安装声音信号设备。声音信号能够帮助盲人辨别方向。

（6）控制面板与扶手。水平控制面板距地面高度应为85厘米，电梯入口在一侧，按钮与电梯间斜对角的距离至少为50厘米，按钮的大小及凸起角度应适合残疾人使用，按钮凸起的数字可不必使用布莱叶盲文，但应具备可触性，面板旁的扶手确保电梯启动时行动障碍者的安全。

（7）电梯间与门相对的一面应安装镜子，起导向作用。镜子应具备防碎特性，轮椅使用者借助镜子能够退出电梯。

（8）楼梯上下两端的活动空间至少应为150厘米。楼梯不可弯曲，楼梯弯曲会导致台阶不平，给行动不便的人带来困难。

（9）楼梯台阶表面边缘不应凸出。台阶表面凸凹不平，容易使人跌倒，引发事故。

（10）楼梯台阶表面必须使用触觉传感材料，便于识别。

（11）楼梯上下两端的扶手使用触觉传感材料设置可方便盲人使用，设计楼梯时，适当地使用对比色以及触觉传感材料也可方便弱势者。楼梯两侧应设置直径为3—4.5厘米的扶手，楼梯间应设置连续的扶手，楼梯上下两端扶手至少加长30厘米，与地面平行。

（12）通过使用触觉标识来区分楼层及通道。楼梯及中央平台处应光线充足，并通过色彩或材料的变换加以区分。

（六）门设计的技术要点

门是建筑中最需要通用设计的部分之一。

（1）尽量避免门槛设计，如有特殊情况，门槛高度不超过2厘米。对于轮椅使用者和行动不便的人来说，高门槛成为了障碍，因此尽量避免门槛设计。必要情况下，可以使用门铰链代替。防火门必须设有门槛，但高度不超过2厘米。

（2）为满足轮椅使用者的要求，门一侧的空间面积应达到150厘米×150厘米，此外，还要确保门开时，有足够的空间供轮椅转动。

（3）在门高85厘米处安装横条把手，便于开、关。所有门的拉手（门把手、扶手等）都应该设置在距地面85厘米处。经研究表明，人的手臂下垂时，指尖与地面之间的距离为73至75厘米，因此拉手设施设置在距地面85厘米处，适于行动不便的人以及轮椅使用者，即使坐在轮椅上也能够得到此高度。拉手设计应避免凹陷或尖锐的边缘。设计拉手时必须考虑到特殊情况，以方便那些手臂有残疾的人。确保拉手安全、易于使用。

（4）门宽。门口宽度，无障碍国标应最少为80厘米，推荐有条件时≥90厘米，易于轮椅通过。门口净宽的测量还要考虑门框的大小。

（5）门高。门的净高至少为210厘米。

（6）在需要的情况下，门上应安装自动关闭装置。因为门开之后，如果朝向马路等地方，对盲人来说是非常危险的，因此最好配备自动关闭装置。

（7）对于玻璃门，大面积的玻璃设计，要确保其具有防碎功能，并采用对比的方式加以区分。如果不采用对比的方式区分，视力障碍的人很难辨别出玻璃门，很多人依然会撞到门上，因此玻璃要具有防碎功能。

（8）建筑入口、地下车库以及花园入口必须安装电动门，同时也要确保手动也能打开或关闭。避免一些特殊设计，确保电动门能安全打开。电动门开门的开关应设置在距门前一侧250厘米处（门开着的方向），另一侧150厘米处。距离的设定是为了方便同时进、出的人。

（七）无障碍停车位设计的技术要点

（1）关键是停车位的一侧或与相邻停车位之间应留有宽1.20米以上的轮椅通道；

（2）无论设置在地上或是地下的停车场地，应将通行方便、距离出入口路线最短的停车位安排为无障碍机动车停车位，如有可能宜将无障碍机动车停车位设置在出入口旁。

（八）空间引导系统设计的技术参数要点

（1）在醒目位置设置建筑结构标识，标识的设计以能够清晰明了传达信息为目的，要有适当的图标设计，以方便视力弱的老年人。

（2）使用颜色的明暗对比，调节字号大小，方便轮椅使用者、视力障碍者。

（3）提供信息导向服务。

（4）楼梯和电梯应设置在光线较好的地方，并设置无障碍设施标志，便于发现。

（5）扶手设置盲文标志，提醒残疾人位置及踏步等。

（6）电梯按钮上的数字应设计成凸起，以方便那些依靠触觉的人，电梯到达指定楼层，应通过数字显示器标识并配以声音播报。

（7）消除残障人的心理恐惧。适当区分并对比踏步踏面及楼梯的颜色，进而提示应用者，并为弱视者的辨认提供有利的条件。

三、我国建筑无障碍环境治理现状及问题

改革开放以来，我国无障碍环境建设从无到有、从点到面，全面推开，取得了显著成就，但还存在许多不足之处。从建筑无障碍环境方面看，主要的矛盾在于建筑无障碍环境的一体化、适用性、精细化程度还有待加强。具

体来看，主要表现在三个方面：一是无障碍设施配置总体不足，二是存在许多技术参数不到位的情况，三是建筑无障碍一体化程度不足。

无障碍环境的治理需要结合我国特殊的国情来考虑，例如清华大学无障碍研究中心的吕小泉教授就提到我国残疾人有采取抱团取暖的集中就业方式的特点[1]，因而残疾人就业向行业多样化和厂房多层化发展，纺织、印刷、电子、轻工业、手工业等都有残疾人集中就业，多属劳动密集型企业，其原材料和产品很多是可燃物，有的产生燃烧有毒有害气体，因此，多层工业建筑无障碍标准应当结合这一特点进行考虑，如残疾人消防疏散的问题。

（一）治理现状

我国建筑领域无障碍环境建设从无障碍设施起步，经历了从无到有、从点到面，在实践中不断摸索、逐步规范、持续提高的过程。

（1）建筑无障碍标准体系不断完善

1989年，我国第一部无障碍设计标准《方便残疾人使用的城市道路和建筑物设计规范（试行）》（JGJ 50-88）颁布，就是从城市道路和建筑物的设计规范开始，2001年修订为标准（JGJ 50-2001），这一部设计标准大大推进了我国建筑无障碍环境建设的历程。2012年《无障碍环境建设条例》颁布，同时国家标准《无障碍设计规范》自2012年9月1日起实施，其中，第3.7.3（3、5）、4.4.5、6.2.4（5）、6.2.7（4）、8.1.4条（款）为强制性条文，必须严格执行，在执行力度和法律效力上更加严格。原《城市道路和建筑物无障碍设计规范》同时废止。《无障碍环境建设条例》和《无障碍设计规范》实施九周年以来，我国建筑无障碍环境建设取得巨大成就。

在具体公共建筑上，交通建筑无障碍设计行业标准不断完善。2009年10月1日《民用机场旅客航站区无障碍设施设备配置标准》（MH/T 5107-2009）实施。2005年，行业标准《铁路旅客车站无障碍设计规范》（TB 10083-2005）发布。2018年，在将《铁路旅客车站无障碍设计规范》及《铁路旅客车站建筑设计规范》（GB 50226-2007）两个规范整合的基础上，国家铁路局发布《铁路旅客车站设计规范》（TB 10100-2018）。

2012年起，中国肢残人协会组织编制完成的多层工业建筑无障碍指南，

---

[1] 吕小泉. 多层工业建筑无障碍标准研究［J］. 建设科技，2019（13）：71.

在标准化研究与厂房建设上进行了创新与突破，创造了国内外的先例。例如首次提出了多层工业建筑无障碍具体技术指标与建设原则，针对劳动密集型的多层工业二层，提出应设置应急疏散坡道，并进行防火防烟设计。[1]首次规定多层工业建筑生产工艺要符合无障碍要求，要考虑残疾员工的需求，如设置辅助照明、局部增强照明、危险设备异常接近警示、电子显示屏系统等。这一指南成为指导各地残疾人福利企业、外资企业、中外合资企业，以及残疾人企业家创办的爱心企业等无障碍多层厂房的新建与改造的示范和引领性技术标准文件，大大改善了残疾员工的生产生活环境。

2018年9月《北京2022年冬奥会和冬残奥会无障碍指南》发布。这一指南以高质量的无障碍参与体验，高标准的、无障碍的和包容性的冬奥环境为目标而制定，代表着我国形成一套具有"基准"意义、系统性的无障碍标准。[2]《指南》共分为十章，涉及许多建筑无障碍的技术规范，包括酒店和住宿提升、场馆和运动员村无障碍设计、城市无障碍设施等等。建筑无障碍标准更进一步有力地推进了我国的无障碍环境水平的高质量发展。

（2）各级政府和残联组织高度重视推进无障碍环境建设

我国各级政府和残联组织高度重视推进无障碍环境建设工作，建筑无障碍是其中治理的重点领域。早在2002年10月，经国务院同意，建设部、民政部、全国老龄工作委员会办公室、中国残疾人联合会联合组织开展创建全国无障碍设施建设示范城活动，这一创建活动延续至今，在全国广泛开展。各城市采取切实措施，对公共建筑、城市广场和城市绿地无障碍环境进行建设与改造，建设了一批高水平、高质量的无障碍设施，极大便利了残疾人、老年人和全体社会成员的出行和生活。

各城市也纷纷结合国家法规和标准，出台地方的无障碍设施建设管理办法，将《无障碍环境建设条例》具体化，提高法规和标准的可操作性。一些城市出台了专门的无障碍建设的行动方案。如2018年初，深圳市人民政府工作报告中首次列入"积极创建无障碍城市"的内容，同年深圳出台了《深圳市创建无障碍城市行动方案》，将无障碍城市建设纳入城市总体规划。2019

---

[1] 吕小泉.多层工业建筑无障碍标准研究[J].建设科技，2019（13）：71.
[2] 孔宁.北京2022年冬奥会和冬残奥会无障碍指南发布[EB/OL].(2018-09-07)[2021-06-10]. https://baijiahao.baidu.com/s?id=1610918137048369596&wfr=spider&for=pc.

年，北京市人民政府办公厅关于印发《北京市进一步促进无障碍环境建设2019—2021年行动方案》的通知，有效保障无障碍设施纳入城市精细化治理体系。

围绕着老旧小区改造工作，国务院9部委联合下发《关于加快实施老年人居家适老化改造工程的指导意见》《关于开展城市居住社区建设补短板行动的意见》，切实提升城市居住社区无障碍环境建设水平。

围绕市县更新改造，住房和城乡建设部等5部门下发《关于开展无障碍环境市县村镇创建工作验收的通知》，验收命名146个无障碍环境示范和达标市县村镇；全国文明单位评测标准纳入"无障碍"相关内容等。

围绕着农村残疾人危房改造，国务院安排残疾人专项资金，用于对农村贫困残疾人住房实施危房改造。农村残疾人危房改造是我国扶贫工作中的重要部分，同时也属于我国无障碍环境建设的重要内容，彰显我国社会主义制度下"特别的"无障碍建设成就。

各级残联在推进无障碍环境建设中发挥特殊作用。积极代表残疾人权益，充分反映群体需求与呼声，大力宣传无障碍环境建设理念，致力于联合相关部门共同推动建筑设施、交通出行、信息交流和社区居家等方面的无障碍设施与服务。

（3）治理呈现不断摸索、逐步规范、持续提高的过程

在治理成效上，我国建筑领域无障碍环境建设从无障碍设施起步，经历了从无到有、从点到面，在实践中直面问题，不断摸索、逐步规范、持续提高的过程。我国无障碍事业的发展在中国共产党的领导下，始终关注人的全面发展，始终坚持以人民为中心的发展思想，坚持民生需求导向，融入国家经济社会发展大局和社会公共服务的方方面面。2021年8月1日，是《无障碍环境建设条例》实施第九周年。综述9年来我国的无障碍环境建设，可以说是日益完善，成就显著。

（二）存在的问题

（1）许多建筑无障碍设施的技术参数不到位

以出入口为例，许多建筑如商场、商店、图书馆等公共场所在主要出入口设置高高的台阶，并没有按照规范标准进行设计，轮椅使用者无法单独进入。一些建筑在有条件采用平坡入口的地方，往往没有优先考虑平坡入口，

而是人为设置台阶，两边再附设坡道，"特意"将障碍者和健全人隔离，是一种机械的对无障碍的理解。还有一些建筑在不起眼的次入口设置坡道，或者主入口虽设有坡道，但往往坡道坡度过大，没有扶手或休息平台，并不符合《无障碍设计规范》的标准，存在只是为了应付无障碍的要求而设的情况。

无障碍卫生间技术参数也存在很多问题。总体而言，规范的标准的无障碍卫生间数量占比仍然较少。很多地方虽单独设有无障碍厕位，但都只是在男女厕外再开一个隔间，放置一个马桶，往往还存在台阶、空间狭窄的情况，对使用者造成障碍，成了一个摆设。

建筑无障碍设施设计和施工应当注重细节，执行、理解规范和标准，真正让无障碍设施适用、实用，表达出人性的关怀。

（2）无障碍设施配置不足

我国城市和农村许多建筑还存在无障碍设施的数量配置不足的问题。涉及无障碍机动车停车位、无障碍厕所、无障碍厕位、母婴室空间、无障碍电梯、无障碍出入口、无障碍客房及无障碍席位的空间及数量配置。

许多城市停车位不足成为普遍存在的问题，也就很难实现配比无障碍机动车位。许多建筑因建成年代较早或者由于缺乏无障碍意识，无障碍厕所的配比也存在不足。2020年的文献抽样调查显示，在办公楼建筑方面，深圳花样年香年广场、深圳华森公司办公楼、深圳滨海之窗办公楼都缺乏无障碍卫生间，北京大学口腔医院和中国建筑设计研究院创新楼缺少无障碍车位。[①] 这些建筑反映的问题较具有代表性。

在农村，总体而言，无障碍环境的建设相较于城市还是滞后的，存在许多无障碍设施配置不足问题。随着乡村振兴战略的推进，农村地区无障碍环境建设将迎来一个稳步发展的建设期。

（3）无障碍设施缺乏维护

例如对于障碍人士而言，无障碍厕所是非常重要的无障碍设施，正所谓俗话说"人有三急"。然而许多建筑的无障碍厕所缺乏维护，形同虚设。在实地调查中发现，一些商场的无障碍厕所被用来存放清洁物品，甚至还会把门锁上，完全违背了设计初衷，还有一些建筑存在无障碍卫生间被废置、挪用

---

① 孙楠，贺静，徐丹，等.公共建筑人性化现状问题调研与分析 [J].建设科技，2020（03）：93.

或者卫生情况堪忧的现象，往往无法正常使用。

建筑出入口设置的无障碍坡道，也存在缺乏维护的问题，一些商场在无障碍坡道设置紧密排列的石柱，以用来防止超市推车外流，没有考虑到轮椅无法通过的情况。

缺乏维护的现象频频出现，一个原因在于我国的无障碍法规中，有关法律责任部分不是很明晰，只规定了行为模式未规定行为后果，致使违法责任淡化。《无障碍环境建设条例》中，对无障碍建设的负责人进行了明确，对维护维修责任人也进行了明确，然而有关无障碍的检查评估机制依然没有提及；对已建成无障碍设施的改造维护等方面给予了法律强调，可执法强度不高，大多数条款仅是在后面笼统给出了依法处罚的责任。

（4）建筑室内外无障碍设施不连续

目前，建筑无障碍方面，还存在建筑室内外无障碍设施建设碎片化，建筑内外无障碍微环境不连续的问题，难以实现真正的无障碍出行。

要实现整体的无障碍环境连续系统，应注重每一小块微环境的连续。在实地调查中发现，很可能就是出入口的一个小台阶，或者是无障碍坡道转弯处过于狭窄，造成即使室内（外）无障碍环境建设得再好，也难以真正实现无障碍出行。这要求在建筑无障碍环境治理中，应对全程无障碍进行周到考虑，实现建筑室内外转换无障碍，形成无障碍的适用于所有人的通行环境。

四、我国建筑无障碍建设政策建议

（1）在建筑无障碍设施新建、改造中，必须严格按照国家无障碍建设标准的要求建设无障碍设施。从设计审批、施工许可、质量监督、竣工验收等环节严格把关，做到无障碍设施与主体建设工程同步设计、同步施工、同步使用，形成无障碍环境连续性与系统性。加强对于施工设计人员施工事前培训，加深施工设计主体人员对无障碍功能内涵的理解。

（2）加强无障碍设施后期的社会监督及维护管理，探索无障碍设施长效监督管理制度机制。明确具体的权利和责任主体以维护大量的无障碍设施。制度设计要考虑制度的操作难度，以及操作影响制度实施效果的程度。如无障碍设施占用行政处罚主体是城管行政执法部门，而城管行政执法部门平时的工作很忙，能否顾及这一块成为一个问题，无法实现真正有效的监督管理。

（3）设立无障碍环境宣传日，加强无障碍理念的宣传。相关部门加强无障碍环境建设的普及及宣传力度，使无障碍环境方便全体社会成员的理念深入人心。

（4）促进建筑室内外无障碍设施集成一体化，保证使用的连续性，同时优化基建、解决无障碍设施数量配置不足的问题。

（5）加强无障碍先进基础研究工作的支持力度，建立相应数据库。加强无障碍设计、通用设计等研究工作支持力度。利用大数据等先进的智能化技术手段展开深入调查，加强先进辅助技术的空间和环境性能研究等研究工作投入力度。

第二节　交通无障碍

一、定义与内涵

交通无障碍解决的是"行"的问题，为各类服务对象的方便快捷出行提供必要的环境支持。交通障碍对老年人、残疾人，拉着行李箱、推着婴儿车的人等群体出行造成影响。只有走出家门，残疾人、老年人等群体才能更好参与社会生产生活，提高自身的幸福感和获得感，因此交通无障碍环境的构建理应放在优先发展的位置。

2007年11月出台的《创建全国无障碍建设城市工作标准》中，公共交通设施无障碍建设与改造作为整体在《标准》的第四部分内容中进行了相当内容的阐述。这一标准要求创建的城市在组织管理上成立由政府有关领导牵头，包括交通、铁道、民航、旅游、残联、老龄等部门参加的无障碍建设领导小组。公共交通设施无障碍建设与改造包括三个方面内容：一是城市新建、扩建、改建轨道交通、民用机场、铁路旅客车站、汽车站、客运码头，应实现无障碍化；二是已建轨道交通、民用机场、铁路旅客车站、汽车站、客运码头应进行无障碍改造；三是飞机、地铁、轻轨车辆、铁路客车、公共汽车、电车、客轮等公共交通工具适应残疾人的需要。很明显，在这一标准中着眼的是系统的交通无障碍建设，针对解决以前城市交通无障碍建设中碎片化、形式化和缺乏系统设计的状况而提出。

交通无障碍考虑两个层面的目标，即在无障碍通用设计理念制度下建设交通系统，优化其功能，达到以下目标：一是减少各类服务对象出行过程中遇到的各种障碍，确保公共交通的可达性；二是提高紧急疏散时人群的安全和疏散能力。

因此，要求交通无障碍的设计规划者应从人（考虑各类服务对象）的角度来设计公共交通。例如，设想一位下肢残疾的轮椅使用者，无障碍的交通出行系统应能实现他（她）走出家门，独自出行，开展生活、学习和工作，可以乘坐公交，乘坐地铁到达生活、学习和工作目的地，如超市买菜，看电影，逛博物馆，游玩公园等，甚至独自出门坐飞机去外地，畅通无阻。而从一个侧面来看，假如在一个城市大街上很少看到残疾人出现，基本可以认为城市的交通无障碍环境还不完善。

构建适宜的无障碍公共交通体系能有效串接城市各公共空间，改善城市活动的联系，对于城市交通运转的效率及均等性都能提高，从而帮助实现城市功能和品质的提升。坡度平缓的无障碍坡道不只方便轮椅使用者，也能使所有人受益，如腿脚不便的老年人、小孩、推着婴儿车的家长、拉着行李箱的旅客，或者推着自行车的人。无障碍设施并非专属于某些特殊弱势群体。城市化进程中，精细化考虑无障碍设计，实现城市各公共服务空间之间的连接，能够为所有人提供出行便利。

从空间角度考虑，交通无障碍环境构建覆盖范围涉及点、线、面三个维度。"点"指的是轨道站点和交通枢纽，包括民用飞机场、轨道交通站点、铁路旅客车站、汽车一级站、客运码头等。"线"指的是交通线路，包括城市道路、轨道交通、人行天桥、盲道、地下通道、社区街道及作为载体的交通工具。"面"指的是综合区，由连贯的点、线组成。

从时间角度考虑，交通无障碍环境构建包括两个环节：一是出行前的购买服务环节，例如通过 APP 的买票服务、订车服务等；二是出行时使用服务的环节，如乘坐地铁、乘坐公交，通过路口等方式最后到达目的地的过程。

从使用对象考虑，交通无障碍环境构建应面向所有人达到通用设计，面向对象不仅包括肢体残障和全盲人士，还应考虑弱听、弱视、阅读障碍者，老年人，携带婴儿推车的人，携带大件行李的人等群体出行问题。

二、设计要点

交通无障碍设计涉及多方面，参考相关文献就交通无障碍设计要点作一归纳，并非交通无障碍设计的全部内容。单个要点有些没有给出技术参数，可以参考《无障碍设计规范》等标准规范。同样，在进行无障碍设计前，应明确乘客对于交通无障碍设施的需求。

（一）考虑系统规划

交通无障碍设计首先应考虑系统规范，运用无障碍通用设计理念，对整个无障碍交通系统进行梳理，从宏观层面系统制定交通无障碍体系，打造无缝衔接的出行。例如，深圳市在交通无障碍系统规划的探索和实践中走在全国前面，从宏观层面制定交通无障碍规划体系，涵盖慢行无障碍通道、常规公共交通、轨道交通及枢纽、无障碍交通工具、交通无障碍导盲系统、交通无障碍标识等类型；在中观层面提出差异化的分区发展规划指引，对各层面交通无障碍设施要素进行系统整合；在微观层面提出交通无障碍设施精细化设计指引。[1]

考虑交通无障碍设计的系统规划，主要应包含以下几个要素。

（1）全场景无障碍。基于通用设计理念，考虑适用于所有人的全场景无障碍设计，不仅仅面向肢体残障和全盲人士。

（2）全流程无障碍。考虑出行的整个运动过程的无障碍体验，包括交通体系无障碍设施与城市街道无障碍设施接驳、城市各功能区衔接畅通。

（3）全类型无障碍。基于全交通种类，作为整体系统设计，涵盖慢行无障碍通道、常规公共交通、轨道交通及枢纽、无障碍交通工具、交通无障碍导盲系统、交通无障碍标识等类型。

系统规划能够有效解决无障碍设施碎片化、"各自为政"的问题。需要强调，从系统层面考虑的交通无障碍规划并非对技术水平要求很高，更多的是

---

[1] 孙超，王波，张云龙，等.深圳市无障碍交通体系规划研究[J].规划设计，2012（12）：28.

运用现有技术手段细致入微地考虑残疾人、老年人和其他因特殊原因出行不方便者的需求,创造性地消除障碍。[①]

(二)考虑交通无障碍信息平台、无障碍地图导航等信息服务建设

信息服务建设是无障碍出行重要的一环。设计的要点包括以下几方面。

(1)绘制城市交通无障碍设施电子地图,或者纸质地图手册,免费公开。

(2)建设公交无障碍信息平台。信息平台内容应包括:

①固定线路无障碍交通工具运行时刻表;

②公交建筑无障碍设施的位置,运营状态是否正常;

③在公交站点发布线路运营的实时动态信息。[②]

(3)优化购票 APP 无障碍体验。

(4)公共交通无障碍导盲系统。公共交通无障碍导盲系统由手持终端机、公交站台主机和公交车车载平台三大部分组成,实现视力障碍者方便出行。

(5)过街语音提示、其他交通导航和导盲系统建设。

(三)道路无障碍设计要点

1.路缘坡道设计和施工要点

(1)坡度。需要平缓,不能坡度过大,坡面需要平整。对于轮椅使用者来说,坡度过大导致轮椅不易通行,有冲坡失败向后溜坡,或者下坡向前倾斜以致摔倒的风险[③]。坡度推荐技术参数为7%,最大不能大于8.3%。

(2)宽度。新建坡道最小宽度应为1.2米,仅在有限空间内,最小宽度不应小于0.9米。考虑到一般轮椅宽度在0.62米左右,如果坡道宽度过小,轮椅不易通过。因此,倘若要在坡道处设置石礅、石柱等,也应将间隔加大,不应小于0.9米,否则坡道只能沦为摆设。

(3)坡道底部和街道应处于同一水平,不应人为设置高差。在施工中往往存在高差大于10毫米的情况。

(4)坡道底部和顶部水平面空间应为1.2米×1.2米,且任何方向的坡度不应超过2%。这是考虑到轮椅使用者在顶部和底部转换方向的必要。

(5)在底部设置一个0.6米的提示盲道,以提醒视障者从人行道到街道的过渡。如果没有点状凸起的提示盲道,视障者可能会不知道自己已经到了马

---

①②潘海啸.无障碍与城市交通[M].沈阳:辽宁人民出版社,2019:196.
③缘石坡道的坡度平缓及地面平整这两点尤为关键。

路边缘，存在重大安全隐患。

2. 盲道设计要点

（1）合理设置醒目的盲道，并不需要全城铺设盲道。铺设不合理，本身也可能构成一种障碍。文献研究表明，发达国家均不鼓励无原则地大量铺设盲道，而是根据人流量和功能需要合理铺设。①应普遍设置提示盲道，有选择地铺设行进盲道。特别是在指向性很强的地点必要铺设提示盲道，比如于路口处铺设是提醒视障者要停下来过马路，而在地铁站台阶处铺设是提示视障者走台阶。

（2）在指向性很强的地点，如公交枢纽、轨道交通站点等，需要设置行进盲道和提示盲道，且行进盲道和提示盲道应组成非常完备的盲道系统，防止断头路。

（3）材质、颜色。材质应防滑不易损坏。颜色应当鲜明。

（4）在已经铺设盲道的路面，不应再人为设置障碍物，如路灯杆、下水道井口，尤其未封口的下水道井口。

（5）人行道施工时，应在不远处开始设置临时盲道提醒。

3. 过街音响设施、延长绿灯时间设施设计要点

（1）应研究在人流量大、医院、学校周边路段等残障群体活动相对频繁的区域设置过街音响设施。

（2）在残障群体活动相对频繁的区域设置延长人行道绿灯时间设施，方便腿脚不便的老年人、视力不好的人、坐轮椅的人等群体安全通过马路。

4. 人行天桥配建无障碍电梯

应研究在人流量大、医院、学校周边路段等残障群体活动相对频繁的区域，人行天桥可以配建无障碍电梯。

（四）公共站台、无障碍公交线路及无障碍公交车辆设计要点

（1）公交站台无障碍建设。应注重站内缘石坡道、盲道建设规范。修建常规三面坡无障碍缘石坡道或单面坡无障碍坡道，并在相应人行步道位置增加无障碍开口，施划人行道斑马线。这样使轮椅乘坐者、视障者能够自主安全地进入站台，顺利搭乘公共交通工具。

---

① 焦舰.中国由无障碍设计向通用设计发展的趋势分析［J］.无障碍设计：为所有人，2019（10）：13.

（2）无障碍公交车辆。应采用低底盘无障碍公交车，并设有轮椅席位、呼叫按钮等设施，以方便残疾人、老年人等特殊群体上车，车厢内外可设置到站显示屏和报站语音提示。可根据残疾人康复需要，配置专门用于接送残疾人的无障碍康复巴士。

（3）设置无障碍公交线路。主要布设经过市、区残联服务机构、大型医院、图书馆等重点公共场所。

（五）主要交通枢纽无障碍设计

交通枢纽同时也是公共建筑，应当符合作为公共建筑的无障碍设计标准，同时，交通枢纽也是一种特殊的公共建筑，应考虑作为交通建筑的特殊之处。基于这种属性，交通枢纽无障碍设计应重点考虑设置以下要素。

（1）地面无障碍电梯、站厅至站台无障碍电梯。

（2）无障碍出入口、无障碍通道。

（3）无障碍候车区、无障碍车厢。

（4）低位售票台。

（5）合理醒目标志标识配置，盲文标志。

（6）合理的盲道布设。

（7）航班异动、安检通知等信息，实时播报及字幕提醒。

（8）应用微信、微博、手机 APP、便民热线预约服务等创新方式。

（六）无障碍出租车设计要点

（1）无障碍出租车服务应以公益性定位为主；为残疾人、老年人、孕妇、病患者等行动不便人士提供优先出行服务。

（2）建有电召平台，推出无障碍电召的士。

（3）可新购置或对已有的成熟车型进行改装，尽量采用英伦式轮椅直入无障碍出租车，以方便行动不便人士乘车。

（七）慢行环境及公共无障碍标识设计要点

（1）在残疾人、老年人集聚区及重要慢行街区重点完善慢行无障碍环境，具体建设要素包含盲道、缘石坡道、二次过街安全岛、路口过街音响信号提示装置、人行天桥及地下通道。

（2）公共交通无障碍标识及关爱指引布设。

三、当前我国交通无障碍环境建设存在的问题

自 20 世纪 80 年代以来,我国在交通无障碍环境建设中取得了显著成绩,但是与一些发达国家或地区相比较,依然还存在不小的差距。随着我国社会进入新时代,无障碍事业迎来崭新战略期,亟待解决交通无障碍环境建设中存在的突出问题。

(一)建设呈现碎片化、"随性"、不连续现象

交通无障碍设施存在碎片化、"随性"、不连续现象,导致无障碍出行的连续性较低。比如,尽管一些公园的无障碍设施十分完善,但残障人士可能很难独自出行到达公园游玩,或许是因为盲道被栏杆、车辆阻隔,导致视障人士无法使用,或许是因为道路缘石坡道坡度较陡,导致轮椅乘坐人士无法前行。只有一个连续的无障碍环境,才算得上是有效率的完善的无障碍环境。

交通无障碍设施存在碎片化、"随性"、不连续现象的原因主要有:微观层面,是无障碍设施设计与施工不规范,不考虑实用性;宏观层面,是受狭隘无障碍环境设计理念的束缚,设施要素缺乏整体系统性考虑,未形成一个完整的无障碍交通体系。

(二)建设落实规范性不足,部分设施使用率偏低

一是一些交通无障碍设施建设的规范性不足。例如,我国人行道路两端大部分都建有缘石坡道,按照《无障碍设计规范》(GB 50763-2012)中规定,人行横道两端必须设置缘石坡道,且有"缘石坡道的坡口与车行道之间宜没有高差;当有高差时,高出车行道的地面不应大于 10mm"这一规定。然而,在实际施工中,存在许多缘石坡道与车行道之间高差大于 10 毫米的现象,并没有按照规范要求施工,且许多施工者对这一规定没有充分理解,误以为要留有高差,而特意设置坡口高差。对轮椅使用者而言,大于 10 毫米的高差可能就是一面过不去的墙。建设落实的规范性不足使得本该有助于无障碍出行的设施本身成为障碍。

再如,我国铺设盲道的总长度很长,但盲道有效引导的作用并不好。在盲道上,存在许多不规范的现象,如垃圾箱设在盲道上,下水道井盖设在盲道,断头的盲道等。最后,反而让过分相信盲道的视障者出行面临安全隐患,盲道代表的安全意义流于形式。

二是一些交通无障碍设施的实际使用率偏低,究其原因在于无障碍设施设计并没有遵循"通用设计",不能回应乘客的实际出行行为①。如不考虑交通系统无障碍设施与城市街道无障碍设施对接问题。②甚至存在一些形象工程,比如,一些城市公交的导盲系统软件存在软件线路少、定位不精确,喇叭提示在车厢内鸣响,当车站有五六台车同时到站时无法判断车辆的具体位置从而正确上车的痛点,形象工程的含义较大,能否真正起到导盲的作用要打一个疑问。

(三)交通信息无障碍建设较为滞后

无障碍环境建设在重视硬件设施的同时,也应重视标识、图形和音频等信息交流无障碍和服务无障碍的软件建设。目前,交通信息无障碍建设存在短板。购票、检票、乘坐交通工具时导视系统不完善、指引不清晰。如一些站点缺乏无障碍地图,一些车站内电子屏幕过少,听障乘客在获取车次、航班异动、安检通知等信息存在障碍。又如列车卫生间无障碍标识不明确,列车上饮用水开关无标识,视障旅客找寻座位困难等问题。

线上购票 APP 的无障碍体验也有待完善,如只能在始发站购买残疾人预留票,残障用户购票受阻,效率不高。

(四)公众无障碍意识有待提高

与欧美发达国家相比,我国的无障碍环境建设起步较晚,加上"无障碍"作为舶来词,社会宣传普及的力度不够,导致公众的无障碍意识较为欠缺,对于无障碍、通用设计等专业词语认识不足。因此,经常出现行人抢用无障碍电梯、因不认识残疾人标识占用无障碍车位、车辆(包括机动车和非机动车)、占用盲道、占用无障碍坡道、门面工程盖住盲道等现象。

然而,尽管认知水平有待提高,我国公众却表现出较高的参与无障碍环境的行为意愿。③可以看出,通过加强无障碍宣传,增加多样化的参与方式是有效转化较高的公众参与意愿的可行途径,共同营造建设无障碍环境的良好氛围。

---

①②潘海啸,华夏,孙艳丽,等.轨道交通无障碍环境建设中的"通用设计"体系[J].城市建筑,2021(18):128.

③郭婧,吕军,谢辉,等.健康中国背景下公众对无障碍环境的认知、行为意愿及其影响因素[J].医学与社会.2021,34(06):25.

四、我国交通无障碍建设政策建议

针对前述分析的目前我国交通无障碍环境建设存在的问题,从理念、制度、宣传培训三个方面提出政策建议。

(一)重视理念先行

"普同模式"与"通用设计"强调障碍行为而非残障群体的观点是无障碍交通规划的发展方向。[①] 社会看待残障产生的原因经历"个人模式—医学模式—社会模式"的演变[②],"普同模式"(或称"权利模式")被认为是未来面对残障的应有态度。这种模式弱化残障人士个体身份的"特殊性",强调在实践中存在的行动障碍体验,因为事实上所有人都可能在某个人生阶段某个场景中存在行动障碍,因此残障人士被区别对待,对立于"普通的健康人"。

通用设计的理念在"普同"模式下提出,强调设计能够为所有人所使用,而不是残障人士专用,产品的设计关注的不仅是残障人士,而且也包括老年人、孕妇、伤病者、带行李的人、可能会遭遇伤病的健康人等的出行障碍。

无障碍设计发展的趋势是通用设计的原则。如前文所述,考虑交通无障碍设计的系统规划,主要应包含以下几个要素。

(1)全场景无障碍。基于通用设计理念,考虑适用于所有人的全场景无障碍设计,不仅仅面向肢体残障和全盲人士。

(2)全流程无障碍。考虑出行的整个运动过程的无障碍体验,包括交通体系无障碍设施与城市街道无障碍设施接驳、城市各功能区衔接畅通。

(3)全类型无障碍。基于全交通种类,作为整体系统设计,涵盖慢行无障碍通道、常规公共交通、轨道交通及枢纽、无障碍交通工具、交通无障碍导盲系统、交通无障碍标识等类型。

应促进交通规划管理者对通用设计理念的理解,解决上述无障碍环境实践中的问题,保证所有或绝大多数社会群体能够便利地使用设施,共享环境,推动交通无障碍环境人性化发展。

[①] 潘海啸,华夏,孙艳丽,等.轨道交通无障碍环境建设中的"通用设计"体系[J].城市建筑,2021(18):130.

[②] 于莲.以可行能力视角看待障碍:对现有残障模式的反思与探索[J].社会,2018(04):160.

（二）建设机制保障

一是建立无障碍环境建设多方参与和评估的监督机制。我国残联副主席吕世明指出，一套行业无障碍的专业评审、认证、监督、验收和处罚机制，可以从源头上保证无障碍建设系统完整、高标高质。①

二是无障碍环境建设的维护机制。交通部门和企业应遵循无障碍信息与服务标准，落实无障碍设施的维护。可建立多部门协同工作的无障碍环境治理机制，明确政府部门建设和维护主体责任，提升无障碍环境治理能力。

（三）加强宣传培训

一是加强宣传普及，培养公众无障碍意识。可通过举办无障碍意识宣传周促进公众对无障碍环境的理解，强调无障碍不仅仅为特殊人士独享，从思想根源上消除对残障人士的歧视，提高社会大众参与意识。二是加强对管理、站务、司乘等相关人员的无障碍设施培训，加强对交通建筑设计和施工单位的无障碍标准培训，提高对无障碍的理解。

第三节　信息无障碍

无障碍环境建设是社会文明进步的重要标志。党中央、国务院高度重视并做出工作部署，"十三五"规划纲要明确提出要全面推进无障碍环境建设。在信息社会背景下，相对于物理空间的无障碍信息化建设，信息无障碍建设愈发受到关注。在信息爆炸的大数据时代，信息无障碍的定义被赋予了更广泛的内涵，如何真正推动和构建依托云计算、大数据、人工智能等技术的新

---

① 第十三届全国人大代表、中国残联副主席吕世明在两会期间提出尽快制定《行业无障碍专项评审审查认证认可机制》，尽快建立无障碍建设评审机制，避免设施形同虚设。参考李磊. 全国人大代表吕世明：尽快建立无障碍建设评审机制，避免设施形同虚设［EB/OL］. 中国日报，（2019-03-13）［2021-08-18］. http://cn.chinadaily.com.cn/a/201903/13/WS5c8997dfa31010568bdcf5e8.html.

型平台，如何通过互联网和移动互联网在内的信息环境向残疾人提供机会均等的无障碍信息技术、产品和服务，正在成为社会各界关注的热点。

一、定义与内涵

2005年，国际电联（ITU）在信息社会世界高峰会议上提出要"鼓励设计和推出信息通信技术设备和服务，使包括老年人、残疾人、儿童和其他处境不利群体和弱势群体在内的所有人，都能方便地并以可承受的价格使用这些设备和服务"。我国工信部等发布的文件对信息无障碍概念进行了明确定义：信息无障碍是指无论健全人还是残疾人、无论年轻人还是老年人都能够从信息技术中获益，任何人在任何情况下都能平等地、方便地获取信息和使用信息。

二、信息无障碍技术与标准简介

从国际范围看，各国政府纷纷采用了将法规政策与技术标准相结合的手段来推进信息无障碍工作的开展，法规政策对信息无障碍工作提出了原则性的规定，技术标准则是为工作开展提出了具体的指导性要求。在网络化时代，各国政府都将互联网信息无障碍建设作为重点推进的领域。

（一）美国：W3C规范和508法案

美国在1996年颁布的电信法案对电话服务提高无障碍能力提出具体要求，明确指出新的电话产品设计必须能够被残障人士使用。在网站无障碍建设方面，美国的技术标准主要是采用W3C规范，为了保障标准的实施，美国政府于2006年修订了《残疾人康复法案》第508节（又称"508法案"）。其中规定，美国联邦政府在采购IT产品和服务时（包括软件、网站、电信、音频和视频、PC及笔记本电脑、复印机、打印机、信息亭等），供应商必须主动证明其产品能够满足由美国无障碍委员会制定的关于信息无障碍的标准，要求联邦机构所采用的电子和信息技术都不能对残障人士形成障碍，要求从事商业活动的网站必须和一般的商业机构一样遵守美国残疾人法中有关无障碍设施的规定。

（二）英国：实施纲要与定期调查

2002年5月，英国颁布了《商品、设备、服务无障碍的权利：实施纲要》，其中对网站无障碍问题做了明确的规定。为了帮助网站开发人员理解

《残疾人反歧视法》中的要求，英国的残疾权利委员对英国网站的无障碍状况进行了为期一年的正式调查，提出了《Web：对残疾人的无障碍和包容性》报告，并在2004年4月发布，用于推进网站的无障碍建设。

（三）日本：政策性支持与标准制定

2001年，日本政府由IT政策指挥部发布了政策指导，要求政府机构网站中的信息可以被视障人群访问，官方报纸发布在网站上的信息可以被视障人群访问，要求为医院就诊儿童通过网站进行学习、老龄残疾群体使用互联网等工作提供政策性支持。为了保障视障和听障群体可以像健全人一样享受广播服务，要求为封闭字幕、叙述性描述、手语等研究提供相应财政补贴。2004年，日本标准化协会研究制定了JIS X 8431-3标准，这是一份正式的工业标准，主要针对网站内容。除此之外，日本政府还通过行政手段将网络信息无障碍要求纳入了政府采购政策，要求所有政府网站招标时要明确信息无障碍要求，不能支持无障碍技术的企业不具备应标资格，以行政手段保证了网络无障碍建设工作在政府机构的展开。

（四）韩国：数字设备法和网页无障碍指南

2002年，韩国修订了《数字设备法》第七条，要求保障残障人士和老年人都能利用信息交流技术（ICT）服务。韩国信息无障碍工作重点放在无障碍上网和无障碍使用移动应用上，也扩展到救灾和对残疾人广播的监管等其他领域。2004年，韩国民间的"ICT标准化组织电力通信技术协会"（TTA）参考Web内容无障碍指南（WCAG）的标准，制定了韩国的《网页无障碍指南1.0》，这部韩国版网页无障碍指南于2005年被作为韩国信息通信标准采用。2015年，韩国修订了无障碍收听广播条例，将自然灾害等特殊情况考虑在内。在某些情况下，政府将为无障碍方案的费用提供支持，以保障残疾人无障碍获取广播的权利。

（五）中国：政府推动与政策完善

2008年，我国修订的《中华人民共和国残疾人保障法》明确规定：国家要采取措施，为残疾人信息交流无障碍创造条件；各级人民政府和有关部门应当采取措施，为残疾人获取公共信息提供便利。2010年，国务院转发中国残联等16部门《关于加快推进残疾人社会保障体系和服务体系建设的指导意见》，要求有关部门推进信息和交流无障碍建设，制定信息无障碍技术标准,推进互联网和终端产品信息无障碍技术研发,政府政务信息公开、公共信息服务、数字化声像资源要支持信息无障碍技术。2012年,国务院发布了《无障碍环境建设条例》。这是我国第一部关于无障碍环境建设的专项政策,对包括信息无障碍在内的无障碍环境建设提出了明确具体的政策规定,特别是针对互联网信息无障碍这一社会普遍关注的焦点问题,提出了"残疾人组织的网站应当达到无障碍网站设计标准,设区的市级以上人民政府网站、政府公益活动网站,应当逐步达到无障碍网站设计标准"。2016年,国务院《"十三五"加快残疾人小康进程规划纲要》提出"贯彻落实《无障碍环境建设条例》,完善无障碍环境建设政策和标准,加强无障碍通用产品和技术的研发应用",要求大力推进互联网和移动互联网信息服务无障碍,要求公共服务机构、公共场所和公共交通工具为残疾人提供信息无障碍服务。2018年,住建部、工信部、民政部、中国残联和全国老龄办联合发布了《关于开展无障碍环境市县村镇创建工作的通知》,随同文件下发的《创建无障碍环境工作标准》中,列出了关于"信息交流无障碍环境建设"的专项规定,对于为残疾人提供语音和文字提示的信息交流服务、影视节目手语播报、公共图书馆的无障碍设施、残疾人组织和政府网站、公共服务机构和公共场所的无障碍信息服务、基础电信企业的资费优惠等方面提出了更加翔实具体的规定。

三、我国信息无障碍环境现状

就整体而言,我国的信息无障碍事业发展还处于起步阶段,相较于发达国家,仍面临着立法、政策以及社会认同等方面的不足。我国政府对信息无障碍工作高度重视,推出了一系列政策法规,为信息无障碍建设提供了制度保障。工信部先后发布了一系列信息无障碍技术标准,为信息无障碍建设提供了技术依据。社会各界也纷纷行动起来,开始对信息产品进行无障碍优化,提供更有针对性的信息无障碍服务,反映了政府和社会各界高度重视为广大残疾人群提供信息获取的无障碍服务。从环境无障碍到信息无障碍,将"数字鸿沟"转化为"数字机遇",消弭了残疾人与健全人交流的鸿沟,使平等和融合在虚拟世界也变得可能和得以实现。

(一)政府推动政务信息无障碍建设

为促进中国政务信息无障碍服务标准统一、技术先进、安全高效和可持续发展，在中国政务信息无障碍公益行动的推动下，中国互联网协会联合国家相关机构、社会组织持续开展了"全国公共服务网站无障碍建设情况及服务效能调查活动"，并于2019年4月发布了《全国各省（市、区）政务信息无障碍建设情况报告》，对各省、市、县（区）人民政府及所属党政机关、公共事业单位约13万个网站，各民主党派、社会团体、新闻媒体、金融服务、电子商务等10万个重要公共服务网站无障碍建设情况及其服务效能进行了全面检测。本报告由省级政府门户网站无障碍服务能力指数，省级政务服务网站无障碍服务效能指数，各省县、区以上政府门户网站无障碍建设指数和各省县、区以上政府门户网站无障碍客户端建设情况四项内容组成。本次调查活动测评标准是依据工信部《网页内容可访问性指南》（GB/T 29799-2013）和中国互联网协会《Web信息无障碍通用设计规范》等相关要求进行制定，全面检查网页内容在可感知性、可理解性、可操作性、健壮性和通用性方面的达标情况，并以盲人、聋哑人和阅读能力低下人士等特殊群体用户的实际操作为规范化建设评分基准。网站无障碍服务能力测评指标包括政策落实、规范化建设和服务效能等三大维度。

（1）省级政府门户网站无障碍服务能力指数

如表4-3-1所示，在全国省级政府门户网站无障碍服务能力指数排行中，北京市人民政府门户网站（首都之窗）凭借规范化建设、服务效能优异的突出成绩位列第一。新疆维吾尔自治区和青海、海南、上海市和贵州等省人民政府均以网站无障碍建设满足规范，服务效能好等优势，分别位列服务能力指数排名二到六名。

表4-3-1 省级政府门户网站无障碍服务能力指数

排名	省市	建设指数	规范化及用户体验指数	综合指数
1	北京	40	49.92	89.92
2	新疆	40	48.59	88.59
3	青海	40	48.54	88.54
4	海南	40	48.36	88.36
5	上海	40	46.88	86.88
6	贵州	40	46.74	86.74

续表

排名	省市	建设指数	规范化及用户体验指数	综合指数
7	山东	40	37.74	77.74
8	云南	40	30.30	70.30
9	吉林	40	30.30	70.30
10	天津	40	30.24	70.24
11	河北	40	30.06	70.06
12	宁夏	40	30.00	70.00
13	湖北	40	29.52	69.52
14	湖南	40	29.04	69.04
15	江苏	40	28.62	68.62
16	四川	40	28.62	68.62
17	福建	40	28.50	68.50
18	甘肃	40	27.84	67.84
19	江西	40	27.48	67.48
20	山西	40	27.48	67.48
21	河南	40	27.3	67.30
22	内蒙古	40	26.4	66.40
23	安徽	40	25.8	65.80
24	广东	40	25.32	65.32
25	浙江	40	23.88	63.88
26	西藏	0	25.80	25.80
27	黑龙江	0	25.32	25.32
28	陕西	0	25.26	25.26
29	广西	0	24.90	24.90
30	辽宁	0	24.60	24.60
31	重庆	0	24.42	24.42

注："建设指数"是网站无障碍建设指标，开展无障碍建设得40分，未开展建设不得分；"规范化及用户体验指数"是网站无障碍建设是否符合规范以及障碍用户（主要是盲人用户）无障碍体验的情况，满分60分。下同。

（2）省级政务服务网站无障碍服务效能指数

表4-3-2 省级政务服务网站无障碍服务效能指数

排名	省市	建设指数	规范化及用户体验指数	综合指数
1	北京	40	48.76	88.76
2	上海	40	47.88	87.88
3	湖南	40	28.92	68.92
4	甘肃	40	28.50	68.50
5	西藏	40	27.72	67.72
6	贵州	40	27.24	67.24
7	广东	0	39.76	39.76
8	天津	0	29.16	29.16
9	重庆	0	28.50	28.50
10	江苏	0	27.90	27.90
11	黑龙江	0	27.90	27.90
12	宁夏	0	27.72	27.72
13	辽宁	0	27.64	27.64
14	吉林	0	27.56	27.56
15	青海	0	27.56	27.56
16	新疆	0	27.51	27.51
17	山东	0	27.46	27.46
18	陕西	0	27.41	27.41
19	山西	0	25.36	25.36
20	河北	0	25.24	25.24
21	浙江	0	25.24	25.24
22	湖北	0	24.68	24.68
23	安徽	0	24.62	24.62
24	福建	0	19.50	19.50
25	河南	0	19.44	19.44

续表

排名	省市	建设指数	规范化及用户体验指数	综合指数
26	江西	0	19.14	19.14
27	云南	0	19.08	19.08
28	四川	0	19.08	19.08
29	广西	0	19.02	19.02
30	内蒙古	0	18.78	18.78
31	海南	0	18.72	18.72

在全国省级政务服务网站无障碍服务能力指数排行中，北京市、上海市政务服务网站凭借规范化建设、服务效能优异的突出成绩，分别位列排行一二位。如表4-3-2所示，湖南省、甘肃省、西藏自治区和贵州省政务服务网站由于开展了相关的建设工作，分别占据排名的前三至六位。

（3）各省县、区以上政府门户网站无障碍建设指数

表4-3-3 各省县、区以上政府门户网站无障碍建设指数

排名	省市	网站总数	无障碍建设数量	比例
1	上海	17	17	100%
2	安徽	122	102	83.60%
3	湖南	137	101	73.72%
4	北京	17	13	72.31%
5	江西	113	69	61.06%
6	四川	205	113	55.12%
7	广东	155	83	53.55%
8	山东	154	67	44.16%
9	浙江	101	44	43.56%
10	江苏	114	35	30.70%
11	陕西	117	35	29.91%
12	河南	173	47	27.17%
13	湖北	123	29	23.58%

续表

排名	省市	网站总数	无障碍建设数量	比例
14	吉林	70	16	22.86%
15	山西	130	26	20%
16	福建	93	17	18.28%
17	宁夏	28	5	17.86%
18	广西	124	22	17.74%
19	甘肃	101	17	16.83%
20	海南	26	4	15.38%
21	贵州	98	14	14.29%
22	重庆	39	5	12.82%
23	河北	189	24	12.70%
24	天津	17	2	11.76%
25	辽宁	115	13	11.30%
26	内蒙古	113	11	9.73%
27	新疆	92	8	8.70%
28	黑龙江	145	10	6.90%
29	云南	146	8	5.48%
30	青海	52	1	1.92%
31	西藏	82	1	1.22%

从排名中看，上海市县、区各级人民政府门户网站无障碍建设比例达到百分之百，成为全国各省政府门户网站无障碍建设的领头羊。安徽、湖南、北京、江西、四川和广东等6省市政府门户网站无障碍建设，也取得建设比例超过50%的较好成果。

（4）各省县、区以上政府门户网站无障碍客户端建设情况

门户网站电脑无障碍客户端和移动无障碍APP，对于帮助残障人士便捷上网、无障碍访问信息有一定的帮助，特别是移动无障碍服务对于各类残障人士无障碍获取信息意义重大。北京、海南、贵州、青海和新疆维吾尔自治区，以及河北雄安新区、北京市海淀区等32个市、区（县）人民政府在网站

无障碍建设和服务工作中，切实把门户网站无障碍客户端建设做到实处，为中国政务信息无障碍建设工作起到积极推动作用。

（二）专业机构推进信息无障碍开展

2013年，中国残联发出了《关于进一步加强省级残联网站信息无障碍建设的通知》，要求各省市残联和专业机构以工信部标准为依据，全面开展信息无障碍建设。《公众场所内听力障碍人群辅助系统技术要求》等服务类标准在2008年奥运会、2010年世博会等重大国际活动中，以及北京、广州、上海等地的无障碍场馆示范建设中得到实施应用。《无线通信设备与助听器的兼容性要求和测试方法》《移动通信手持机有线耳机接口技术要求和测试方法》等技术和产品类标准已经用于无障碍终端技术和产品的检验测试。2018年，工信部发布了YD/T 3329-2018《移动通信终端无障碍技术要求》标准，中国泰尔实验室依据标准要求开展了检测认证工作，华为公司成为第一家获得无障碍移动通信终端产品检测合格证书的企业。

我国的公共服务部门还开展了各具特色的助残服务。电信运营商提供的服务包括向障碍群体赠送通信终端，提供优惠资费或赠送话费，为听障群体提供专用折扣套餐等等。一些运营商根据障碍群体的需要，提供了有针对性的特色产品和特色服务。民航等公共服务部门也积极行动起来，对网站进行了无障碍开发建设，为视障者提供便利，满足了障碍群体的迫切需要，得到了障碍群体的广泛好评。我国的一些专业助残企业开发了读屏软件及专业的助盲APP软件，帮助视障者使用PC、手机并访问互联网。专业助残机构还开办了视障者网络电台和配套热线电话，开发了助盲信息服务系统及其APP软件，为视障者提供图片辨识、视频协助等服务功能。

（三）企业积极参与信息无障碍建设

（1）OPPO：移动终端无障碍智能优化

智能手机的出现，不仅推动了科技的进步，也改变了有障碍群体尤其是视障群体的生活方式。中国的视障群体有1700多万人（视障人士如盲人、视力退化的老年人等），他们也可以自主地在手机上使用各种功能，参与互联网生活和学习，享受和健全人一样的服务。自2017年以来，OPPO开始意识到信息无障碍的重要性，主动对障碍用户进行调研，并针对ColorOS开展信息无障碍优化工作。OPPO从用户调研、产品方案落实、技术打通、无障碍测试等方面开展了对产品的无障碍优化工作,同时,积极参与制定无障碍技术要求和测试标准、加入信息无障碍产品联盟以及参与信息无障碍相关的宣传活动,推动信息无障碍行业发展。截至2018年11月,R15搭载的ColorOS 5.0版本已支持无障碍使用,OPPO还作为标准单位参与了工信部主导的《移动终端无障碍技术要求》行业标准的讨论和制定。

(2)科大讯飞:用智能语音推动信息无障碍

2016年9月,中国残联联合住建部、教育部、公安部等机关部门发布《无障碍环境建设"十三五"实施方案》,进一步将信息交流无障碍建设纳入信息建设规划,要求推进影像制品、电视栏目加配字幕,推广在公共服务机构和公共场所为残疾人提供语音和文字提示等信息交流服务;加强信息无障碍通用产品、技术的研发、推广、应用,推进图书和声像资源数字化建设实现信息无障碍。科大讯飞积极利用自身的技术优势服务于解决残疾人、老年人的无障碍信息获取,并取得了一系列显著的成效。对于听障群体想要无障碍交流、知识学习、表达,可以把语音实时转成文字;对于视障群体想要读书、看报、上网冲浪、路途导航,可以把所有信息用语音播报,通过语音识别、语音合成、机器翻译。

为了帮助视障群体适应时代的变化、了解书籍知识,中国盲文出版社通过科大讯飞提供的核心语音技术,主持研发了新式阅读终端——阳光听书郎,这是一款支持电子书朗读、语音菜单导航的多功能便携硬件终端设备,利用科大讯飞的语音合成技术,不仅能够把TXT、DOC、HTML等格式的电子书用自然的真人语音效果朗读出来,而且支持普通话、粤语朗读切换,为视障群体带来便利。2015年底,科大讯飞推出针对聋哑人教育场景的智能会议系统——讯飞听见智慧语音转写课堂,有效弥补上述不足。通过在校园教室、会议室部署讯飞听见智能会议系统,将教师授课内容实时转写成文字呈现在教室屏幕上,便于学生理解教学内容,提高教师授课效率。2016年,科大讯飞隆重推出讯飞听见产品,并定做面向特教方向的"听见智能语音课堂",能够将老师教学发言实时、完整、有序地转成文字,在课堂上实时上屏、辅助学生更好地理解教学内容;对课程内容形成知识化管理,且文字与音频一一对应、全文检索,学生可以带走教学内容进行课后复习。不仅如此,讯飞听见系统还实现网络教学、电视节目直播的实时字幕,方便听障群体便捷地获取信息、学习知识，为聋哑人教育更是提供了极大便利。

四、我国信息无障碍建设发展趋势及政策建议

信息无障碍工作已经由单纯地为某个用户群体服务上升到创建全社会的信息无障碍环境。在信息多元化的今天，如何让具有不同年龄阶段、身体机能、语言文化背景的人在同一环境下都能平等、便捷、无障碍地获取和使用信息，成为信息无障碍理念所探讨和追求的核心；以移动互联网、物联网、大数据、云计算为代表的新一轮信息技术变革浪潮，给信息无障碍事业的发展带来了全新的机遇和挑战；跨行业开展的无障碍建设正在为人类生活环境带来全面的改善。

（一）发展趋势

（1）现有信息产品的无障碍优化

信息无障碍理念是国际上最先进的人文理念，它主张一切信息技术和产品要为人类提供终生服务，尤其是在一个人的身体机能因伤、因病、因年老而退化或缺失的状态下，信息技术和产品要能够继续为其服务，使得任何一个人都不会因为身体状况的变化而脱离未来高度信息化的社会生活。目前电脑、手机等个人终端设备是人们必不可少的信息通信工具，ATM取款机、自助售卖机、登机值机设备、无人商店等无人值守的公共设备普遍采用了信息化操作界面，网站、APP是各行各业向用户提供服务的信息窗口，人们在日常生活中处处要使用信息化的设备和信息化的服务。要保障所有人平等参与社会生活，就需要对现有的所有信息设备和信息服务进行无障碍优化，将信息无障碍理念融入到信息设备的开发和信息服务的运营中，才能构建残健融合的高度文明的信息化社会，为全体人民提供民生福祉和社会保障。

在我国的一些地区，公共服务窗口、无人值守自助设备的信息无障碍改造正在相继开展，各行各业将逐步落实以人为本的理念，为用户提供无障碍服务。目前，在金融行业，一些银行已经率先行动起来，为用户提供支持信息无障碍要求的公用自助终端（例如无障碍ATM取款机），有些终端可以支持读屏功能，帮助视障者在语音引导下完成操作；有些终端采用了低位操作界面，为乘坐轮椅的下肢伤残者使用设备提供了方便。在交通领域，一些城市采用了无障碍红绿灯，方便视障者根据声音指示穿过马路。在建筑行业，增加了信息无障碍规定的行业规范已经制定，相关要求（例如电梯的盲文按

键、语音报楼层、低位操控面板等要求）正在落实过程中，并在一些城市的主要建筑中开展了示范建设。在提供信息无障碍公共设施设备的同时，培养从业人员为障碍群体服务的意识和能力，建立健全相应服务应急预案，也逐步成为各行各业履行社会责任的自觉行动。

（2）高新智能信息技术进入无障碍领域

目前信息无障碍领域吸引了越来越多的高科技企业的关注，很多企业开始进行信息无障碍技术研究，信息无障碍理念正在推动着产品创新。信息无障碍产品不仅仅解决特殊人群的信息障碍问题，而且给每一个人带来了更多的便利。例如，服务于听障者的语音转文字功能，能够在不方便听的场景下帮助用户读取信息；服务于视障者的语音播报功能，能够在不方便看的场景下帮助用户使用地图导航；实时翻译功能，能够帮助人们在环球旅行时跨越语言障碍顺畅交流。信息技术的发展让人们有更多通用技术可以选择，人工智能、大数据等都可以作为障碍群体使用的辅助技术，在为特殊人群带来便利的同时，也会为所有人改善生活环境。

为了支持精准化、个性化服务，做好信息化支撑与保障服务，开展大数据研究工作、建设残疾人数据库被我国政府提上了议事日程。我国高度重视残疾人事业大数据和信息化建设，目前已建立了全国残疾人人口基础数据库，支持残疾人基本服务状况和需求信息数据动态更新机制，为助残特殊政策落实做依据。基于大数据，可方便实现残疾人无障碍供需对接。如：残疾人个体对轮椅、盲杖的需求都能在数据中体现，第三方可搭建对接平台，引导企业进行产品研发量产，方便残疾人选购。大数据信息的管理方在满足用户服务需求的同时，也可以对产品提供方的资质进行严格审核，对其数据访问权限进行严格管控，有效地保护残疾人的个人信息的私密性，避免网络信息欺诈给残疾人带来伤害。

（3）跨行业无障碍建设相互结合

无障碍设计在都市建筑、交通、公共环境设施设备中有所体现，如步行道上铺设的盲道，触觉指示地图，为乘坐轮椅者专设的卫生间、公用电话等。无障碍环境的建设是残障人士、老人、妇幼、伤病等相对弱势人群充分参与社会生活的前提和基础，是方便他们日常生活的重要条件，是精神文明和物质文明的集中体现。同时，也从一个侧面反映了一个社会文明的进步水平，对推动和谐社会的建设具有重要作用。目前国内外大型复杂建筑物在提供位置服务方面，主要采用人工指路、路标和信息亭等定位导航方式。但随着信息时代的到来，通过信息化手段将导航定位、移动互联网、云计算等技术融合形成的位置服务，应用于室内导航，通过信息标识手段，支持无障碍地图功能，对无障碍电梯、卫生间等无障碍设施进行标注，帮助障碍群体快速找到相关设施，为他们走出家门、步入社会创造更好条件。此外，传感器的使用很大程度上方便了建筑物的远程控制和自动控制，伴随着感应门、红外灯、智能门锁等应用的不断普及，智能楼宇和智慧社区的建设未来将极大推动建筑行业信息无障碍事业的发展。

在我国，公交车是人们日常出行使用较为频繁的交通工具之一，公交无障碍是城市环境无障碍化的重要保证。基于无障碍设计理念，在设施与道路上部署标准化标签，可以方便障碍群体识别环境；借助 GPS、AGPS 辅助定位、云计算、大数据技术，可实现无障碍导航 APP，提高出行便利性和安全性。此外，网约车的出现，结合语音识别技术、定位技术等，可方便人们远程约车；智能网联汽车、车联网的发展，将在出行领域更大程度地减少信息鸿沟，保障通行有序、安全、顺畅。随着新技术、新业务的不断更迭，加强信息无障碍技术的研究，不断推动适合残疾人、老年人等特定人群使用信息通信产品和服务的建设，让残疾人等特殊群体能够全面融入信息社会，缩小数字鸿沟，建设以人为本的包容性信息社会是开展无障碍建设的最终目的。

（二）政策建议

（1）细化相关法律法规关于信息无障碍的要求

20 世纪初，联合国就已经将信息无障碍列入行动纲领。万维网联盟（W3C）、国际电信联盟（ITU）等多家国际组织也出台了相应的技术标准，我国在实践中也参考借鉴了国际先进经验，特别是 W3CWAI 标准。我国国务院、工信部、中国残联也先后出台多部法规推动信息无障碍建设，随着技术的高速发展，现有的法规需要进一步完善。建议在《无障碍环境建设条例》中明确增加并细化信息无障碍内容，特别是针对移动互联网和人工智能物联网能够提出细化的操作要求，力争残障群体和老年人接入信息服务时，能够买得到、买得起、用得了、用得体面。同时，也建议相关部委能够出台时间表，要求政府机构、社会组织在信息服务上分阶段实现无障碍。建议设立中国信息无障碍贡献奖,表彰作出巨大贡献的单位和个人。

(2)政府和公共部门将信息无障碍列入相关采购标准

在信息无障碍的建设中,政府和公共部门是牵头人,对全社会有着风向标的示范效应。特别是在智慧城市建设上,不能因技术问题而让残障群体掉队。建议在政府和公共部门(如医院、地铁、公交、银行)提供的公共信息服务上,率先实现信息无障碍要求,如政府服务的应用程序能够达到手机无障碍要求;规范公交车的入站语音报站流程,加快公交车的服务数据化和辅助残障人士便利出行的应用的建设,如可考虑基于地理定位向残障人士的手机推送语音出行信息提示;银行的自助业务办理系统(自动柜员机、网站和应用程序)能够达到信息无障碍的基础要求等。建议政府部门在采购移动终端、智能硬件以及软件服务(网站、应用程序)时,能够将信息无障碍要求列入采购标准。

(3)制定人工智能物联网信息无障碍标准

人工智能物联网已经成为信息产业的新风口,我国已经建成全球最大的消费级物联网平台,接入智能硬件数量处于世界领先地位。基于人工智能物联网与智能硬件的联动,可以大大降低残障群体和老年人等群体接入信息社会的成本。比如视障及肢障群体通过语音交互的方式,借助智能音箱便利地完成启动扫地机器人、开启空调、获取文图视听资讯等操作。建议相关部委制定人工智能物联网的信息无障碍标准,对产品设计、硬软件结合进行通用性规范,达到残障群体与健全人可以同样使用产品的目标。同时,建议各地政府对残障人士购买智能音箱、智能灯具等能明确帮助残障人士提升生活水平的智能硬件给予相应的购买补贴。此外,将符合无障碍标准、能切实帮助残障人士的智能硬件纳入残疾人辅助器具名录,有助于让残障同胞更方便地享受万物互联带来的美好生活。建议统一残疾人数据标准和交换标准,让智能硬件厂商可以基于标准开发产品,从而推进全国残疾人大数据联网建设。

(4)鼓励企业积极投入信息无障碍建设

我国相关企业在信息无障碍建设方面已初具基础,而且人工智能物联网又提供了全新的发展机遇,但目前全产业链的建设并不完备。产业链的完备首先体现在产品、服务丰富度方面。信息无障碍对产品、服务有着非常丰富的多样化需求,如视障人士希望视觉信息可听可触,听障人士希望声音信息可视化，需要多方参与、满足多样的需求。更重要的是，在信息无障碍的建设上，企业是一线核心，主要涉及移动终端、应用程序、智能硬件、内容生产等多个维度，涵盖了信息产业全链条的诸多环节，环环相扣，缺少任何部分都会造成无障碍体验缺失。建议政府鼓励相关企业积极投入信息无障碍产业链，补齐服务缺失短板；在企业、机构自身产业链角色中，投入更多一线研发和运营资源，提高无障碍的开发优先级，特别是直接对接残障群体，倾听他们的需求；鼓励大企业分享开发经验，与政府及社会组织积极协作。同时，也建议政府对于成绩显著、有带头作用的企业能够给予专项资金、税费减免等扶持政策。

（5）鼓励全社会提供信息无障碍综合配套服务举措

信息无障碍是一个需要全社会参与的系统工程，教育机构是重要参与者，特别是在信息无障碍服务技能和意识的培养，以及产学研结合方向上有着不可替代的作用。建议在高等院校和科研机构的计算机、软件工程专业的开发课程中增加无障碍开发课时，在工业设计系增加通用设计课程；鼓励教育机构将信息无障碍列入通识教育；鼓励全社会提升信息无障碍意识，并提供综合配套服务举措。建议地方政府设置配套资金，用于给残障人士学习使用移动终端、智能硬件的学习培训。鼓励相关机构和企业积极参与国际相关标准制定，特别是在移动互联网、人工智能物联网等新领域输出中国经验。

第五章
无障碍环境治理的方式

党的十九大报告指出，要"打造共建共治共享的社会治理格局"，"提高社会治理社会化、法治化、智能化、专业化水平"①。2020年9月17日，习近平总书记在长沙主持召开基层代表座谈会上强调，"不断满足人民群众对美好生活的需要，必须保护好残疾人权益，残疾人事业一定要继续推动。无障碍设施建设问题，是一个国家和社会文明的标志，我们要高度重视"。②

推进我国"十四五"无障碍环境建设高质量发展，需要创新无障碍环境治理的方式，以社会化、法治化、智能化、专业化的治理手段，实现无障碍环境治理效能的提升。

第一节 推进无障碍环境治理的法治化建设

一、无障碍环境治理法治化建设现状

（一）国际无障碍环境治理法治化建设现状

国际层面对无障碍环境建设的规范主要是联合国《残疾人权利公约》（以下简称《公约》）。《公约》是联合国大会在2006年通过并开放供签字的第一部保护残疾人权利的具有法律约束力的综合性人权公约，其宗旨是促进、保护和确保所有残疾人充分和平等地享有一切人权和基本自由，并促进对残疾

---

① 习近平.决胜全面建成小康社会 夺取新时代中国特色社会主义伟大胜利——在中国共产党第十九次全国代表大会上的报告[EB/OL].（2017-10-27）.[2020-10-10].http://www.gov.cn/zhuanti/2017-10/27/content_5234876.htm.

② 张晓松，朱基钗，杜尚泽.坚守人民情怀，走好新时代的长征路——习近平在湖南考察并主持召开基层代表座谈会纪实[EB/OL].[2021-07-01].http://www.gov.cn/xinwen/2020-09/20/content_5544936.htm.

人固有尊严的尊重①。《公约》规定了缔约国在无障碍方面非常详细和全面的义务，对世界残疾人事业发展产生广泛而深刻的影响，其无障碍条款主要体现在第九条，包括以下两个方面：（1）为了使残疾人能够独立生活和充分参与生活的各个方面，缔约国应当采取适当措施，确保残疾人在与其他人平等的基础上，无障碍地进出物质环境，使用交通工具，利用信息和通信，包括信息和通信技术和系统，以及享用在城市和农村地区向公众开放或提供的其他设施和服务。（2）缔约国应当采取必要措施促进无障碍环境建设。②《公约》还在一般义务中对与无障碍环境建设密切相关的"通用设计"进行了规定：从事或促进研究和开发本公约第二条所界定的通用设计的货物、服务、设备和设施，以便仅需尽可能小的调整和最低的费用即可满足残疾人的具体需要，促进这些货物、服务、设备和设施的提供和使用，并在拟订标准和导则方面提倡通用设计。③

2008年全国人大常委会批准了《公约》，标志着我国接受《公约》的理念和精神，承诺履行《公约》规定的义务，推动无障碍建设达到更高水平。签署《公约》以来，我国积极践行《公约》精神，从立法层面逐步完成了《公约》规定的各项保障义务。

（二）我国无障碍环境治理法治化建设现状

我国是最早进行残疾人专门立法的国家之一。1991年5月，《中华人民共和国残疾人保障法》正式实施。随着经济社会的发展，文明程度的提高，我国越来越重视在法制层面促进公民无障碍权利保护，以2008年《残疾人保障法》修订和北京奥运会、残奥会的召开为标志，我国无障碍法治建设进入了新的发展时期。目前，我国已经形成以《残疾人权利公约》为国际规范，以《中华人民共和国宪法》为根本依据，以《中华人民共和国残疾人保障法》为基础，以《无障碍环境建设条例》为主导，以地方无障碍环境建设法规为主体，以相关法律法规为辅助，全面保障公民无障碍权利和促进无障碍环境

---

① 联合国.残疾人权利公约第一条宗旨［EB/OL］.［2021-02-20］. https://www.un.org/chinese/disabilities/convention/convention.htm.
② 联合国.残疾人权利公约第九条无障碍［EB/OL］.［2021-02-20］. https://www.un.org/chinese/disabilities/convention/convention.htm.
③ 联合国.残疾人权利公约第四条一般义务［EB/OL］.［2021-02-20］. https://www.un.org/chinese/disabilities/convention/convention.htm.

发展的法律体系。[①] 据统计，我国涉及无障碍环境建设的法律、行政法规和国务院部门规章已经达到40多部，地方性法规和地方政府规章数百部，涉及无障碍环境建设的标准规范几十部，为推动我国无障碍环境建设提供了有力的法治保障。总体上，我国已经基本建立了无障碍环境建设组织管理体系，依法全面系统开展无障碍环境建设取得显著成效，保障了人民群众特别是残疾人、老年人合法权益，促进了城乡建设水平提高和社会文明进步，[②] 城市无障碍化格局基本形成。

无障碍法规的完善是现代无障碍环境建设的重要内容，是所有社会成员尤其是弱势群体参与社会生产生活的物质和制度保障。我国无障碍法治建设致力于实现对残疾人等社会成员的社会补偿，促进残疾人可以在平等基础上参与社会生活。自2012年《无障碍环境建设条例》（以下简称《条例》）实施以来，"无障碍"已经从残疾人专用品发展到通用设计全员使用，无障碍设施建设的内容也已由单纯的物质环境建设过渡到全方位的社会环境建设，从有形的公共设施、道路交通、建筑发展到无形的制度、公共意识、行为习惯等。

本节将系统梳理我国无障碍法治建设发展历程，总结我国无障碍法治建设取得的成绩，分析存在的问题，提出改进的思路建议。

无障碍法治包含的内容非常丰富，本报告将从以下几个层面分别阐述我国无障碍法治建设取得的进展。

（1）政策法规体系

①法律层面

国内法治系统中，与无障碍环境建设相关的法律很多，作为根本大法的《中华人民共和国宪法》主要从保障基本人权的角度，明确残疾人在各方面享有与其他公民同等的权利，规定国家和社会帮助安排残疾人的劳动、生活和教育。[③]

[①] 孙友然，凌亢，白先春.《残疾人蓝皮书：中国残疾人事业发展报告（2019）》内容解读［J］.现代特殊教育，2020（02）：58.

[②] 住房和城乡建设部.住房和城乡建设部等5部门通知要求开展无障碍环境市县村镇创建［EB/OL］.［2021-02-20］. http://www.mohurd.gov.cn/zxydt/201811/t20181116_238408.html.

[③] 中华人民共和国宪法［EB/OL］.［2021-02-20］. http://www.xinhuanet.com/politics/2018lh/2018-03/22/c_1122572202_4.htm.

1990年12月28日，《中华人民共和国残疾人保障法》发布，成为无障碍环境建设基础依据。该法旨在维护残疾人的合法权益，发展残疾人事业，保障残疾人平等地充分地参与社会生活，共享社会物质文化成果，对无障碍环境做出了明确的规定，其中第七章环境部分第四十六条单列出对于无障碍设施的相关规定。2008年，对《中华人民共和国残疾人保障法》进行了修订，第七章标题由原来的"环境"变为"无障碍环境"，包括第五十二至第五十八条共八条条款，对无障碍环境建设的内容进行了全面的规定，涉及无障碍设施的建设、信息交流无障碍、无障碍辅助设备研制和开发、导盲犬携带、残疾人公共服务及政治参与等内容，增强了法律的明确性和可执行性。

1996年8月，《中华人民共和国老年人权益保障法》颁布，该法第三章社会保障部分第三十条明确"新建或者改造城镇公共设施、居民区和住宅，应当考虑老年人的特殊需要，建设适合老年人生活和活动的配套设施"[①]。《中华人民共和国老年人权益保障法》自颁布以来，历经2009年、2015年、2018年三次修正，现行《中华人民共和国老年人权益保障法》明确提出"为老年人创造无障碍居住环境"，在"第六章宜居环境"中对无障碍设施工程的建设标准、维护及改造进行了规定。

2017年3月1日，《中华人民共和国公共文化服务保障法》正式实施，第十七条明确了公共文化设施的设计和建设应当配置无障碍设施设备。[②]2018年1月1日，《中华人民共和国公共图书馆法》正式施行，该法第三十四条规定政府设立的公共图书馆应当考虑老年人、残疾人等群体的特点，积极创造条件，提供适合其需要的文献信息、无障碍设施设备和服务等[③]。

②行政法规层面

在行政法规层面，我国有多项行政法规涉及无障碍环境建设问题。2003年6月，国务院发布《公共文化体育设施条例》，该条例第十二条规定公共文

---

① 中华人民共和国老年人权益保障法（1996年8月29日第八届全国人民代表大会常务委员会第二十一次会议通过）[EB/OL].[2021-02-20]. http://www.people.com.cn/item/faguiku/mzhshw/K1080.html.

② 中华人民共和国公共文化服务保障法[EB/OL].[2021-02-20]. http://zwfw-new.hunan.gov.cn/hnvirtualhall/zcwj/detail.jsp?xh=A6B2373E1E68CAE7E053651515AC88DA.

③ 中华人民共和国公共图书馆法[EB/OL].[2021-02-20]. http://www.gov.cn/xinwen/2017-11/05/content_5237326.htm.

化体育设施的设计,应采取无障碍措施,方便残疾人使用①。

2012年,国务院颁布实施了《无障碍环境建设条例》,条例的出台具有里程碑意义,标志着我国无障碍环境建设进入了全新的发展阶段,为依法全面、系统开展无障碍环境建设提供了法制保障。《条例》明确了"创造无障碍环境,保障残疾人等社会成员平等参与社会生活"②的立法目的,明确了无障碍环境建设的含义,即"为便于残疾人等社会成员自主安全地通行道路、出入相关建筑物、搭乘公共交通工具、交流信息、获得社区服务所进行的建设活动"③。《条例》"在新建设施严格执行无障碍标准、实施鼓励措施加快既有设施的无障碍改造、无障碍信息交流、无障碍社区服务、法律责任等多方面取得了突破"④。为配合做好《条例》的学习、宣传和贯彻落实工作,国务院法制办公室、住房和城乡建设部、工业和信息化部与中国残疾人联合会共同组织编写了《无障碍环境建设条例释义》,对《条例》进行了逐条解读。⑤

此外,2017年2月修订的《中华人民共和国残疾人教育条例》提出,县级以上地方人民政府及其教育行政部门应当逐步推进各级各类学校无障碍校园环境建设。2017年7月施行的《残疾预防和残疾人康复条例》要求,康复机构应当具有符合无障碍环境建设要求的服务场所以及与所提供康复服务相适应的专业技术人员、设施设备等条件。

③国务院部门规章层面

包括建设部、中国残联、民政部、教育部、铁道部、民航局等很多部门在内的国务院部门,发布了很多涉及无障碍环境建设的规章制度,这些规章为各自领域内无障碍环境建设的发展提供了具体的指导和要求。

国务院部门规章主要有1998年的《关于做好城市无障碍设施建设的通知》《方便残疾人使用的城市道路和建筑物设计规范》,1999年的《关于发布行业标准〈老年人建筑设计规范〉的通知》,2009年实施的《残疾人航空运输办法》,完善了我国民航现行法规政策的规定。《残疾人航空运输办法》在2015

---

① 公共文化体育设施条例[EB/OL].[2021-02-20].http://www.gov.cn/zwgk/2005-05/23/content_157.htm.

②③ 无障碍环境建设条例[EB/OL].[2021-02-20].http://www.gov.cn/flfg/2012-07/10/content_2179947.htm.

④ 祝长康.全面推进我国的无障碍环境建设[J].标准生活,2018(10):23.

⑤ 维权部.《无障碍环境建设条例释义》出版[J].中国残疾人,2012(08):16.

年进行了修订，进一步规范了残疾人航空运输的管理和服务，为残疾人乘机出行提供了较为规范和细致的规则和流程。

2015年《视力残疾旅客携带导盲犬进站乘车若干规定（试行）》出台，规定从2015年5月起盲人可携带导盲犬乘火车。2017年4月，《残疾人参加普通高等学校招生全国统一考试管理规定》实施，为残疾人参加高考提供无障碍合理便利。2018年民政部等四部门印发《残疾人服务机构管理办法》，明确了残疾人服务机构应当按照国家有关规定建立完善无障碍环境等管理制度。

④地方性法规层面

由于地市级层面的法规过于繁杂，本节只研究省级层面有关无障碍环境建设的立法情况。

我国目前专门针对无障碍环境建设而设立的省级地方性法规只有两项，一项是北京市2004年发布的《北京市无障碍设施建设和管理条例》，是我国第一部促进城市无障碍环境建设的地方法规。该法规规定了无障碍设施建设和管理的主要内容，明确了政府相关部门的责任与义务，对无障碍设施建设的规划、设计、施工、监理、验收、维护、管理等都提出了具体要求。另一项是甘肃省2010年发布的《甘肃省无障碍建设条例》。这两项地方性法规都是在《无障碍环境建设条例》之前发布的，对于推动我国无障碍环境建设的立法进程进行了积极的探索，为《无障碍环境建设条例》的出台提供了借鉴。

《中华人民共和国残疾人保障法》和《中华人民共和国老年人权益保障法》是和无障碍环境建设密切相关的两项法律，为了结合地方实际切实落实这两项法律的内容，促进我国残疾人和老年人权益保障的发展，我国所有省份都出台了相应的地方性法规。与上位法相同，这些地方法规中也都包含了无障碍环境建设的内容，促进了无障碍环境建设的发展。根据司法部网站法律法规数据库查询可知，截至目前，已经颁布残疾人保障和老年人权益保障相关地方性立法的情况如表5-1-1和表5-1-2所示。因为很多省份都已经对原有规定进行了多次修正，或是颁布了新的规定，所以表中年份是指颁布或最新修正的时间。

表 5-1-1 《中华人民共和国残疾人保障法》相关地方性法规

序号	省份	名称	年份
1	广东	广东省实施《中华人民共和国残疾人保障法》办法	2018
2	上海	上海市实施《中华人民共和国残疾人保障法》办法	2017
3	湖南	湖南省实施《中华人民共和国残疾人保障法》办法	2017
4	山东	山东省实施《中华人民共和国残疾人保障法》办法	2017
5	海南	海南省实施《中华人民共和国残疾人保障法》办法	2016
6	贵州	贵州省残疾人保障条例	2014
7	西藏	西藏自治区实施《中华人民共和国残疾人保障法》办法	2013
8	吉林	吉林省残疾人保障条例	2013
9	江西	江西省实施《中华人民共和国残疾人保障法》办法	2013
10	云南	云南省残疾人保障条例	2012
11	河南	河南省《残疾人保障法》实施办法	2012
12	湖北	湖北省实施《中华人民共和国残疾人保障法》办法	2012
13	四川	四川省《中华人民共和国残疾人保障法》实施办法	2012
14	内蒙古	内蒙古自治区实施《中华人民共和国残疾人保障法》办法	2012
15	陕西	陕西省实施《中华人民共和国残疾人保障法》办法	2012
16	甘肃	甘肃省残疾人保障条例	2012
17	新疆	新疆维吾尔自治区实施《中华人民共和国残疾人保障法》办法	2012
18	天津	天津市残疾人保障条例	2012
19	广西	广西壮族自治区实施《中华人民共和国残疾人保障法》办法	2012
20	江苏	江苏省实施《残疾人保障法》办法	2012
21	安徽	安徽省残疾人保障条例	2011
22	福建	福建省实施《中华人民共和国残疾人保障法》办法	2011
23	重庆	重庆市残疾人保障条例	2011
24	辽宁	辽宁省实施《中华人民共和国残疾人保障法》办法	2011
25	北京	北京市实施《中华人民共和国残疾人保障法》办法	2011
26	青海	青海省残疾人保障条例	2011

续表

序号	省份	名称	年份
27	黑龙江	黑龙江省残疾人保障条例	2011
28	河北	河北省实施《中华人民共和国残疾人保障法》办法	2011
29	宁夏	宁夏回族自治区实施《中华人民共和国残疾人保障法》办法	2010
30	山西	山西省残疾人保障条例	2010
31	浙江	浙江省残疾人保障条例	2009

表 5-1-2 《中华人民共和国老年人权益保障法》相关地方性法规

序号	省份	名称	年份
1	四川	四川省老年人权益保障条例	2018
2	河北	河北省老年人权益保障条例	2018
3	河南	河南省老年人权益保障条例	2018
4	重庆	重庆市老年人权益保障条例	2017
5	黑龙江	黑龙江省老年人权益保障条例	2017
6	湖北	湖北省实施《中华人民共和国老年人权益保障法》办法	2017
7	广东	广东省老年人权益保障条例	2017
8	福建	福建省老年人权益保障条例	2017
9	辽宁	辽宁省老年人权益保障条例	2016
10	江西	江西省实施《中华人民共和国老年人权益保障法》办法	2016
11	上海	上海市老年人权益保障条例	2016
12	安徽	安徽省实施《中华人民共和国老年人权益保障法》办法	2016
13	贵州	贵州省老年人权益保障条例	2016
14	山西	山西省实施《中华人民共和国老年人权益保障法》办法	2016
15	湖南	湖南省实施《中华人民共和国老年人权益保障法》办法	2015
16	甘肃	甘肃省老年人权益保障条例	2015
17	吉林	吉林省老年人权益保障条例	2015
18	陕西	陕西省实施《中华人民共和国老年人权益保障法》办法	2014
19	山东	山东省老年人权益保障条例	2014

续表

序号	省份	名称	年份
20	宁夏	宁夏回族自治区老年人权益保障条例	2011
21	江苏	江苏省老年人权益保障条例	2011
22	广西	广西壮族自治区保护老年人合法权益的规定	2010
23	浙江	浙江省实施《中华人民共和国老年人权益保障法》办法	2009
24	云南	云南省老年人权益保障条例	2007
25	海南	海南省实施《中华人民共和国老年人权益保障法》若干规定	2006
26	西藏	西藏自治区实施《中华人民共和国老年人权益保障法》办法	2005
27	内蒙古	内蒙古自治区实施《中华人民共和国老年人权益保障法》办法	2003
28	青海	青海省老年人权益保障条例	2002
29	新疆	新疆维吾尔自治区保护老年人合法权益条例	1999
30	天津	天津市实施《中华人民共和国老年人权益保障法》办法	1998
31	北京	北京市老年人权益保障条例[①]	1995

地方法规与国家无障碍环境建设相关的法律法规衔接配套，是贯彻实施国家法律的具体规定，完善了我国无障碍环境建设的法律体系，促进了我国无障碍环境的发展。在内容上，地方法规都坚持了《中华人民共和国残疾人保障法》和《中华人民共和国老年人权益保障法》的基本原则精神，并且使法律中原则性的规定具体化，增强操作性，结合本地区经济社会发展、残疾人和老年人权益保障发展的实际情况，成为推动地方残疾人和老年人权益保障发展，维护残疾人、老年人参与社会生活权益的重要保障。

⑤地方政府规章层面

在《无障碍环境建设条例》颁布以后，为促进地方政府尽快出台配套法规，并保证地方立法的专业性和科学性，我国残联发布了《关于切实贯彻落实〈无障碍环境建设条例〉加快推进无障碍环境建设的通知》（残联〔2012〕97号），以附件形式，提供了《地方无障碍环境建设条例（规定）》（主要条款

[①] 北京由于较早地进入老龄化社会，所以政府对老年人权益保障问题非常重视，在国内较早地出台了老年人权益保障条例，北京曾与2013年开展过对条例的修订工作，但至今未出台修订后的条例。

参考文本），以供各地方立法时加以参考。但时至今日，我国省级政府在出台《无障碍环境建设条例》配套规章方面，情况不尽如人意，虽然有不少省份都制定了有关无障碍环境建设的地方政府规章，尤其是在《无障碍环境建设条例》颁布以后，很多省份都对本省的规章进行了修正，仍有不少省份未出台相关规章。地方规章的制定和施行能够进一步完善无障碍环境建设的法律法规体系，为科学、规范、系统推进实际的建设提供了切实有力指导和保障。根据司法部网站法律法规数据库查询结果，无障碍环境建设地方政府规章情况如表 5-1-3 所示。

表 5-1-3 无障碍环境建设地方政府规章

序号	省份	名称	年份
1	上海	上海市无障碍环境建设与管理办法	2021
2	湖南	湖南省无障碍环境建设管理办法	2020
3	安徽	安徽省无障碍环境建设管理办法	2019
4	宁夏	宁夏回族自治区无障碍环境建设管理办法	2019
5	山东	山东省无障碍环境建设办法	2019
6	湖北	湖北省无障碍环境建设管理办法	2018
7	天津	天津市无障碍设施建设和管理办法	2018
8	浙江	浙江省实施《无障碍环境建设条例》办法	2018
9	河南	河南省无障碍环境建设管理办法	2018
10	内蒙古	内蒙古自治区无障碍建设管理办法	2018
11	江西	江西省无障碍环境建设办法	2017
12	福建	福建省无障碍设施建设和使用管理办法	2017
13	辽宁	辽宁省无障碍环境建设管理规定	2017
14	广东	广东省无障碍环境建设管理规定	2016
15	吉林	吉林省无障碍环境建设管理办法	2016
16	山西	山西省实施《无障碍环境建设条例》办法	2015
17	陕西	陕西省实施《无障碍环境建设条例》办法	2015
18	河北	河北省无障碍环境建设管理办法	2013

（2）标准规范体系

随着国家经济实力的增强，文明程度的提高以及人文设计理念的深入，作为无障碍环境建设实施层面的技术参考，无障碍环境技术标准对于无障碍环境的建设越来越重要，可以有效针对治理和解决无障碍环境建设中存在的不规范、不系统和不实用等问题，指导和帮助无障碍环境建设做得更加细致到位。我国非常重视无障碍环境技术标准的建立，目前，我国已经建立了比较完整的无障碍环境技术标准体系。1989年4月，我国第一部无障碍建设方面的规范JGJ 50-88《方便残疾人使用的城市道路和建筑物设计规范（试行）》正式颁布，明确了政府相关部门责任，这是我国首部无障碍建设技术标准，标志着我国无障碍设施建设工作走上正规化。1998年对这一规范进行了修订。2001年6月JGJ 50-2001《城市道路和建筑物无障碍设计规范》发布，同年8月1日开始执行，替代原JGJ 50-88设计规范。这部规范不仅对建设范围、建设标准、建设要求做了更加明确的规定，并将其中的24条内容列入国家强制性标准的条文，规定必须执行。到了2009年，对无障碍规范再次进行了修订，扩大了建筑类型以及无障碍设施的类型，增加了城市绿地、历史文物保护建筑改造、信息交流无障碍的内容，并将名称变更为GB 50763-2012《无障碍设计规范》，上升为国家标准，于2012年9月1日实施。这对于进一步规范我国无障碍建设具有重要意义，为开展无障碍环境建设提供了技术指导和支持。这一国标中，使用"有无障碍需求者"主体的表述，以替代"残疾人"的表述，使得规范适用的主体范围也更为宽泛。

除了无障碍环境建设国家标准以外，各行业部门也都对无障碍环境技术标准制定工作十分重视，制定了许多本行业的无障碍技术标准。主要有《民用机场旅客航站区无障碍设施设备配置标准》（2000年发布）、《建筑无障碍设计标准图集》（2003年发布）、《铁路旅客车站无障碍设计规范》（2005年发布）、《网站无障碍》（2006年发布）、《网络设计无障碍技术要求标准》（2008年发布）。为了正确地引导残疾人方便自如地使用无障碍服务设施，2008年，我国标准化研究院根据相关部门和残疾人的实际需求制定了GB/T 10001.9-2008《标志用公共信息图形符号第9部分：无障碍设施符号》，规定了15个无障碍设施图形符号，适用于各类公共场所、运输工具和其他服务设施，成为我国首个专门为残疾人、老年人、伤病人等弱势群体制定的图形符号国家标准。

除此之外，我国还先后发布了《老年人建筑设计规范》（JGJ 122-99）、《老年人居住建筑设计标准》（GB/T 50340-2003）、《特殊教育学校无障碍设计规范》（JGJ 76-2003）、《无障碍设施施工验收及维护规范》（GB 50642-2011）、《养老设施建筑设计规范》（GB 50867-2013）、《公共建筑标识系统技术规范》（GB 51223-2017）、《老年人照料设施建筑设计标准》（JGJ 450-2018）、《银行无障碍环境建设标准》（T/CBA 202-2018）、《铁路旅客车站设计规范》（TB 10100-2018）等标准规范，使我国的无障碍环境建设标准体系日益健全和完善。

此外，无障碍环境建设已成为检察机关公益诉讼的新内容。2021年5月14日，中国最高人民检察院同中国残疾人联合会共同发布了检察机关无障碍环境建设检察公益诉讼的典型案例。[①]

作为国家监督体系的重要组成部分，检察机关行政公益诉讼突出问题导向，对于督促相关行政机关作为无障碍设施的主责单位监管纠正无障碍环境建设违法问题，切实提升无障碍设施质量起到重要作用。

二、无障碍环境治理法治化建设存在的不足

相对发达国家和我国对无障碍环境的需求来说，我国无障碍环境法治建设起步比较晚，近年来虽然取得了很大进展，但仍然存在不少问题需要解决。

（一）立法理念有待革新

无障碍环境法治建设应该积极营造适合所有社会成员共同参与的社会环境，而我国目前无障碍环境建设的立法理念主要是服务残疾人等特殊群体，致力于给残疾人等特殊群体提供一个无障碍的生活环境。这种理念有两方面的局限。首先，在这种理念指导下，公众无法意识到无障碍环境是为全体成员服务的。其次，将残疾人视为被"救济的对象"，会引起反向歧视（Reverse Discrimination）问题，造成对残疾人的不合理差别对待。

（二）《无障碍环境建设条例》地位需要提升

我国自《无障碍环境建设条例》（以下简称《条例》）实施以来，各地无障碍建设与管理的法规、规章以及各种技术标准相继出台，我国无障碍建设

---

① 法制视界. 最高检和中国残联联合发布无障碍环境建设检察公益诉讼典型案例［EB/OL］.［2021-02-20］. https://baijiahao.baidu.com/s?id=1699762601613625699&wfr=spider&for=pc.

初步实现了"有法可依",但是《条例》本身的定位需要进一步反思。

首先,《条例》作为我国无障碍环境建设领域最重要的规范,本身只是行政法规,并不是法律,对于推进无障碍环境建设的权威性有所欠缺。

其次,"单行立法"模式不利于无障碍建设法规的有效实施。[①]目前,我国公共设施建设或改造领域采用单行立法模式,主要以《建筑法》《建设工程质量管理条例》《城市道路管理条例》以及相关设计规范为法律依据。而这些法律规范在《条例》出台后并未及时修订,没有将无障碍建设的要求包含在内,这种孤立的单行立法模式,缺乏相关法律制度的配套修订,使得对这种强制性规范要求缺乏依据。[②]

(三)法规可操作性需要加强

总体来看,《条例》中的规定都比较倾向宏观和抽象,内容有一定的局限,且缺乏系统的、立体化的实施细则,使这些规定只能停留在宏观的政策层面,降低了立法水平和法律效力,导致法律可操作性不强。同时,《条例》和无障碍环境技术标准还没有紧密衔接起来,《条例》中框架性、原则性的规定缺乏相应标准给予支撑;无障碍标准是具体的、可操作性的,但其缺乏法律的强有力支持。因此《条例》和无障碍环境技术标准的具体实施都面临一些现实困难,导致行政部门相互推诿,执行不到位,无障碍设备产品不符合标准,无障碍设施未得到有效管理和维护等问题的出现。

(四)法律权利救济措施需要完善

完善相应的权利救济机制是法律法规有效执行、权益合法保障的必要条件。关于残疾人合法权益的救济措施,我国法律规定了申诉、仲裁和诉讼三种方式。然而,这些救济方式对于法律明确列举的残疾人劳动就业保护权、社会福利和物质帮助获得权、精神文化生活保障权等较为有效,而无障碍法规中对于无障碍权的救济现实中难以上升到司法层面给予落实。侵权救济方面的相关规定的模糊和缺失,在导致对残疾人无障碍生活利益保护的力度和实效性不足外,也不利于残疾人在遭受侵害时选择用法律手段来维护自身合法权益,不利于残疾人这一弱势群体权利意识的觉醒。

从监管角度看,我国无障碍法规在执行过程中,执法主体的执行行为缺

---

①②全国政协"无障碍环境建设"双周协商座谈会发言摘登(上)[EB/OL].[2021-02-25]. http://www.rmzxb.com.cn/c/2017-06-12/1587673_5.shtml.

乏有效的监督机制，负有法定监管权利与义务的行政机关在监管职责上缺乏有效的制度支持。比如作为建筑物重要组成部分的无障碍设施，理应在整个建设过程中受到相关执法部门的监督管理，然而由于现实中这一方面缺乏具体的监督管理制度，法律责任追究的标准不明确，相关执法部门无法实施有效的监管，导致相关部门对违法主体的处罚缺乏依据，各部门之间相互推诿，法律责任不明，无法有效问责和救济。

从法律条文表述来看，我国无障碍法规中，有关法律责任部分不是很明晰，只规定了行为模式未规定行为后果，致使违法责任淡化。《残疾人保障法》均以"……应当……"这一"应为"模式规定国家和社会对残疾人无障碍环境应负的责任和义务，而在"法律责任"中只规定残疾人的合法权益受到侵害的，可以向残疾人组织投诉或依法向人民法院提起诉讼。这些条款虽然明确规定应当为残疾人创造无障碍环境以使其充分平等地参与社会生活，但是缺乏相应的法律责任救济措施。《无障碍环境建设条例》对无障碍建设的负责人、维护维修责任人进行了明确，在一定程度上对相关责任主体的法律责任进行了完善，但是，无障碍的检查评估机制依然缺位。《条例》对已建成无障碍设施的改造维护方面进行了强调，然而存在执法强度不高的问题，对于依法处罚的责任的规定非常笼统。

（五）地方无障碍立法有待加强

从地方立法推进无障碍环境建设的角度看，主要存在三个问题。

首先，地方立法层次较低。据前文可知，目前只有北京和甘肃两地出台了无障碍环境建设的地方法规，其他绝大多数省份都是以政府规章的形式来规定无障碍环境建设的要求，其法律效力低于地方法规，推进地方无障碍环境建设的权威不足。

其次，由表5-1-3可知，我国目前仍有黑龙江、江苏、广西、海南、重庆、四川、贵州、云南、西藏、新疆等12个省份未出台地方专门针对无障碍环境建设的法规和规章，这对于结合本地实际推进当地无障碍环境建设非常不利。

第三，内容雷同，地方特点体现不明显。许多地方性的无障碍环境的法规复制粘贴上位法《无障碍环境建设条例》，并没有结合地方具体情况进行细化的更具有操作性的工作。

三、无障碍环境治理法治化建设构想

立法是促进无障碍环境建设和保障残疾人无障碍权利最为有效的方法和途径，我国需要推动无障碍环境建设的立法进程，力争实现无障碍环境建设工作机制及法规、规章、标准体系进一步健全，进而使无障碍设施覆盖面进一步扩大，无障碍环境建设水平明显提升，全社会关心、支持、参与无障碍环境建设与维护的社会氛围不断增强。

（一）转变立法理念

转变立法理念是推进无障碍环境的立法进程的首要任务。首先，应明确无障碍环境的适用对象不仅仅限于残疾人，而是全体社会公众，要使社会公众认识到自己即使不是残疾人，在生命的某个时段或者某种情景下也可能需要无障碍设施，从而更为自觉参与无障碍环境建设。因此，无障碍环境是为所有社会成员服务的平等、便捷的优质生活环境，要大力提倡通用设计理念，促使全社会所有成员关心、支持无障碍环境建设。

其次，应该明确残疾人具有充分平等地参与社会生产生活的权利，确定无障碍法规制定的目的是保障残疾人平等享有社会权利的实现。要在无障碍环境建设立法中确立平等理念，以平等理念作为无障碍立法工作的指导，以保障残疾人获得与健全人同等的生活和工作权利为目标，转变只把对残疾人当作"残疾人"的"同情"和"救助"观念。从仅仅局限于服务残疾人，转变为积极赋予残疾人平等参与社会的权利，在赋予残疾人平等社会权利的同时，建立全体社会成员全面参与社会生活的适宜环境。

（二）提高立法效力

首先，将《无障碍环境建设条例》升格为《无障碍环境建设法》。我国参加的有关国际公约、制定的人权行动纲领和国内的政策、法规，已显示出制定无障碍单行法律的条件已然具备，可以考虑升格为单行法律，从高位阶单行法律对无障碍权进行规范与确认。美国、德国在此方面的立法实践与经验可以为我们提供较好的参考与借鉴。

其次，无障碍立法要有前瞻性，推进立法先行。所谓立法先行，就是针对可能的无障碍建设问题，进行先行立法来规范，避免立法滞后性所带来的问题。

第三，将无障碍环境建设纳入国家整体法制化建设轨道，采取"嵌入式"立法方式，推进无障碍法规逐步完善。所谓"嵌入式"立法是通过补充、修订现行法律法规，将相关制度包含在其他法律的条款中，更有利于法律的实施。建议在《条例》基础上，尽快梳理《建筑法》《建设工程质量管理条例》等现行法规进行"嵌入式"修订，明确无障碍建设的规范标准和要求，并确立违反规范的惩罚机制。

（三）强化执行效果

以法律的形式将残疾人无障碍权利确认下来仅仅完成了权利保护的第一步，为把法律权利向实有权利进行转变，必须严格按照法律职权与程序，实施法律活动，这就需要强化无障碍法规的可操作性。因此，无障碍法规应明确规定各行政机关的执法范围，安排具体的可操作的实施机制，避免因边界权力和职责模糊造成行政冲突，进而明确政府相关职能部门职责，保证无障碍环境的设计、审批、验收检查及监督管理的强制执行。此外，无障碍法规应该对侵害残疾人无障碍权利的相关责任构成进行规定，否则连残疾人自身在其权益受到侵害时都不自知，更无法使其他社会主体预测自己行为的正当性。

应加强《无障碍环境建设条例》和无障碍环境技术标准的相互衔接，形成合力，以便相互促进，相互推动，为无障碍环境的构建提供法律和技术标准上的双重支持，做到既为无障碍设计提供相应的标准支持和法律约束，又为司法实践提供相应的尺度参考。同时，要根据科技发展和实践过程中的情况，对相关法规和技术标准进行修改和完善，如网络设计无障碍技术标准，就要根据信息技术的迅猛发展而作必要的更新和升级。

（四）完善保障措施

任何权利，要达到充分与真实的地步，都应包含充分的防御、受益和救济三大基本权能。[1] 权利救济包括私力救济和公力救济，其中最为有效的是公力救济中的司法救济。为了保障无障碍权利必须完善司法救济程序，无障碍法规不仅应将无障碍权的保障纳入人民法院的受案范围，而且也应赋予残疾

---

[1] 周志华.残疾人无障碍通行权实施现状及对策研究——基于成都市的调查[J].广西政法管理干部学院学报，2009（06）：50.

人组织相应的诉讼地位，确保残疾人诉讼权的有效行使。[①]此外，还应尽快制定无障碍环境建设监察和评估机制，来协调政府各职能部门全面推进无障碍环境建设，保证无障碍环境建设的法律、法规及标准的贯彻实施。[②]

无障碍环境建设需要规划、建设、交通、教育、通信等多个相关部门协同完成，要明确无障碍设施的建设、管理和维护的责任主体，明确各相关部门的行政职责，规定各个行政部门的具体分工和执法范围，同时明确违法违规的处罚，提升责任追究的可执行性。

（五）健全地方立法

在完善地方立法方面，国家首先应督促未出台无障碍环境建设地方法规的省份，尽快出台相应法规。

地方无障碍法规的制定应避免下位法与上位法的相抵触或不一致的情况。更为重要的是，在内容上，地方立法要结合本地区经济社会发展、城乡建设和无障碍环境建设发展的实际情况以及残疾人面临的突出困难和问题制定更为具体的，更具可操作性的法规，力求有所突破、有所创新。

第二节 推动无障碍环境治理的社会化建设

治理的社会化内涵，强调多元主体之间在社会公共事务上的多向度的合作共治，既包括公民的自我管理与自治，也包括政府的管理，以达成对社会公共事务的有效治理。

新时代推动无障碍环境治理的社会化建设，目的在于发挥整个社会化服务体系的优势，提高无障碍环境治理的社会实效。目前来看，我国无障碍环

[①] 周志华. 残疾人无障碍通行权实施现状及对策研究——基于成都市的调查[J]. 广西政法管理干部学院学报，2009（06）：50，59.
[②] 李炜冰. 无障碍环境建设中的政府责任[J]. 苏州大学学报（哲学社会科学版），2010（02）：29.

境建设格局存在政府主导有余，而市场和社会力量参与不足的问题。实现无障碍环境高质量的发展应当逐步重视自下而上的多元参与，激发和调动社会多元主体的主体性与积极性。

一、无障碍环境治理社会化建设现状

（一）政府积极主导，治理的目标、原则在逐渐捋清，顶层设计在逐渐形成

我国政府高度重视无障碍环境建设，不断引领无障碍环境建设与经济社会和社会文明同步发展。近年来，无障碍环境治理的目标、原则在逐渐捋清。2008年我国新修订的《残疾人保障法》中单设"无障碍环境"一章明确规定"国家和社会应当采取措施，逐步完善无障碍设施，推进信息交流无障碍，为残疾人平等参与社会生活创造无障碍环境。各级人民政府应当对无障碍环境建设进行统筹规划，综合协调，加强监督管理"，提出了无障碍环境治理的目标。2012年颁布的《无障碍环境建设条例》是落实《残疾人保障法》的重要行政法规，在第一条无障碍环境建设的目标的阐述上，明确为"为了创造无障碍环境，保障残疾人等社会成员平等参与社会生活"，并且提出了更为具体的组织实施要求，是无障碍法律法规建设的重要一步。地方政府进一步以《条例》为依据，制定实施的办法，截至2017年，全国共出台了451个省、地市、县级无障碍建设与管理法规、规章和规范性文件[①]，且近几年还在增加。在这些办法中，有一点变化值得注意。2018年12月31日起施行的《浙江省实施〈无障碍环境建设条例〉办法》第一条指出建设的目标是"为了创造无障碍环境，保障残疾人、老年人等社会成员平等参与社会生活"。2021年3月《上海市无障碍环境建设与管理办法》第一条目的和依据指出：为了创造更高水平的无障碍环境，保障残疾人、老年人等社会成员平等参与、共享高品质生活，提升城市温度和文明程度，展现国际大都市形象[②]。在浙江、上海的办法中，老年人在无障碍环境建设的目标中被强调出来，这是一个观念的进步。

---

① 中国残联.2017年中国残疾人事业发展统计公报.残联发〔2018〕24号［EB/OL］.［2021-03-15］. http://www.gov.cn/xinwen/2018-04/26/content_5286047.htm.
②《上海市无障碍环境建设与管理办法》(沪府令45号)［EB/OL］.［2021-03-15］. https://www.shanghai.gov.cn/nw12344/20210408/5454bb4b76624498a6a54cc3d5e4892e.html.

然而，还需要明确的是，无障碍环境的建设并不仅仅是专为残疾人而准备，而是有利于全体社会成员，由全部社会成员共享。每个个体，在生命的不同阶段，不同场合都会遇到障碍的时刻，如孕妇、推婴儿车的家长、拉行李的旅客、病人等。残疾人是无障碍的先行者，而无障碍的受益者是社会的每一个成员。这一点在目标的阐述上应该得到更加清晰的体现。

因此，服务于所有人的通用设计的理念在国家层面的《无障碍环境建设条例》中可以见到，在总则第六条规定"国家鼓励、支持采用无障碍通用设计的技术和产品"。而且，同期2012年出台的国家标准《无障碍设计规范》，"通用设计的理念因地制宜地贯彻"[①]到编制中。通用设计理念是重要的无障碍环境建设的指导理念，它表明建设的对象并不仅仅局限于残疾人、老年人，而是所有"有需求"的人。厘清这一问题有助于指导实践，例如许多建筑的出入口，本来可以有条件使用平坡设计，方便全体社会成员使用，但是却机械理解为无障碍的标准，采用设二级台阶，并在两旁再配上无障碍坡道的设计，"突出"对残障人士的特别照顾，这种分离设置造成"区别对待"并不是通用设计，也不是好的无障碍设计。

我国无障碍环境治理的总体原则是以人民为中心的原则，具体原则可以总结为五点。

一是无障碍环境建设应当与经济和社会发展水平相适应，遵循实用、易行、广泛受益的原则。这一点在条例、办法中都有体现，如《河南省无障碍环境建设管理办法》指出："无障碍环境建设应当与本省经济和社会发展水平相适应，与社会基本需求相协调，遵循实用、易行、广泛受益的原则，逐步满足残疾人、老年人等社会成员的实际需要。"[②]《上海市无障碍环境建设与管理办法》指出："无障碍环境建设应当与经济社会发展水平相适应，遵循政府主导、社会参与、广泛受益的原则，满足相关社会成员自主出行、便捷交流、获得服务等需求，体现人文关怀与社会支持。"[③]这要求无障碍环境建设应

[①] 焦舰.中国由无障碍设计向通用设计发展的趋势分析[J].无障碍设计：为所有人，2019（10）：10.

[②] 河南省无障碍环境建设管理办法[EB/OL].[2021-03-15]. http://www.henan.gov.cn/2018/05-31/237107.html.

[③]《上海市无障碍环境建设与管理办法》（沪府令45号）[EB/OL].[2021-03-15]. https://www.shanghai.gov.cn/202108zfwj/20210419/691f988fbd394927be2a1e9880f20527.html.

当考虑成本控制、合规适用。目前来看，无障碍环境建设超出当地经济和社会发展水平的情况较少，而"低于"当地经济和社会发展水平的情况较多。

二是应坚持问题导向、突出重点的原则。无障碍环境建设一定是以问题为导向，以解决残障人士出行、学习、生产生活的实际痛点、难点为目标。这要求无障碍环境建设既不是为了形象工程，仅仅追求政绩数字，也不是机械地理解无障碍的标准规范。

三是应当坚持通用设计原则。通用设计是更加包容的无障碍设计[①]，更有利于落实无障碍环境建设的"平等、参与、共享"的原则。

四是应当坚持条块结合、以块为主的原则。这要求无障碍环境建设应当系统化规划，解决无障碍环境的碎片化问题。

五是应当坚持多元共建、共治共享原则。目的在于发挥整个社会化服务体系的优势，提高无障碍环境治理的社会实效。

同时，无障碍环境建设的顶层设计在逐渐形成。顶层设计要求以问题为导向，纲举目张，抓关键问题以解决问题。我国无障碍环境建设亟待解决的关键问题，如建设的不规范、碎片化问题，致使无障碍设施便利的效用打了折扣，再有农村的无障碍环境建设问题，考虑到占比较高的残障人群都生活在农村。从这些大问题切入，制定可操作的解决方案是顶层设计要做的事情，涉及统一规划问题以及规划的具体化、规划的工作进程表等。同时要求打破各自为政，建立跨若干部门共同协商解决机制。

我们看到顶层设计在实践中的推进。例如，国务院在加快发展康复辅助器具产业上建立的包括民政部、国家发改委、工业和信息化部、中国残联等24个部门和单位组成的联席会议制度。再如，《北京市进一步促进无障碍环境建设2019—2021年行动方案》建立了无障碍环境建设专项行动工作组，由市政府主要领导担任组长，34个委办局有关部门作为成员单位，共同推进工作落实。这一行动方案细分了阶段目标，以及各阶段要完成的任务，以问题为导向，指明重点任务，提出了每个重点任务的具体措施。《上海市无障碍环境建设与管理办法》明确了市、区人民政府的领导职责，建立健全综合协调机制，并对住房和城乡建设、交通等主要部门职责做了细化，并且明确将无障

[①] 焦舰.中国由无障碍设计向通用设计发展的趋势分析[J].无障碍设计：为所有人，2019（10）：10.

碍环境建设内容纳入相关专项规划。

（二）商业企业整体的参与性、主动性不高，信息领域企业快速参与

目前而言，我国商业企业在无障碍环境建设上参与的主动性整体上并不高。例如，与无障碍密切相关的适老化产品，数据显示目前全球适老用品有6万多种，我国自主开发的适老用品仅有2000多种，供给严重不足。普通大众商品研发设计缺少考虑无障碍的包容性设计。如洗发水和沐浴露，对于视障人士来说，很难进行分辨，因此鉴于许多视障人士并不懂盲文的情况，一些国外企业的产品采用洗发水瓶身的底部有四条垂直线条凸起的设计，通过瓶身凸起的纹理效果，类似盲文的感觉，达到仅凭触觉就可以分辨哪一瓶是洗发露，哪一瓶是护发素的目的，这是一种很好的包容性设计来帮助视障人士便利地生活。类似的设计还有，例如耳机对于盲人来说，区分左右很难，一些国外企业的耳机产品设计中设计了清晰的凸起"L、R"纹路，帮助区分左右。再如一些企业的声卡产品上，在旋钮上设计一个小缺口，这样仅通过触摸就能辨别旋钮的位置和指向，这也是一种很好的通用设计。在产品的通用设计或包容性设计方面，整体上我国商业企业参与的主动性亟待加强。这种通用设计或包容性的设计并不会影响到产品的主要功能，但却给障碍人士独立自主的生活创造了更多可能性。

在技术赋能残障人士的领域，我国信息企业快速参与实践，取得了一系列成果。许多信息科技企业，如腾讯、华为、小米、阿里等企业纷纷成立无障碍研发团队，关注产品无障碍功能和适老化功能的实现。例如，2018年，在第27个"国际残疾人日"之际，腾讯获得联合国教科文组织（UNESCO）颁发的"数字技术增强残疾人权能奖"，成为亚洲首个获奖的组织，全球范围内首家获奖的企业。我国信息科技企业为信息无障碍优化的努力，为上亿障碍用户平等便捷使用互联网提供了帮助。

（三）社会企业、行业协会、大学智库等社会力量呈现快速发展的趋势

近些年来，在参与无障碍环境治理的实践中，我国社会企业、行业协会、大学智库等社会力量呈现快速发展的趋势。

有许多优秀的社会企业案例涌现。如2021年3月开业的善缘书舍无障·爱空间项目，作为全国首家以无障碍创新标准建设的特色书店，在北京东城区银河SOHO广场荣耀登场，由北京百年善缘文化传媒有限公司投资新建。这里基于"逢角必圆、逢坎必平"的无障碍设计理念，提供便捷的无障碍设施和丰富的书籍，残障人士可以阅读会友、主题演讲，无疑丰富了残障人士的精神生活。

还有如自2018年至今，经过两年试运营正式商业化落地并尝试推广的广州"手心咖啡店"项目，这家特殊的咖啡店从店长到咖啡师都是视觉障碍人士。这一项目使得视障人士能够实现靠着技术完成"自己动手，丰衣足食"的梦想。[①] "手心咖啡计划"是由广州市合木残障公益创新中心发起，由不同咖啡商业机构、咖啡爱好者个人等组成的视障咖啡师发展支持的公益项目。

成立于2005年的深圳市信息无障碍研究会，是中国最早专注于信息无障碍的民间社会组织，组建了国内首支信息无障碍专家团队，以第三方身份为企业和产品提供专业的信息无障碍服务，推动我国信息无障碍建设，尤其主办的科技无障碍发展大会（TADC）第三届，关注科技无障碍发展，信息无障碍行业年度高峰盛会。

一些行业联盟也在组建，积极推动行业无障碍建设，取得许多无障碍环境建设的成果。如信息无障碍产品联盟（CAPA）是一个由对推动中国互联网信息无障碍感兴趣的机构共同成立的合作组织。成立于2013年11月，由阿里巴巴集团、腾讯、百度、微软（中国）、深圳市信息无障碍研究会共同发起。

2019年10月15日国际盲人节到来之际，全球首个致力于智能办公硬件无障碍的组织——智能办公硬件无障碍联盟在浙江成立。该联盟由阿里巴巴钉钉携手多个机构发起，任务是研究制定智能办公硬件无障碍标准，助力智能办公领域"软硬一体"无障碍标准建设，帮助残疾人士更便利地享受即将到来的5G万物互联时代。

大学与智库积极参与无障碍环境建设，取得丰硕成果。2019年8月，50家高校院所、设计企业、社会组织、行业协会等机构联合成立"全国首个无障碍环境建设智库"，为我国无障碍环境建设提供智力支持，发挥智库各方力量优势，提供决策咨询和智力支撑，并希望能带动更多的社会力量加入，加强社会能力动员和成果转化效能，共商共推无障碍环境建设。智库成员单位

---

① 陈巨慧.梦想不受限于视力！你喝过他们做的"手心咖啡"吗？[EB/OL].大众日报，[2020-09-22]. https://baijiahao.baidu.com/s?id=1678538551194351204&wfr=spider&for=pc.

共同发出"无障碍畅享行动（2019—2022）"，将每年 7 月 28 日设定为"全国无障碍环境建设宣导日"，推进我国从无障碍普及型向无障碍强国迈进。

许多大学、机构成立无障碍研究点。如 2016 年，清华大学无障碍发展研究院成立，为北京大兴国际机场、雄安新区无障碍规划标准导则，为北京城市副中心无障碍专项、粤港澳大湾区无障碍环境系统配套规则导则等国家重大重点项目提供智力支撑和服务。2016 年，辽宁出版集团"无障碍文化传播与出版工作室"创建，推出了系列无障碍出版物，入选全国无障碍智库成员单位，荣获"最佳志愿服务组织"。2018 年，江苏开放大学无障碍环境建设协同研究中心启动，以该校建筑工程学院的相关专业为依托，特别关注建筑领域无障碍环境建设。2019 年，中国残联复旦大学无障碍环境研究基地成立，为我国无障碍环境建设提供智库支持。2019 年，笔者所在的南京特殊教育师范学院，联合中国残疾人联合会、东南大学三方共同建设的"无障碍联合重点实验室"揭牌，旨在通过资源共享、科技创新、标准制定、成果转化及人才培养等方式，加快推进适于残疾人使用的无障碍技术和产品的开发、应用及推广，同时揭牌的还有我国高校首个"无障碍管理学院"——南京特殊教育师范学院无障碍管理学院，致力于无障碍管理人才的培养。2021 年，大连理工大学无障碍研究与发展中心在学校揭牌成立，致力于进行多学科多领域无障碍研究，填补无障碍研究领域在运动健康方面的空白。以上仅列举出一些智库单位，还有许多智库单位加入到了无障碍环境建设的历史新任务中。

（四）社会公众的无障碍意识有待提升

社会公众的无障碍意识主要是指对残障人士的非歧视和公平对待，关注到无障碍设施并自觉维护。2020 年的一则新闻从一个侧面揭示出我国社会公众对于残疾人的无障碍意识还有待提升：一位交警扮成盲人体验生活，当她带着导盲犬想要去坐公交车，刚上车却遭到了全车人的拒绝，这名交警和导盲犬被一起赶下了车。[①] 许多残障人士出行也会被投来异样的目光，许多服务工作并不具备无障碍服务的意识。无障碍环境建设不仅是硬件设施的建设，软环境也是重要的组成部分，需要加强对社会公众的无障碍宣传。

---

① 兽医小明.交警扮盲人带导盲犬坐公交车，却遭到拒绝，这条路究竟有多难走？[EB/OL].
　[2020-04-29]. https://www.sohu.com/a/392006406_415938.

残障人士本身也在积极自发地投入无障碍环境建设中。残障人士自身天然的是无障碍环境建设的专家，无障碍环境建设理应有他们的参与。目前，许多残障人士积极自觉参与各种无障碍环境建设和改造的项目，如新起点无障碍项目组由脊髓损伤伤友们组成，2022年北京冬季奥运会和2022年北京冬季残奥会即将举行，新起点无障碍项目组其中四位伤友成为2022年北京冬季奥运会和2022年北京冬季残奥会无障碍监督员。

二、无障碍环境治理社会化建设的构想

无障碍环境治理还面临许多难题，如通用设计的推广，无障碍立法和制度建设，工程规划设计的无障碍建设管理，旧城和农村无障碍环境建设，无障碍设施的维护等等，还有很长的路要走。从政府的统包统揽转到利用社会共同资源，实现无障碍环境建设的社会化，是推进我国从无障碍普及型向无障碍强国迈进的重要途径。

笔者认为无障碍环境治理社会化建设强调多元主体对无障碍环境的共同治理，应形成以政府为主导，以市场为中心，以社会为本位的多元治理格局，提升治理效能，实现无障碍环境的共建共治共享。

（一）以政府为主导，重视顶层设计

无障碍环境治理实践要坚持以政府为主导，吸纳企业、团体包括残障人士在内的社会公众主体积极参与，形成多元主体共建共治共享的新格局，从"政府包揽"向"多元共治"转变，满足群众对美好生活的向往。

坚持以政府为主导，可以克服市场缺位的市场失灵问题。坚持政府主导下，要进行系统的顶层设计，从顶层设计层面建立一套符合时代需求的治理机制。顶层设计要有明确的目标任务，统筹制定无障碍环境发展的战略、规划和政策，制定并落实具体的工作方案、时间表与路线图，按照时间节点加快推进实施。要明确建设的责任主体，将监督职能落实到管理部门，完善相关法律法规，建立相应标准体系，利用科学手段实现各类社会资源的有效配置，激发各类主体的参与的主体性、积极性，全面促进无障碍环境建设的高质量发展。

同时，坚持政府主导，并不是否定企业、机构组织、社会公众的参与，而是强调在政府的带领下实现各类主题参与的多元主体统筹协调。

(二)以市场为主体,高效配置稀缺资源

政府又总是面临着预算和执行能力的约束,应充分发挥市场在资源配置中的决定性作用。尤其是无障碍产业的发展,应利用科学手段实现无障碍建设需求的社会资源的有效配置,鼓励企业发展通用设计和包容性设计,争取各类消费者。残疾人、老年人口基数庞大,是个具有潜力的潜在的大市场,可以激励市场进一步挖掘残老群体的需求。为激发各类市场主体的积极性和主动性,充分发挥市场主体作用,政府可以给予推广渠道、优惠财税等激励政策,推动市场和政府更好结合,全面促进无障碍环境高质量发展。

(三)以社会为本位,提升治理效率

以社会为本位,提升治理效率可以从三个路径发挥作用。一是充分发挥市场中研究机构、公益组织的作用,展开针对特殊群体的需求调研、体验反馈和技能普及,推动行业自律和协商机制等。杜绝等和靠的思想,社会要成为解决问题的主体,与政府部门共同开展无障碍环境治理,形成内外协同,能够显著提升质量治理的效率。二是相关社会组织参与无障碍环境治理,重点开展残疾人融入社会所需技能提升的活动,提高自身服务技能水平。三是要充分发挥社会组织参与治理的作用,让无障碍意识深入我国每个老百姓的内心,增强大众的无障碍参与能力,共同提升整体治理水平。

第三节 加强无障碍环境治理的智能化建设

无障碍环境治理智能化是指在大数据时代背景下,将现代化信息技术引入传统的无障碍环境治理方式中,提高治理效能。加强无障碍环境治理的智能化建设,是形成共建共治共享的无障碍治理格局的有力抓手。

一、科技创新对无障碍环境治理的机遇与挑战

科技的发展给无障碍环境治理带来重要发展机遇。大数据、移动互联、

云计算和人工智能等新一轮科学技术为治理手段和方式多样化提供了背后的科技支撑。人不仅是实体空间中的人，也是网络化、数据化的人，社会治理的手段必然要求随之变化。未来，人工智能技术等前沿科学技术会渗透到社会治理的方方面面，应把握好新一轮科学技术的发展带给无障碍环境治理的机遇。

可以利用大数据、人工智能等前沿技术识别无障碍需求空间分布的数据规律，提高政府决策效率。例如，《张家口无障碍环境建设专项规划（2017—2035）》通过采集大数据，能够精准地构建以需求为中心"全民友好"的无障碍空间体系[1]，通过对14万残疾人、涉奥设施、POI大众集聚空间进行叠加，构建"分级、分区、分期"的无障碍空间体系，并确定无障碍环境建设的指标，编制导则，将接驳率、坡化率、模块化率等指标纳入控规，是科学技术对无障碍环境治理的有益探索。随着5G智慧城市管理在城市的开展，无障碍环境治理的公共服务能力未来能够得到提高。

对于老年人或残疾人而言，新型技术与科技应用为残疾人、老年人跨越障碍，改善生活质量提供了极大便利和可能性，以此为基础也为治理带来新的可能的途径。作为一名一线融合教育的高校教师，笔者深刻感受到科技创新为听障学生学习带来的深刻改变。语音识别转文字技术为听障生参与融合教育带来可能，老师一边讲课，在听障生的手机语音转文字技术上可以同步显示，可以高效地帮助听障生理解听课内容。随着人工智能技术的发展，语音识别技术日益成为一种主要的人机语音交互方式，未来为残障人士跨越障碍提供更多可能，大数据、移动互联、云计算和人工智能等现代科技与经济社会发展的深度融合，科技本身的日新月异，也给治理工作带来的挑战，带来了此前未曾遇过的问题。如无人驾驶技术的发展使得视障人士有可能在未来驾驶汽车，这对国内立法工作是一个挑战。再比如说数据的开放共享，对于个人隐私、管理人员是一个挑战。更为直接的问题是，基于智能技术的社会治理，治理者如何利用好相应的科学技术手段，来与这个更为聪慧强大的对象共处，是极具挑战性的课题。

然而，科学技术带来的问题，还需科学技术来解决，不因噎废食。应坚

---

[1] 张家口无障碍环境建设专项规划[EB/OL].[2021-06-15].https://xw.qq.com/partner/sxs/20210305A07WCF/20210305A07WCF00?ADTAG=sxs&pgv_ref=sxs.

持鼓励科学技术研究，引导技术研究。

二、无障碍环境治理智能化建设现状

智能化为解决无障碍环境治理的问题提供了在治理成本约束下的新的可能解决路径。智能化有助于解决治理难题，在识别公众需求，提供个性化服务，更好发挥政府在治理效能从而实现精细化管理和精准化服务提升决策水平上有诸多益处。我国走在智能化时代建设的前沿，积极运用智能化手段，譬如大数据、云计算、物联网、人工智能等新兴技术手段与信息工具来推动无障碍环境建设，目前，智能化手段运用在我国无障碍环境治理的实践中主要凸显为三个方向。

（一）建设无障碍大数据平台，识别需求，赋能无障碍产品和服务的精度、广度

目前，我国积极建设大数据平台，运用大数据手段实现无障碍需求的精准识别，在治理成本约束的状态下提高产品和服务的精度、广度。如残疾人参保情况大数据的建设，信息数据分析研判可以精准评判困难残疾人在基本民生保障方面的帮扶需求，从而提供精准化、精细化的叠加服务。再例如前文所述的《张家口无障碍环境建设专项规划（2017—2035）》，就是通过大数据、人工智能等前沿技术为无障碍需求空间分布获取数据，实现精准构建以需求为中心"全民友好"的无障碍空间体系。

贵阳市残疾人大数据服务平台的建设，为精准识别和对接残疾人需求，"零距离""无障碍"提供社会服务提供了一个便捷的解决方案。该平台可提供很多服务，如申请儿童康复救助项目，申请残疾人创业就业扶持等。实现在家里申请补助或者辅具，不用跑街道、居委会和县残联，足不出户就能搞定社会服务。2020年以来，"贵州省数据共享交换平台运行情况"通报中，贵州省残联提供数据10875次，使用数据1921352次，真正做到了数据拿得出、拿得准，用得多、用得活。[1]

北京市启动残疾人需求采集和服务响应常态化及大数据建设工作。这一大数据平台建设，以一人一案、一门受理、一网通办、一数一源为目标，平

---

[1] 贵州省残联残疾人阳光大数据云平台 位列全省"TOP10"排行榜[EB/OL].[2021-03-15]. http://gz.people.com.cn/n2/2021/0906/c402170-34900227.html.

台建成后将为准确了解残疾人个性化、多元化服务需求提供数据支撑。

还有中国盲文数字平台。作为中国首个面向视力障碍群体的综合性公共服务平台，2019年4月22日在兰州启动，盲文数字平台利用了新一代人工智能技术和大数据技术，能实现盲文翻译、盲文数字资源服务，解决盲文资源短缺、盲人读书难等问题，能将汉语、英语、数理化公式甚至音乐乐谱等信息翻译成盲文，不仅满足了视障者的文化阅读需要，同时也满足了他们交友、学习、生活等多方面需求，并且为盲人学校教育工作的开展提供了便利。[①]

大数据平台本身就是无障碍环境建设的组成部分，采用智能手段识别无障碍需求，发挥数字平台的扁平化、交互式、快捷性优势服务于无障碍环境建设，能够提供更为精准高效的政策措施。

（二）运用人工智能及大数据等技术，丰富和创新无障碍产品供给

人工智能及大数据等智能技术的发展催生了无障碍战略性新兴产业。所谓无障碍产业，在本书第六章进行了详细的分析。它是以残疾人、老年人等有障碍群体为服务对象，为实现有障碍人群从家庭、社区到公共场所、交通出行以及信息智慧全方位全系统的无障碍所从事的商品和服务的生产、流通的产业部门。未来随着5G、物联网、云计算、大数据、人工智能等技术广泛渗透于经济社会各个领域，全球新一轮科技革命与产业变革日益加快。无障碍产业创新发展结合利用5G、人工智能、物联网、大数据、新材料、生物医药等科技创新技术，既涉及信息技术和制造技术的结合，又涉及信息技术和服务能力的结合，无障碍环境高质量发展离不开无障碍产业的发展，应大力培育无障碍战略性新兴产业。

目前，以智能化技术赋能产品和服务的创新不断涌现，许多初创企业成立，例如无障碍沟通软件、无障碍辅助器具创新等。在智慧城市的建设中，我们可以看到许多无障碍环境建设的创新，如信号灯遇到行动迟缓的老人延迟功能的智能交通控制系统等。更多产业发展现状可参看本书第六章内容。

（三）运用智能手段，助力无障碍治理的社会化参与

目前，许多实践尝试通过搭建各类社区信息发布与在线互动交流平台，收集与回应无障碍环境建设的诉求。如为了让广大残疾人更好地融入社会，

---

① 中国信息通信研究院.中国盲文数字平台启动［J］.信息无障碍动态，2019（04）：7.

实现残疾人"平等、参与、共享"社会发展成果的目标，北京市建立了残疾人信息无障碍交流温馨平台，服务项目与内容包括聋人短信紧急呼叫服务、固定电话与移动电话中转服务、定位导向服务、通信录自助管理服务、信息咨询服务、多方电话会议服务等。

借助于互联网平台，无障碍建设可以开展多元主体协商共治，更好地发挥基层社会组织和公众在无障碍治理中的作用，激发其参与公共事务的热情，提高参与能力。

三、无障碍环境治理智能化建设构想

通过将智能技术引入无障碍环境社会治理，从而有助于破解无障碍环境建设的难题、痛点，如无障碍设施存在的碎片化、使用率低等问题，切实提升治理效果。未来，无障碍环境的建设要朝着实现人们在道路上无障碍地自如行走，无障碍地乘坐公共交通工具，无障碍地出入公共建筑、社区、就业场所，无障碍地享受公共服务便利，促进障碍群体就业、生活的新一轮提质增效目标迈进，推进智能化建设是题中应有之义，也是重要的技术支撑和保障。

（一）促进智能科技公共服务，助力满足无障碍需求

政府是无障碍环境治理的主导力量，其数字化服务水平是智能化治理的重要标志。

一是重视无障碍大数据采集和建设。数据库的建设不仅可以为帮困救助、重残托养、教育就业、康复、辅具适配、文化体育等方面需求对接实时精准施策，而且对于分析寻找无障碍环境规划建设的重点、难点提供数据支持。应构建覆盖城市和乡村运营各领域信息的无障碍数据库，提高无障碍环境治理决策的科学性、系统性、协同性。同时，提高数据的利用效率。数据储存在于能够及时调出来使用，在快速分析数据的基础上为决策提供及时的依据。

二是重视推进智慧城市建设中的无障碍建设。对于智慧城市建设的智能化基础设施建设，如交通网、物联网、无线网等智能化基础设施，应当全面考虑和规划无障碍的需求。在交通出行、数据交互上考虑对障碍群体的便利性。同时，重视云计算、大数据分析和人工智能等新技术在无障碍产品和服务上的应用。

三是重视以互联网技术加强和改进公共服务。以互联网平台为依托，提高政务服务的广度、精准度，有效拓展公共服务职能。

（二）构建无障碍环境治理共同体，促进市场、社会组织及公众参与

无障碍环境治理的主体不仅仅是政府，应该包括市场、社会组织及社会公众的多方参与，因为政府面临治理成本和手段方法的约束，不能一切包办。而包办、单向的管理事实上也并不能高效地推进无障碍环境建设。

如何更好地发挥市场、社会组织及公众参与，调动这些社会主体积极参与无障碍环境建设，扩大参与广度，拓展参与深度，从而构建无障碍环境治理共同体呢？目前，无障碍环境治理各主体的角色定位，主体间的职能划分还并未明晰。除了政策的鼓励和引导，在实践探索中借助智能技术可能是一个有效的路径，基于互联网时代的到来提供给各主体深度参与社会事务难得的契机。

无障碍环境治理的智能化路径要有助于实现治理主体的多方参与和互动，要充分发挥各方优势，形成深度融合与有机协同的治理结构。政府应鼓励企业机构、行业团体、社会公众主动参与，提出诉求。可以通过诸如鼓励社会治理主体依法参与政务数据的开发利用；鼓励和支持产业创新和应用无障碍智能技术；以网络为依托，鼓励、引导和支持群众参与治理，丰富群众依法参与社会治理的渠道，自觉投身于无障碍环境建设活动。

例如，对于残障人士十分重要的无障碍出行，智能化发展可以有助于切实解决无障碍设施存在的碎片化、使用率低等方面的问题。其中，导航软件十分关键。目前市面上的各类导航软件，困难在于精确度不够，地图导航与实际情况无任何偏差。导航软件要想达到这种技术程度，目前还很困难，而且在目的地附近可能有其他大小店铺，相隔距离很近，这同样也导致视障者不知是否到达目的地。而北斗卫星导航系统的组网完成，预示着未来市面上的导航软件都会采用北斗卫星，精确定位功能，盲人将来可以使用更精确更好的导航软件，能够为视障者提供更精确更便捷的导航服务，基于这些地图衍生的第三方APP也将能够更好地供视障者使用。这就需要企业加大投入，不能仅仅依靠政府。

第四节　促进无障碍环境治理的专业化建设

一、无障碍环境治理专业化建设现状

无障碍环境建设活动具有高度专业化特征。无障碍环境治理不能仅仅依靠地方政府的自上而下运作行政机制，应推进无障碍环境治理的专业化。目前，我国无障碍环境建设还存在许多欠缺专业之处，例如一些无障碍设施的设置往往成为政治的形象工程，实际使用的效用却打了折扣，当然还有系统性不够、连贯性不够等问题。无障碍环境建设本质上也要求社会的参与。以专业化为原则，引入市场、社会组织的专业化力量，确立专业规范，建立治理共同体，形成与专业共同体之间互补嵌入的格局，是实现无障碍环境治理现代化的重要步骤。

目前，已有无障碍环境治理的专业化实践的一些探索，主要总结如下。

（一）系统思维，构建专业化的治理体系

提升无障碍环境治理专业化水平，必须坚持系统思维。无障碍环境治理绝不是某一家政府部门的事，需要相关各部门同理合作，同下一盘棋，避免碎片化治理。

《北京市进一步促进无障碍环境建设2019—2021年行动方案》（以下简称《行动方案》）正在逐步推进。《行动方案》首次开展全市范围无障碍环境提升，明确了3个重点区域，4个重点领域，包括城市道路、公共交通、公共服务场所、信息交流，明确了17个方面的重点整治任务，包括盲道、人行道、地面公交、公共厕所、政务服务窗口、宾馆酒店、媒体服务、生活服务等。

《行动方案》组建无障碍环境建设专项行动工作组，首次由北京市政府主要领导挂帅，34个委办局、16个区领导组成。为了确保《行动方案》精细化实施，并首次建立了无障碍信息化台账，建设全市统一的"北京无障碍环境

建设信息管理系统",形成信息化、常态化、精细化的上账销账管理,有效保障无障碍设施纳入城市精细化管理体系。《行动方案》明确了长期以来并不明晰的无障碍建设维护主体责任,所有权人和管理人负有加强无障碍设施的改造、维修、保护和管理的责任,对施工建设单位未按规定进行无障碍设施建设的项目不予验收。《行动方案》还健全了政府及部门工作责任体系,细化任务,明确分工。

在法律监督方面,近年来,无障碍环境建设已成为检察机关公益诉讼的新内容。2021年5月14日,中国最高人民检察院同中国残疾人联合会共同发布了检察机关无障碍环境建设检察公益诉讼的典型案例。[①] 检察机关行政公益诉讼对于督促相关行政机关纠正无障碍环境建设违法问题,切实提升无障碍设施质量起到重要作用。

在产业支持政策方面,一些部级联席会议制度建立施行。例如,为加快发展康复辅助器具产业,国务院建立了部际联席会议制度,根据部际联席会议确定各个部门的职责和任务分工,围绕年度工作要点,强举措、抓落实、求实效,在产业发展支持体系构建、产业试点示范推进、产业集聚发展格局形成、国际交流合作水平提升等方面推动进展。

(二)积极引入专业力量,完善监督网络

无障碍环境治理上,积极以专业化为指导优化治理过程,引入专业的监督员、无障碍专家、无障碍专业机构等社会力量,以解决行政化科层体系下过度依赖传统信息传达渠道的问题。目前,这种实践在快速发展,建设了一批无障碍智库、无障碍监督员、无障碍科研机构、科技企业的公私合作伙伴关系或公共合作伙伴关系,让诸多不同类型的机构形成联盟,并开始让联盟治理发挥作用。

《行动方案》建立了由无障碍监督员、无障碍专家、无障碍专业机构、各级党代表、人大代表、政协委员、新闻媒体、社会公众的全员监督的网络,在无障碍环境治理中发挥重要作用。

目前,在许多城市建立了无障碍监督员,如2018年,张家口市残联举办的首次"无障碍监督员培训班"开班,无障碍监督员由听障、视障、肢体残

---

① 法制视界.最高检和中国残联联合发布无障碍环境建设检察公益诉讼典型案例[EB/OL].[2021-03-15]. https://baijiahao.baidu.com/s?id=1699762601613625699&wfr=spider&for=pc.

障等残障人士组成，残障人士天然地是无障碍环境的专家，更了解残障人士的需求，通过理论、政策的培训，能够更好地发现无障碍环境建设中的具体问题，并被考虑到产品设计中。

（三）不断创新合理的激励机制

激励机制的创新主要是要将无障碍环境建设列入政府绩效考核之中，提高政府各部门的重视程度。2021年两会期间，全国政协委员周岚提出要将无障碍环境建设纳入全国文明城市考核指标的建议，她强调这一措施可以充分发挥全国文明城市评选对城市的重要导向作用，加大对无障碍环境建设的测评权重。

目前，北京、深圳、杭州等地已出台无障碍环境建设行动计划，在激励机制设计上进行了有益的探索。这项行动计划已将无障碍建设列入政府工作的必选考核项，不管是从线下的办事大厅，还是在线上服务平台。

北京市为不断完善无障碍环境，在激励机制上进行了改革，将无障碍纳入了政府部门的评价指标体系。例如，2020年，北京市海淀区为了将无障碍改造落到实处、细处，区政务服务管理局将无障碍建设纳入了全区政务大厅综合评价指标体系。

（四）积极探索无障碍设计和设施的认证制度

要解决无障碍环境建设的规范性、标准化、全系统有待提高的问题，急需建立和采用认证制度的质量管理手段。

中国残联吕世明副主席在第十三届全国人民代表大会第三次会议提出《关于请国家认证认可监督管理委员会牵头建立无障碍设计和设施产品认证制度促进无障碍环境建设高质量发展的建议》的议案，指出开展无障碍认证的重要性，不仅可为政府监管无障碍环境提供科学机制，而且有利于引导无障碍设施和产品整体质量提高。他提出要通过建立无障碍认证专家队伍，统一无障碍建设在设计、咨询、评审、施工、验收、维护、使用各阶段的技术要求，从源头上完善无障碍环境建设系统，真正提高无障碍环境建设效率。[①]

目前，我国正在积极探索无障碍认证的落地实施。近年来实施的无障碍环境建设的法律法规政策和标准规范，从法律和顶层设计为开展无障碍认证

[①] 王晓慧.全国人大代表吕世明：建议加快建立无障碍设计和设施产品认证制度[EB/OL].华夏时报.[2021-06-29]. https://www.chinatimes.net.cn/article/97046.html.

提供了政策依据和技术支撑。

在实践层面，认证工作也有许多新进展。例如，我国电子技术标准化研究院赛西实验室联合北京赛西认证有限责任公司的互联网网站信息无障碍检测能力已通过CNAS（我国合格评定国家认可委员会）认可，作为第三方检测机构开展互联网网站信息无障碍评级与认证工作，通过评级认证的网站将获得信息无障碍评级的检测报告和认证证书，可以申请使用对应等级的认证标志。

（五）积极推动专业研究和人才队伍建设

我国积极推动无障碍专业研究和人才队伍建设。一是对行政管理队伍展开专业无障碍知识培训。例如，为强化无障碍设施建设和服务保障工作，西安航天基地城市管理和综合执法局组织召开无障碍设施建设和服务保障专项培训会，邀请十四运会及残特奥会无障碍专家指导委员会委员授课。二是在专业研究和人才队伍的建设方面取得了积极的积累。例如，深圳市信息无障碍研究会成立于2005年，是中国最早专注于信息无障碍的社会组织，组建了国内首支信息无障碍专家团队，以第三方身份为企业和产品提供专业的信息无障碍服务，推动我国信息无障碍建设。信息无障碍产品联盟（CAPA）成立于2013年11月11日，是一个由对推动中国互联网信息无障碍感兴趣的机构共同成立的合作组织，由阿里巴巴集团、腾讯、百度、微软（中国）、深圳市信息无障碍研究会共同发起。智能办公硬件无障碍联盟2019年在浙江成立，是全球首个致力于智能办公硬件无障碍的组织。

此外，许多大学、机构成立无障碍研究点或者智库。例如，2019年8月，50家高校院所、设计企业、社会组织、行业协会等机构联合成立"全国首个无障碍环境建设智库"，为我国无障碍环境建设提供智力支持。智库成员单位共同发出"无障碍畅享行动（2019—2022）"，将每年7月28日设定为"全国无障碍环境建设宣导日"，推进我国从无障碍普及型向无障碍强国迈进。更多现状可以参考本章第二节。

二、无障碍环境治理专业化建设构想

我国已经进入老龄化社会，老龄化问题越来越突出，经济社会和人口结构的变化要求无障碍环境建设的高质量发展，因此，完善相关领域法治制度体系，发挥科技创新的引领支撑作用，推动无障碍环境治理专业化发展是势在必行的新课题。

（一）通过创新合理的激励机制设计，积极引入专业力量构建无障碍治理共同体，促进通用设计规范的落实落地和应用推广

基于无障碍环境建设的最大现实需要和基本发展目标，由传统的行政化科层管理转变为引入社会组织和专业队伍形成协同合力，并强化科学评估，构建无障碍治理的共同体，提升无障碍环境治理的实际效能。

确保目标的达成，创新治理体系中的激励结构的设计是关键，应发挥激励设计的引导作用，促进无障碍治理常态化、精细化。同时，政府应制定具有法律约束效力的设计规范，坚持推进无障碍环境治理的法治化进程。并推动产、官、学三者之间的研究开发，制定适合国情的通用设计规范，促进通用设计在产品开发、服务业等领域进一步应用推广。鼓励社会组织在专业化方面能够扎下身去，深耕无障碍领域。

（二）通过无障碍设计和设施评级与认证制度的建立，促进无障碍产品和服务质量的提升

在无障碍产品的标准质量体系的建设方面，目前我国标准滞后于经济社会发展水平，出现产品和服务供给质量参差不齐，许多产品适切性有待加强的现象。通过无障碍设计和设施评级与认证制度的建立，规范市场标准，以期促进无障碍产品和服务质量的提升，是专业化建设的重要内容。

无障碍产品和服务质量的提升主要表现为两个方面。一是提高中高端产品市场占有率，产品竞争力达到国际一流水平。例如，许多国内辅具企业仍以加工中低端产品为主，能够规模生产的电动轮椅、代步车等中高端产品，半数以上为代工产品，中高端假肢、矫形器等产品主要依赖进口。通过实施无障碍设计和设施评级与认证制度，提高企业提升产品质量加大技术创新的决心，助力企业在中高端市场获得突破。二是丰富无障碍产品和服务有效供给。有效产品供给要解决好适切性的问题，切实满足不同层次市场的需求。如与无障碍密切相关的适老化产品，数据显示，目前全球适老用品有6万多种，我国自主开发的适老用品仅有2000多种，供给严重不足。

（三）通过积极推动专业研究和人才队伍的建设，提升无障碍环境治理专业化水平

通过加强专业化人才队伍建设，提高干部队伍的无障碍专业知识，引入各类专业化的治理人才队伍，夯实治理基础，提升无障碍环境治理专业化水平。无障碍环境治理专业化水平表现为一是具有专业化的理念的指导；二是要提高综合运用专业化工作方法能力，借助信息化等手段实现治理目标；三是坚持专业化工作精神与态度，以人民为中心，自觉地维护人民利益。

第六章
无障碍产业与无障碍环境治理 *

---

* 本章内容参考了作者论文：曾红艳.加快培育江苏无障碍产业的对策思考［J］.江南论坛，2021（05）：15-17.

第一节 无障碍产业概述

一、定义与意义

所谓无障碍产业，是以残疾人、老年人等有障碍群体为服务对象，为实现有障碍人群从家庭、社区到公共场所、交通出行以及信息智慧全方位全系统的无障碍所从事的商品和服务的生产、流通的产业部门。重点涉及养老、智能技术、人工智能、文化旅游、建筑设计等产业，涵盖智能手机、医疗康复器具、智能机器人、智能设备、智能导盲系统，无障碍专车、无障碍保险、无障碍旅游、智能办公硬件、无障碍电影等产品与服务的完整产业链条，实现经济效益和社会效益平衡的最大化。从无障碍所要实现的信息无障碍、出行无障碍、建筑无障碍、社区无障碍的内涵来看，无障碍产业重点可以分为四个领域，即无障碍信息技术、无障碍辅具、无障碍工程及无障碍服务产业，涵盖智能穿戴、康复辅具、智能看护机器人、智能导盲系统、无障碍软件、出行设备、无障碍旅游、无障碍电影等产品与服务的完整产业链条。

当前，无障碍产业作为战略性新兴产业，具有广阔的市场需求前景。2018年，我国有超过3亿人需要"无障碍"，包括8500万残障人士和约2.53亿60周岁以上的老龄人口，占我国人口总量的20%。同时，我国面临人口老龄化的加速推进趋势，据第七次人口普查数据显示，60岁以上人口占比18.7%，比第六次人口普查数据多了5.4%，65岁以上人口1.9亿人，占比13.5%，同比增长4.6%。老龄化已经成为我国基本国情。据测算，到2022年左右，中国65岁以上人口将占到总人口的14%，将由老龄化社会向老龄社会转变。①老龄化所孕育出的消费市场持续释放。据测算，到2050年随着我国65岁及以上老年人口占总人口比例将会达到26%，届时，仅无障碍出行市场规模可达5万亿人民币。②未来，无障碍生态产业在中国市场规模可达10万亿元。③

  无障碍产业能够实现经济效益和社会效益平衡的最大化。随着国家对无障碍环境治理日益重视，无障碍产业发展的顶层设计不断加强，无障碍产业发展将迎来蓬勃发展时期。2016年10月，国务院出台《关于加快发展康复辅助器具产业的若干意见》。《意见》指出，到2020年，康复辅助器具产业规模突破7000亿元，形成布局合理、门类齐备、产品丰富的产业格局，涌现一批知名自主品牌和优势产业集群，提高中高端市场占有率。2017年，由民政部牵头召开加快发展康复辅助器具产业部际联席会议制度第一次会议，强化统筹协调和协作配合，推动康复辅助器具产业加快发展。2018年6月，12个国家康复辅助器具产业综合创新试点地区授牌。不仅是康复辅助器具产业，与无障碍产业密切相关的其他指导意见也逐步完善，2011年12月，国家科技部发布《医疗器械科技产业"十二五"专项规划》。2016年，国家发改委发布《关于促进医药产业健康发展的指导意见重点工作部门分工方案》。党的十八大以来，中央制定出台了一系列关于加快发展养老服务业、健康服务业、医药产业以及推进残疾人小康进程、"健康中国2030"规划纲要等政策文件。党的十九大报告明确了建设健康中国的路线图。《中华人民共和国国民经济和社会发展第十四个五年规划和2035年远景目标纲要》作为我国开启全面建设社会主义现代化国家新征程的宏伟蓝图，规划了和无障碍领域密切相关的目标，例如，在第五篇"加快数字化发展 建设数字中国"提出以数字化转型整体驱动生产方式、生活方式和治理方式变革，第十六章"加快数字社会建设步伐"提出"聚焦教育、医疗、养老、抚幼、就业、文体、助残等重点领

---

① 中国发展基金会.中国发展报告2020：中国人口老龄化的发展趋势和政策［EB/OL］.（2020-10-15）[2020-12-30]. https://www.thepaper.cn/newsDetail_forward_9582019.
② 社创号.中国有3亿人需要"无障碍出行"，谁在解决这个问题？［EB/OL］.（2019-07-04）[2020-12-30]. https://www.casvi.org/h-nd-629.html?groupId=-1.
③ 张光岩.中国无障碍生态产业市场规模达10万亿元［N/OL］.南方日报，（2017-12-04）[2020-12-30]. http://epaper.southcn.com/nfdaily/html/2017-12/04/content_7686891.htm.

域，推动数字化服务普惠应用，持续提升群众获得感"。[①]

同时，我国无障碍环境建设法规、标准进一步完善，无障碍环境建设进步明显。自2012年8月1日起《无障碍环境建设条例》在全国实施，目前已经9周年。截至2017年底，全国共出台了451个省、地市、县级无障碍建设与管理法规、规章和规范性文件[②]。目前，我国已经建立了比较完整的无障碍环境技术标准体系，第一部无障碍建设方面的规范《方便残疾人使用的城市道路和建筑物设计规范（试行）》1989年4月颁布，并于1998年修订。2001年6月《城市道路和建筑物无障碍设计规范》发布，2012年9月1日国家标准GB 50763-2012《无障碍设计规范》开始实施。法规和标准的完善为无障碍产业的发展创造了良好的外部规范环境。

随着无障碍上升为国家战略目标，无障碍产业迎来新一轮发展契机。无障碍作为战略性新兴产业的开发时机已成熟。大力发展无障碍产业能有效应对人口老龄化的挑战，增进残疾人福祉，推进健康中国建设，它不仅是一项为残疾人、有需求的障碍群体造福的产业，同时也潜藏巨大的商业发展机会，是具有增长潜力的战略性新兴产业。而随着全球新一轮科技革命与产业变革日益加快，也给提升无障碍产业核心竞争力带来新的机遇与挑战。无障碍产业创新发展涉及利用人工智能、物联网、大数据、新材料、生物医药等科技创新技术，既涉及信息技术和制造技术的结合，又涉及信息技术和服务能力的结合，将助力我国产业升级，助力"中国制造2025""互联网+"以及现代服务业发展进程。

二、我国无障碍产业发展现状

近年来，我国无障碍产业发展加速，涌现出许多创新型企业，无障碍产业产品种类日益丰富，供给能力不断增强，服务质量稳步提升，但是仍面临一些短板和难题。以下从市场主体、产品供给、技术体系和创新意识三个方面分析我国无障碍产业现状。

---

① 张倩男."十四五"规划纲要提到：加快数字化发展 建设数字中国［EB/OL］.（2021-03-14）［2020-13-31］. https://baijiahao.baidu.com/s?id=1694156646687864722&wfr=spider&for=pc.
② 中国残联.2017年中国残疾人事业发展统计公报.残联发〔2018〕24号［R/OL］.（2018-04-26）［2021-01-02］. http://www.gov.cn/xinwen/2018-04/26/content_5286047.htm.

（一）从市场主体来看，中小微型民营企业占绝大多数，其中不少是新创企业，资金实力较小

表6-1-1是我国康复机器人市场主要创新企业基本情况。可以看出，中小微型民营企业占绝大多数。其中，不少企业都是新创企业（或新创子企业），在近五年成立的不占少数。一些企业的产品还处在研发审批阶段，未能实现销售收入。

新创企业占比较高与产业大背景有关，康复机器人所在的无障碍领域既是创新领域，也是创业领域，数字化时代快速发展以来涌现出许多无障碍新兴产业，如康复机器人、导盲机器人等。与此同时，原来具有竞争比较优势的传统器械行业企业、工业自动化行业企业等也在这一领域逐渐发力。

表6-1-1 我国康复机器人市场主要创新企业基本情况

企业名称	成立时间	企业性质	总部地址	注册资金	主要产品	发展事件
深圳市迈步机器人科技有限公司	2016	民营	深圳	642.857万元人民币	下肢康复机器人、手部外骨骼机器人等	2018年完成数千万元Per-A轮融资
尖叫智能科技（上海）有限公司	2014	民营	上海	114.29万元人民币	人工智能机器人外骨骼辅助系统开发	2017年获得3000万人民币Pre-A轮融资
埃斯顿（南京）医疗科技有限公司	2019	民营	南京	500万美元	上肢康复机器人	
河南翔宇医疗设备有限公司	2002	民营	安阳	1.2亿元人民币	康复机器人、智能设备等	2021年首次公开发行股票并在科创板上市
江苏璟和技创机器人有限公司	2020	民营	常州	1000万元人民币	下肢康复机器人、上肢康复机器人等	
深圳睿瀚医疗科技有限公司	2016	民营	深圳	695.1934万元人民币	软体康复机器人等	2018年完成Pre-A轮近2000万元融资
广州一康医疗设备实业有限公司	2000	民营	广州	1000万元人民币	上肢康复机器人、下肢康复机器人、手功能康复机器人等	
安阳市神方康复机器人有限公司	2010	民营	安阳	1800万元人民币	上下肢康复机器人等	
沈阳六维康复机器人有限公司	2010	民营	沈阳	1520万元人民币	脊髓损伤、中风后遗症、脑瘫等需要的康复机器人	

续表

企业名称	成立时间	企业性质	总部地址	注册资金	主要产品	发展事件
哈工大机器人集团（HRG）	2014	国有企业	哈尔滨	—	智慧工厂、工业机器人、医养康助机器人等	
深圳市迈康信医用机器人有限公司	2014	民营	深圳	2000万元人民币	研发、生产、销售医疗康复、助老助残智能机器人（Ⅱ类医疗器械）	2017年1月通过广东省医疗器械质量监督中心检测、8月获得"国家高新技术企业"称号
上海傅利叶智能科技有限公司	2015	民营	上海	147.0588万元人民币	康复机器人产品研发	2020年12月入选"第四批智慧健康养老示范企业"
杭州若比邻机器人科技有限公司	2014	民营	杭州	1000万元人民币	机器人仿生手	
苏州瑞步康医疗科技有限公司	2016	民营	苏州	130万元人民币	外骨骼机器人	

资料来源：作者根据企查查及各公司官方网站整理而得，截止时间2020年5月。

对于听障人士、老年人士来说，助听器、人工耳蜗等助听设备和助听服务无疑是重要的无障碍辅具。表6-1-2统计了目前参与我国助听器市场部分企业的基本情况。从表中可以看出，目前国内的助听器市场具有优势的是欧美公司，高端助听器尤其如此。一些高端售价高达40000元/台，称得上是一件奢侈品。而低端助听产品又因为噪声太大，无法满足老人的需求，导致抗拒佩戴（整体佩戴率不足5%），进一步加剧听力下降。

助听器价格之所以高，是因为授话器、芯片等主要零部件长期被跨国集团所控制，世界一线六大品牌丹麦瑞声达、瑞士峰力、德国西门子、丹麦奥迪康、丹麦唯听、美国斯达克几乎占据约90%市场份额。[1]助听器零部件生产和人工耳蜗零部件生产，涉及超过12类零部件，分别是分立元件、集成电路、数码芯片、数字元器件、调节旋组、麦克风、授话器、电池、接收电路、电极、言语处理器等。助听服务与支持提供包括听力康复中心、听力康复APP

---

[1] 助听器市场有望达到1000亿：国际主要品牌占据89%的市场份额[EB/OL]．[2021-10-09]．http://www.zhopera.com/zhuhai/caijing/18906.html．

等，涉及听力评估、设备验配、软件服务、人才培养与科研输出等服务。①

表6-1-2 我国助听器市场部分企业基本情况

企业名称	成立时间	注册资金	企业性质	总部地址	产品	发展事件
杭州又听科技有限公司	2017	250万元	民营企业	杭州	能和安卓或苹果手机直接连接蓝牙耳机的老年助听双耳耳机（消费级产品零售价为2000元左右）	
奥迪康（上海）听力技术有限公司	2007	35.0743万美元	外资独资	上海	老年人及儿童助听器 老年人内式助听器（售价为30000元左右） 老年人无线耳挂式助听器（售价为1000—30000元）	母公司为丹麦奥迪康听力集团，1991年全球第一台全自动助听器
厦门瑞听听力科技有限公司	2012	500万元	民营企业	厦门	手机智联助听器、隐形式助听器、OTC快消式助听器、辅听器	产品通过美国FDA、欧盟CE认证，符合大部分国家的市场准入标准
索诺瓦听力技术（上海）有限公司（原峰力听力技术（上海）有限公司）	2005	—	外资全资子公司	上海	瑞士Phonak峰力助听器、加拿大Unitron优利康助听器、瑞士Phonak峰力无线聆听系统、美国AB领先仿生人工耳蜗、峰力云图系列助听器（售价8000—50000元）	
斯达克听力技术（苏州）有限公司	2006	210万美元	外资独资	苏州	定制式助听器为主斯达克助听器（售价2000—40000元）	
西万拓听力技术（苏州）有限公司	1995	398万美元	外资独资	苏州	西嘉（signia）、奥德声（audio service）、力斯顿（rexton）A&M助听器产品	
杭州爱听科技有限公司	2011	3000万元人民币	中外合资	杭州	爱可声助听器在中国的生产基地，研发中心及营销服务中心高端定制式迷你超隐形深耳道式成人耳内耳聋耳机（售价36000元左右）	国家高新技术企业、浙江省雏鹰计划企业、中国残疾人辅助器具中心创新产品银奖
欧仕达听力科技（厦门）有限公司	2003	205万美元	中外合资	厦门	欧仕达助听器（售价10000—40000元）	

---

① 对话.助听器小玩意大研发 芯片价值最高？[EB/OL].（2017-11-08）[2021-01-03].http://tv.cctv.com/2017/11/08/ARTIWw9vIJChjpqaR45DB2ln171108.shtml.

续表

企业名称	成立时间	注册资金	企业性质	总部地址	产品	发展事件
新声科技有限公司	2004	1200万元人民币	民营企业	厦门	盒式助听器、耳背式助听器、耳内式助听器	
北京聆通科技有限公司	2018	1562.5万元人民币	民营企业	北京	测听和助听功能APP（第一年免费服务，一年后每月收费10元）智能助听器	
德通听力科技（杭州）有限公司	2018	1125万元人民币	民营企业	杭州	智能辅听电子产品亿耳智能助听器（售价6000元左右）	获首轮千万级的风险投资
深圳市智听科技有限公司	2017	88.8万元人民币	民营企业	深圳	智能测听验配助听器	团队获得2017首届"启迪杯"创新创业大赛一等奖
杭州惠耳听力技术设备有限公司	1998	2600万元人民币	民营企业	杭州	斯达克助听器（售价2000—40000元）瑞声达助听器等	

数据来源：作者根据各公司官网和相关新闻报道整理而得，截止时间2020年5月。

对于重度、极重度耳聋患者而言，人工耳蜗是目前世界上公认的治疗最有效的手段，[1] 同时也是一项壁垒很高的生物医药工程技术。人工耳蜗是由耳蜗内的植入电极、言语处理器、方向性麦克风及传送装置所组成，声音由方向性麦克风接收后转换成电信号再传送至语言处理器将信号放大、过滤，并由传送器传送到接收器，产生的电脉冲送至相应的电极，从而刺激听神经纤维兴奋并将声音信息传入大脑，产生听觉。[2] 全球三家公司占据了全球人工耳蜗市场的主要份额，分别是澳大利亚的科利耳集团（Cochlear Corporation），奥地利的MED-EL以及美国的AB公司。

国外人工耳蜗从20世纪90年代初逐渐引入我国，产品价格昂贵，非普通家庭能承受。国产人工耳蜗的关键技术研究始于20世纪80年代[3]，经过近40年的发展，取得了显著成就。2018年一项研究显示，国产人工耳蜗植入能

---

[1] 曾宪海，等．74例语前聋患儿国产人工耳蜗植入术后康复效果分析［J］．中华耳科学杂志，2018（03）：345．
[2] 毛弈韬．助听器的发展与听障患者听觉言语康复［J］．医学与哲学，2012（06）：79．
[3] 龚树生，郝瑾．国产人工耳蜗，任重道远［J］．中国医学文摘（耳鼻咽喉科学），2013（5）：231．

显著提高重度或极重度感音神经性聋语前聋患儿听觉能力。[1]一些国产人工耳蜗已稳定占据国内市场份额，在技术指标、稳定性、可靠性等方面跻身世界先进水平。[2]随着国产产品的上市，打破了国外厂家的垄断，也促使进口人工耳蜗的零售均价由以前的25万元/台下降到15万元/台。与此同时，国产人工耳蜗开始面向全球竞争。

目前，国内三家主要的人工耳蜗企业是上海力声特、沈阳弘鼎康医疗和杭州诺尔康，如表6-1-3所示，2018年估值分别为2.5亿元、2亿元和18亿元，若按此计算，国内合计估值约22.5亿元。[3]

表6-1-3 我国人工耳蜗市场主要企业基本情况

企业名称	成立时间	注册资金（万元）	企业类型	总部地址	产品价格
浙江诺尔康神经电子科技股份有限公司	2006	12580	民营	杭州	约7万—9万元/台
上海力声特医学科技有限公司	2004	16469.7	国有	上海	约6万—8万元/台
澳科利耳医疗器械（北京）有限公司	2010	300	外资独资	北京	低档产品（15万元以下）、中—中高档产品（15万—20万元）、高档产品（20万—25万元）、顶级产品（25万元以上）
沈阳弘鼎康医疗器械有限公司	2006	200	民营	沈阳	约7万—8万元/台

数据来源：作者根据各公司官网和相关新闻报道整理得出。

线上服务助听APP市场在近些年蓬勃发展，新创企业不断出现，如北京聆通科技有限公司、广州音书科技有限公司、深圳市智听科技有限公司、科大讯飞股份有限公司等。（如表6-1-4所示）

线下服务助听市场，主要提供听力评估咨询，设备验配调试服务，主要参与企业有丹麦奥迪康听力技术（中国）有限公司、爱耳时代医疗科技（北京）股份有限公司、上海力声特医学科技有限公司等（如表6-1-5所示）。

---

[1] 曾宪海，等.74例语前聋患儿国产人工耳蜗植入术后康复效果分析[J].中华耳科学杂志，2018（3）：345.
[2] 上海证券报.诺尔康：草根浙商"突围"人工耳蜗国产化[EB/OL].[2021-10-09].https：//news.cnstock.com/paper，2018-06-11，1008325.htm.
[3] 肖玮.人工耳蜗刷屏，A股两公司布局国内3大公司估值22亿[N].新京报，2018-12-20.

表 6-1-4　我国线上服务助听 APP 市场部分企业基本情况

企业名称	成立时间	注册资金（万元）	企业类型	总部地址	产品
北京聆通科技有限公司	2018	1562.5	民营	北京	测听和助听功能 APP（第一年免费服务，一年后每月收费 10 元）智能助听器
广州音书科技有限公司	2016	101	民营	广州	无障碍沟通软件、言语康复软件等
深圳市智听科技有限公司	2017	88.8	民营	深圳	智能测听验配助听器
科大讯飞股份有限公司	1999	80087.0596	民营	合肥	讯飞听见等

数据来源：作者根据各公司官网和相关新闻报道整理得出。

表 6-1-5　我国线下助听服务市场主要企业基本情况

企业名称	成立时间	类型	注册资金	总部地址
奥迪康（上海）听力技术有限公司	2007	外资全资子公司	35.0743 万（美元）	上海
爱耳时代医疗科技(北京)股份有限公司	2013	民营	1000 万元	北京
上海力声特医学科技有限公司	2004	国有	16469.7 万元	上海

数据来源：作者根据各公司官网和相关新闻报道整理得出。

言语康复产业，包括言语康复硬软件研发和生产，以及言语康复软件和服务行业。表 6-1-6 整理出我国言语康复市场部分企业基本情况。言语康复行业主体包括企业、医院和社会组织。医院和社会组织主要有综合医院康复科、专门康复医院以及言语康复科研机构和非营利社会组织。

表 6-1-6　我国言语康复市场部分企业基本情况

企业名称	成立年份	注册资金	总部地址	经营领域
东方启音言语治疗（中国）有限公司	2007	—	香港	言语能力提升、言语障碍治疗、自闭症(孤独症)专项治疗
杭州雅恩健康管理有限公司	2005	69.1489 万元	杭州	儿童言语语言发展训练
深圳市慕言教育科技咨询有限公司	2018	157.3333 万元	深圳	

续表

企业名称	成立年份	注册资金	总部地址	经营领域
北京慧医明智科技有限公司	2018	450.0 万元	北京	聋儿智能康复及咨询服务
上海明日公司事业发展中心	2017*	—	上海	公益
广州音书科技有限公司**	2016	101 万元	广州	无障碍沟通软件、言语康复软件等
科大讯飞股份有限公司	1999	80087.0596 万元	合肥	讯飞听见等

数据来源：作者根据各公司官网和相关新闻报道整理得出。
* 指的是倾音项目启动时间，该项目服务于唇腭裂患者语音矫正和科普宣传的公益。
** 企业创始人团队成员中有一位听力残障人士。

在无障碍旅游产业，结合信息技术，不少新创企业或者项目出现，主要涉及无障碍旅行服务平台、无障碍旅游信息数据服务等。表 6-1-7 整理了近年来无障碍旅游领域部分创新企业（项目）基本情况。

表 6-1-7　近年来部分无障碍旅游创新企业（创新项目）基本情况

企业 / 项目名称	成立 / 上线时间	注册资金	总部地址	主要产品	发展事件
广州知更鸟网络科技有限公司	2017	80 万元	广州	无障碍的旅行服务平台	2018 年获得 100 万投资
奇途无障碍旅游科技公司*	2018	—	南京	无障碍旅游信息数据库服务	2018 年获第三届"中国创翼"创业创新大赛江苏省专项赛一等奖；2018 年获得 Booking.com 荷兰总部 20 万欧元影响力投资
广州华途信息科技有限公司	2011	500 万元	广州	无障碍地图、无障碍监管服务平台、无障碍出行服务平台	国家新一代交通控制网试点工程主要参与企业；第五届中国创业大赛（国赛）优秀企业奖
高德无障碍地图项目	2017				

视障辅助技术在移动互联网时代有了新的创新路径，新创企业不断出现，投入辅助眼镜、辅助平台、穿戴设备等创新产品研发。表 6-1-8 统计了视障辅助技术领域部分企业基本情况。

表 6-1-8　视障辅助技术领域部分企业基本情况

企业/项目名称	成立时间	注册资金（万元）	总部地址	主要产品	发展事件
杭州视氪科技有限公司	2016	125.7	杭州	视障人士辅助技术解决方案，包括盲人视觉辅助眼镜的研发和销售、盲人视觉辅助系统以及云平台	2016年完成了近千万的天使融资。2018第五届浙江省"火炬杯"创新创业大赛电子信息行业总决赛成长组冠军项目；研发的盲人视觉辅助眼镜已正式上市
小艾帮帮（杭州）科技有限公司	2018	103	杭州	连接志愿者和视障人士，为视障人群提供基于穿戴式设备的远程私人秘书服务	志愿者数量11238人，视障者数量3021人
达闼科技（北京）有限公司	2015	5000	北京	移动内联云服务，云端智能机器人，导盲机器人META，云端智能机器人连接器，全球HARI结构的智能服务云平台	2017年，获得1美元A轮融资，2019中国人工智能企业知识产权竞争力百强榜排名第45位

资料来源：作者根据行业调查报告——社投盟研究院《无障碍产业研究报告》整理得出。

智能家居的发展提高了视障人士独立生活的能力。部分企业瞄准智能家居无障碍改造。表6-1-9展示了部分智能家居无障碍领域部分企业基本情况。

表 6-1-9　智能家居无障碍领域部分企业基本情况

企业/项目名称	成立时间	注册资金（万元）	企业性质	总部地址	主要产品	发展事件
湖南海诺电梯有限公司	2004	4000	中外合资企业	湘潭	无障碍提升设备、风塔升降机等机电产品及配件的研发、制造、销售、安装、维护及出口业务	2010年，广州亚运会无障碍升降设备的主要供应商
北京金坤科创技术有限公司	2013	5000	民营	北京	多元融合定位技术、智慧隧道、智慧城市信息化、老人/小孩/心智障碍患者群体定位解决方案	2018年"科技冬奥、智慧观察"室内定位大赛比测冠军，拥有41项发明专利、35项企业软件著作权，以及国家保密资质、国军标体系认证、武器装备承制资格等重量级认证

续表

企业/项目名称	成立时间	注册资金（万元）	企业性质	总部地址	主要产品	发展事件
深圳和而泰智能控制股份有限公司	2000	91 401.6928	民营	深圳	智能控制器，智慧家居生活，C-Life智慧养老服务平台及系列智能硬件	智能控制器领域500余研发工程师，900多项知识产权，近400项发明专利，年产智能控制器近亿套
深圳市志合众成电子科技有限公司	2014	100	民营	深圳	智能Wi-Fi电子猫眼、安检安防产品、报警器家用安防系统、可视对讲门铃	—

数据来源：作者根据各公司官网和相关新闻报道整理得出。

（二）从产品供给来看，中高端市场竞争力较弱，有效供给不足，功能品种欠缺丰富，高科技产品产业化程度不高

一是许多已经商业化的产品，存在中端市场占有率不高，高端市场竞争力较弱的情况。例如，在肢体残疾个人辅具市场，国内辅具企业规模较小，仍以加工中低端产品为主，能够规模生产的电动轮椅、代步车等中高端产品，半数以上为代工产品，中高端假肢、矫形器等产品主要依赖进口。但从趋势来看，国产品牌在数字化时代在中高端市场有突破趋势，产品逐渐具有性价比优势，供给质量在提升。以助听器这一辅具为例，传统助听器行业由国际巨头垄断，国产品牌不断依托助听技术创新、新兴技术运用、移动互联网业生态利用等多种方式在中高端市场获得突破。

二是无障碍产品和服务有效供给不足，功能品种欠缺丰富。一方面是产品供给不足。以肢体残疾个人辅具市场和视障产品市场为例，产品供给存在数量较少，适切性有待提高的问题。又如，与无障碍密切相关的适老化产品，数据显示目前全球适老用品有6万多种，我国自主开发的适老用品仅有2000多种，供给严重不足。笔者在对残障群体的访谈发现，对于有支付能力的消费者，在国内市场很难找到适合的无障碍浴缸，需要从欧洲进口。另一方面是服务供给也不足。以辅具为例，辅具之于残障群体并非快消品，辅具一般会长期使用，因而仅仅提供产品是不够的，纵向的产品服务如量身配置、使用培训、后期维护更新等都很重要。肢体残障人士在购买个人移动辅助器具时，往往缺乏专业的个人辅助器具适配服务，服务专业化水平有待提升。一是从我国普遍情况来看，辅助器具服务机构普遍设置在大城市，农村地区和中小城市的残疾人无法就近获得专业的辅助器具服务，而我国残障人士大多生活在农村[①]；二是大多数服务机构的辅助器具管理和技术人员并不专业。

同样，第七次全国人口普查显示，我国人口老龄化程度进一步加深的现实，许多老年人随着身体机能的衰退面临各种疾患的困扰，康复治疗和上门健康服务的供给与需求之间仍存在不小的差距。其中，失能、半失能老年人占比很高，根据《第四次中国城乡老年人生活状况抽样调查》显示，2015年，我国有失能半失能老年人4063万人，占老年人口的18.3%。[②]这部分失能、失智、半失能老人的护理市场同样存在供给远不能满足需求的矛盾。以江苏为例，目前江苏省从事失能老人护理工作人员有4.5万人，与40多万护理员需求存在巨大缺口。[③]2019年开始的"互联网+护理服务"项目在苏试点，为失能与半失能病人提供便利护理服务，但还面临许多护理人员所担心的安全保障问题亟待解决。

三是高科技产品产业化程度不高。笔者2020年8月调研10家代表性的无障碍企业，其中江苏省5家，分别涉及康复机器人领域（1家）、无障碍旅游领域（2家）、无障碍辅具领域（1家）和无障碍信息技术领域（1家），广州、深圳、北京等地5家无障碍科技、教育和社会公益企业。发现主要产品处于研发期和产业化初期企业占比达到一半。在苏的5家企业，处于研发期和产业化初期企业有3家，尤其在康复机器人、智能辅具等软件和硬件结合领域，具有前期研发投入大，研发时间长，后期产品售价较高的特点，商业化有一定难度。其次在无障碍旅游等轻资产的服务领域，产业化程度亦不高，开发残障人士旅游的频次有限。

---

① 我国农村残疾人口占全国残疾总人口的比例为75.04%。——数据来自：中国政府网.中国发布第二次全国残疾人抽样调查主要数据公报[EB/OL].（2007-05-28）[2021-02-03]，http://www.gov.cn/jrzg/2007-05/28/content_628517.htm.

② 国家统计局.精准扶贫背景下中国失能老人多维贫困研究——基于2014年中国老年健康影响因素跟踪调查（孙金明等）[EB/OL].[2021-02-03].http://www.stats.gov.cn/tjzs/tjsj/tjcb/dysj/201812/t20181220_1640538.html.

③ 江苏老年人口已占23.04% 专业护理人员短缺[EB/OL].（2019-10-24）[2021-01-10].http://js.people.com.cn/GB/n2/2019/1024/c360302-33466302.html.

（三）从技术体系和创新意识来看，企业管理层具有企业家精神，自主创新意识较强，创新较多集中在技术应用层面

一是多数企业管理层年轻、自信，具有企业家精神，愿意深耕无障碍领域。笔者所调研的10家企业，"八五后"管理层和主要研发人员占比很高，其中2家初创企业是85后残障人士创业。在科技型企业，主要研发团队都具有较高学历，在苏调研的康复机器人研发人员普遍硕士学历，残障人士创业者具有国际留学背景。

二是拥有专利技术的企业占比较多，自主创新意识较强。许多企业都拥有知识产权，自主创新的意识较强。

三是创新较多集中在技术应用层面。以康复机器人产业调研情况来看，工业企业进入康复机器领域能够利用自身在工业上积累的技术优势应用于制造康复机器人，但在例如人机交互、人体肌电信号识别等影响未来康复机器人发展的基础研究上投入不足，企业创新能力不足。

第二节　无障碍产业发展对无障碍环境治理的影响

无障碍环境治理离不开企业主体的参与。研究发现，分析2010—2014年残疾人事业统计公报中有关无障碍环境建设的数据，离散型的行动主体是无障碍环境建设困境产生的主要影响因素。[1]无障碍环境治理，不仅需要强调政府主导责任，也需要重视调动市场、社会组织和公民在无障碍环境建设的主体作用。

我国自1988年颁布《中国残疾人事业五年工作纲要》以来，持续推进无障碍建设政策颁布、制度保障以及基础设施建设。1989年建设部、民政部、中国残疾人福利联合会通知和实施《方便残疾人使用的城市道路和建筑物设

---

[1] 许巧仙.破解无障碍环境建设困境：以社会治理理论为视角［J］.河海大学学报（哲学社会科学版），2015（06）：43.

计规范（试行）》。2012年8月1日起在全国范围内施行《无障碍环境建设条例》，迄今已近9年，在创造无障碍环境，保障残疾人等社会成员平等参与社会生活，方便残疾人等社会成员自主安全地通行道路、出入相关建筑物、搭乘公共交通工具、交流信息、获得社区服务等方面取得了重大的成就。截至2017年底，开展无障碍建设市、县、区达到1622个；全国开展无障碍建设检查4006次，无障碍培训3.2万人次；为89.2万户残疾人家庭实施了无障碍改造，其中包括10.5万户贫困重度残疾人。经过40多年的发展，无障碍环境建设取得了巨大成就。

但目前，我国无障碍环境建设依然还存在一些问题，且和世界发达国家相比还存有一定差距。政府在不断地批量投入人、财、物建设残疾人无障碍生活设施，但实际效果并非特别理想，仍存在一些亟待破解的难题，比较突出的一点是无障碍环境建设碎片化的问题，尤其是在三、四线城市和农村地区，尚未形成由点到线、由线到面的系统化融合连续的无障碍环境，难以实现真正无障碍出行。例如谈及无障碍环境建设的城乡差距，在国务院网站"我向总理有话说"栏目，2017年的一位在京务工的盲人留言："从北京回家乡，我感受到了火车站对残疾人的照顾。可是从家乡回北京，我觉得好无助。火车站没有无障碍设施，站台更是坑洼不平，导致行李箱轮子坏了好几个。希望绿色通道在全国普及，成为无障碍的标准规范。"①

无障碍环境治理点多面广，成本较高，无障碍环境的治理不能停留在政府包办的思想上。传统的由政府包办的模式效率不高，应充分发挥各类市场主体积极性和创造力。因此，培育发展无障碍产业，积极引进社会投资，培育市场力量，发挥市场主体主观能动性参与无障碍环境建设实践是无障碍环境治理应有之义。

其次，建设无障碍环境，还需要丰富无障碍的产品，创新无障碍的技术，促进无障碍产品价格为普通人所能承受，这就必然涉及产业问题。例如，电动轮椅的发明创造为下肢残障者学习生活提供了便利，人工耳蜗产业化为重度听障者带来了福音，甚至自动门的规模应用也能够方便行动障碍者出行。

---

① 网友留言：盲人出行难，盼全国普及火车站绿色通道［EB/OL］.（2017-10-27）［2021-02-19］. http://www.gov.cn/hudong/2017-10/27/content_5234748.htm.

因此，加快体制机制改革，创新政府和社会资本合作的模式，让市场投资能够参与到存在大量公共服务领域的无障碍产业投资中，促使政府和市场形成合力，是决定政策支持有效性的必备条件。同时，需要积极推进无障碍环境建设、无障碍改造，完善无障碍出行外部环境。

再次，培育发展无障碍产业方向向国家治理提出了更高的要求，政府实现对产业的有力引导需要更加优化产业发展环境，更加完善产业政策体系，更加健全市场监管机制和行业标准，形成统一开放、竞争有序的市场环境。这样，政府对自身所扮演角色的定位也会更为清晰。

第三节 无障碍产业发展的 SWOT 分析

本节将利用 SWOT 分析法对我国无障碍产业发展的优势、劣势、机会和威胁四个方面展开分析，并在此基础上提出我国无障碍产业进一步发展的对策建议。

一、我国无障碍产业发展优势

（一）内部市场需求前景广阔

国家的内部市场的需求前景广阔，给无障碍产业的发展提供了支撑。一方面，从总量需求看，我国拥有世界最大的无障碍需求群体。我国无障碍产业的主要服务对象包括老年人和残障人群。2018 年，我国有超过 3 亿人需要"无障碍"，每年新增需要康复训练的残疾人有约 500 万人。同时我国面临人口老龄化的程度日益加深的情况，随之而来的老年病问题也愈加严重。仅作为老年常见病的脑卒中（俗称中风，即脑出血、脑梗），据统计我国已有一千多万脑卒中病人，到 2030 年，国内脑卒中患者将达 3177 万人。[1] 同时，随着

---

[1] 操秀英. 2030 年我国脑卒中患者将超 3000 万［N/OL］. 科技日报,（2015-09-28）.［2020-02-04］. http : //scitech.people.com.cn/n/2015/1014/c1057-27694225.html.

我国经济的发展，有支付能力的无障碍产品和服务的需求也将越来越大。近年来，越来越多老年人开始关注到康复健康，广阔的市场空间有待挖掘。

另一方面，我国获得无障碍产品和服务的障碍群体比例和发达国家相比还有一定差距。以听障人群康复需求为例，2017年中国残疾性听力障碍人士已达7200万，而对助听器技术的应用不到5%，而发达国家的佩戴率约为30%，在7200万听障人士中，0至17岁儿童约有50万，中青年约有1150万，老年人数量最多，约有6000万，总体上佩戴水平相比较低。[①]

获得无障碍产品和服务的障碍群体比例较低这种情况的原因有两个。一是市场上一些无障碍产品和服务的价格较高，相较障碍群体的经济能力而言难以承受。以人工耳蜗和助听器为例，进口人工耳蜗一台售价平均20万，国产也需要7万—8万，包括手术费在内后续费用可能高达40万—50万元。从助听器来看，外资品牌助听器也在1万—5万左右，中位数是2.5万，国产品牌助听器也需要千元以上。二是一些产品相对需求出现有效供给不足的问题。比如对于言语障碍的康复治疗需求，据统计，截至2017年底，我国言语障碍人群超过300万，其中0—17岁言语残疾达148万人，14岁以下自闭症患者达200万人，按照国际言语治疗师需求标准，即每10万人口中20名治疗师的配置，而我国言语治疗师缺口约为20万人，有接近70%的言语障碍人群缺少有效的治疗服务。

（二）企业创新能力和创新意识不断增强，不少产品具有性价比优势

国际大品牌享有垄断地位而产生较大溢价，产品价格昂贵。不少国产品牌不断进行技术创新推高性价比优势，开始替代进口产品占领市场，并不断向高端市场突破。

如前文所述的对于重度障碍者极为重要的人工耳蜗，其研发生产是一项壁垒很高的生物医药工程技术，长期由国外三家公司所垄断，产品价格昂贵。目前随着一些国产人工耳蜗稳定占据国内市场份额，打破了国外厂家的垄断，也促使进口人工耳蜗的零售均价由以前的25万元/台下降到15万元/台。与此同时，国产人工耳蜗开始面向全球竞争力。

---

① 吴佳佳. 我国残疾性听障人士达7200万 助听器佩戴率不足5%[EB/OL].（2017-06-14）[2020-02-04]. http://www.cankaoxiaoxi.com/china/20170614/2121557.shtml.

（三）我国拥有较完整的工业产业链和良好的基础设施

我国是全球第一制造业大国，拥有完整的工业化体系和全部工业门类，能为无障碍产业的研发、生产提供较完整的工业产业链和基础设施。无障碍产业涵盖智能穿戴、康复辅具、智能看护机器人、智能导盲系统、无障碍软件、出行设备、无障碍旅游、无障碍电影等产品与服务的完整产业链条。以助听器和人工耳蜗零部件生产为例，涉及超过12类零部件，分别是分立元件、集成电路、数码芯片、数字元器件、调节旋组、麦克风、授话器、电池、接收电路、电极、言语处理器等。这些细化的部件需要能提供从原材料开发、加工到生产设备制造、升级的全套产业链，我国的产业分工形成完善的产业配套和快速的供应链响应能力，以及良好的交通、互联网基础设施对于成本优势的发挥起到重要作用。

（四）政策支持和稳定的发展环境

我国各级政府十分重视产业的发展。为促进无障碍产业发展，许多城市出台相关产业政策，从顶层设计层面探讨产业规划。比如，深圳市作为我国最早开展无障碍建设的城市之一，2020年12月，深圳市残工委印发《深圳市无障碍城市总体规划（2020—2035年）》（以下简称《规划》），提出无障碍信息化和智能化产业政策、无障碍辅具产业政策、无障碍工程产业政策、无障碍服务业政策的四大升级，目标是到2030年，形成无障碍全产业链和全球无障碍城市建设的"深圳经验"。《规划》提出鼓励企业主体、科研院校等开展无障碍技术研究，对无障碍技术研发行为按政策给予资助，并加大对无障碍研发成果转化资助力度，推动无障碍设计、公益、设备、材料、检测、软件等关键技术的环节的创新发展等支持政策。事实上，不少无障碍创新企业也都曾获得政府创业资金支持。广州音书科技有限公司是一家创新型初创企业，致力于通过互联网+人工智能技术改善听力言语障碍群体的沟通现状，在企业初创期间，就获得了来自顺德市政府的创业奖金资助。

二、我国无障碍产业发展劣势

（一）资金实力较弱，产业规模较小

从我国无障碍产业发展的现状分析中，可知无障碍产业市场主体以中小民营企业为主。中小民营企业的资金实力较弱，产能规模较小，不能充分地

把产品的单位成本控制下去,在研发投入上也受资金实力影响较为有限。

同时初创企业占比较高,未来经营的风险较高。需要引导和支持企业资金技术投入的积累,培育一批有竞争力的企业。

(二)核心技术存在差距

无障碍产业领域不少行业近十年走出了国产化道路,但是在核心技术、关键零部件生产上,和国外领先企业还存在较大的差距。核心技术部件的突破并不容易,需要产业链基础研究的大量资金和劳动投入。以导盲机器人所需芯片的制造为例,荷兰 ASML 公司所生产的 EUV 光刻机,是投入千亿美元经费、几十万工程师持续奋斗二十多年的结果。因此,在核心技术和关键零部件的投入上,政策支持应以支撑这样的研发和运用为首要目标。

(三)专业人才瓶颈制约

1.市场专业人才供给不足。产业的发展离不开人才支撑。无障碍辅具、无障碍信息技术、无障碍工程及无障碍旅游产业的发展都面临专业人才供给不足的制约。全国尚未有专门培养无障碍领域人才的专业。无障碍涉及多学科,以无障碍设计技术为例,需要了解建筑、计算机、人体工程学、心理学等多个学科,跨度很大,对人才队伍培养提出了高要求。而相对专业要求不那么高的残疾人照护、老年人照护、无障碍旅游等专业,也面临人才供给不足的困难,则是结构性的原因。年轻人不愿选择这一职业,是因为从业发展空间不大,薪酬和满意度较低。中年人从事这一行业又存在专业性不足难以有效满足市场需求的困难。

2.人才蓄留能力不足。进入无障碍领域的年轻人,也往往因为待遇不高而离开,出现人才蓄留不足的困难,企业面临人才成本约束。在笔者调研的 10 家企业中,有 7 家认为人才蓄留能力不足是当前无障碍产业发展存在的最大问题;超过一半的企业认为人力资本、研发成本、营销成本是最大的经营成本。

3.企业培养有自身担忧。对于产业所需高层次创新技术人才培养,中小企业在内部培养年轻人上有自身担忧,往往更倾向于从外部高价引进经济效益立竿见影的高端技术人才,不愿意长期投入从内部培养年轻员工。在国际形势日益复杂的环境下,创新技术人才培养越发成为整个产业发展的制约因素。

（四）无障碍环境建设碎片化

无障碍环境是无障碍产业发展的外部环境。近年来，无障碍环境建设取得巨大成绩，政府在不断地批量投入人、财、物建设残疾人无障碍生活设施，但实际效果并非特别理想，仍存在一些亟待破解的难题，比较突出的一点是无障碍环境建设碎片化的问题，尤其是在三、四线城市和农村地区，尚未形成由点到线、由线到面的系统化融合连续的无障碍环境，难以实现真正无障碍出行。

具体表现为：第一，无障碍生活设施的种类相对比较单一，如对视障群体受益明显的音响信号、声响标志及导盲设备等均相对不足。第二，无障碍设施普及程度不高，对于听力和言语残疾人的无障碍设施种类较少，例如同步传声助听设备、提示报警灯，远程视频手语翻译服务等普及程度不高，在就业、教学等日常场景未能实现大范围覆盖，据中国消费者协会、中国残疾人联合会发布的《2017百城无障碍设施调查体验报告》显示，我国无障碍设施整体普及率仍相对较低，实体体验调查普及率为40.6%，大众感知调查普及率为37.7%。尤其是以无障碍电梯和无障碍卫生间为例，无论实地体验调查数据还是大众感知调查，普及率均在20%以下，设施缺失较为严重。同时指出，地区间、行业间发展不平衡情况较为突出。第三，无障碍设施设计不够规范，导致难以满足实际需求。第四，部分居民住宅与社区、公共交通和过街通道在无障碍建设方面存在薄弱环节，区域性无障碍发展亟待进一步加强。第五，在信息无障碍环境建设方面也存在不小差距。

（五）标准质量体系建设滞后于经济发展水平

无障碍产业的发展在很大程度上需要丰硕的标准化成果。从国际经验看，日本非常注重通过完善无障碍设计标准培育无障碍设计产业。2006年，日本政府颁布法规实施建筑与交通设计标准的硬性规定；在国家法规基础上，日本47个都道府县制定了更加详细的地方福祉设计规范条例。[①] 同一年日本实施无障碍新法，倡导系统化和整体化角度考虑无障碍设计，解决"各自为政"的问题。这些较为完善的无障碍设计法规的强制性约束，推进了整个设计和设施产业的发展。以安装方便残障人士进出的自动门标准为例，这一标

---

① 宫晓东，高桥仪平.日本无障碍环境建设理念及推进机制分析［J］.北京理工大学学报（社会科学版），2018（02）：169.

准的实施可以带动自动门产业整个产业链的发展。

在信息无障碍标准方面，欧盟经验也值得借鉴。2020年底欧洲预计残障人口达到1.2亿，对于无障碍产品和服务的需求愈发紧迫。欧盟于2019年推行《欧洲无障碍法案》，规定了强制性的标准，以法案的形式对企业、供应商制定了无障碍化的相关义务，针对的产品领域覆盖电脑（硬件和软件）、自助终端、银行服务、电子书、电子商务、运输部门的数字接口等方面，将带来200亿欧元的消费增长，为区域经济的提升带来显著的效益。

无障碍标准的落实落地，少不了制度规范的保障。"十二五"时期，我国确立了加快推进城乡无障碍环境建设的目标，2012年国务院颁布实施《无障碍环境建设条例》（以下简称《条例》），无障碍环境建设的系统性和规范性明显增强。"十三五"时期，我国明确了全面推进无障碍环境建设的主要任务，并进一步提出贯彻落实《条例》，完善无障碍环境建设政策和标准、开展无障碍环境市县村镇创建、加快推进公共服务机构无障碍设施改造等系列措施，无障碍建设不断深入。

但当前无障碍环境建设发展仍有需要改进之处。作为行政法规的《条例》中的规定比较宏观和抽象，缺乏系统的、具体的实施细则。同时《条例》和无障碍技术标准的具体实施面临一些现实困难，《条例》中框架性、原则性的规定缺乏相应的标准，而具体的、可操作性的无障碍环境技术标准也缺乏法律的强有力支持。以至于行政部门责任不明，执行不力，缺乏有效的监管机制，违法以及追责的标准不明确，执法强度不高。尽管伴随着《条例》实施八周年以来，我国各部门、各地也相继出台了一系列配套法规和规章（江苏省目前仍未有省级层面的专门针对无障碍环境建设的法规出台，对结合本地实际推进无障碍环境建设不利），但其中大多的条款是鼓励性、倡导性的，并不具有强制的约束力，同时缺乏有效的惩处措施，实际效果打了折扣。

其次，在无障碍产业的标准质量体系的建设方面，目前我国标准滞后于经济社会发展水平。一是缺乏完善系统的质量标准体系，由此导致市场标准不统一、不规范成为制约产业发展的短板。以与无障碍相关的老年用品为例，目前这一行业标准大多集中于医疗器械领域，且只是在相关行业标准里提出要考虑老年人需求。二是标准多为非强制性的推荐性标准，执行情况并不乐观，产品和服务供给质量参差不齐，难以满足大多数人的需求。

三、我国无障碍产业发展机会

（一）新一轮人工智能、大数据等信息技术的发展

目前，我国正在建设以大数据中心、5G、人工智能、工业互联网为代表的新型基础设施建设，新基建运用数字化、智能化等技术改造提升了传统基础设施。随着未来的持续投入，新基建将成为未来拉动我国经济发展重要增长点。

对无障碍产业来说，这是新一轮的发展机遇。人工智能、图像识别、自然语言处理等前沿技术的发展，将会给残障人士、老年人带来生活的巨大改善。未来可以想象，人工智能也能成为视障人士的眼睛，听障人士的耳朵，肢体残障人士的双脚。大数据和智能时代，以人工智能、移动互联网等新兴技术和新兴业态将助力无障碍产业转化，用数字化、个性化、智能化手段带动产业升级，实现技术升级和核心技术维护，从单一的医疗机构、公益组织逐渐转向多元化、商业化。

（二）"双循环"战略、全面乡村振兴战略的实施

党的十九届五中全会指出，走中国特色社会主义乡村振兴道路，全面实施乡村振兴战略。面对中华民族伟大复兴的战略全局和世界百年未有之大变局，我国"十四五"规划和2035年远景目标提出建立以国内大循环为主体、国内国际双循环相互促进的新发展格局。乡村振兴战略、"双循环"战略的实施对于无障碍产业的发展无疑是重大的机遇。

四、我国无障碍产业发展风险

（一）美国政府单边打压我国高科技产业的外部宏观环境

当前，美国政府仍未放松对中国企业的单边打压，屡次对我国的重点企业进行定点打击，禁止零部件的出口、限制美国投资者交易中国企业的证券，严重破坏了正常的市场规则和秩序。我国企业尤其是高科技企业面临着严峻复杂的外部环境。

（二）国外企业无障碍产品开发氛围浓厚

相对而言，国外企业无障碍产品开发氛围浓厚。微软是科技界最早下血

本钻研无障碍、推出包容性设计理念的公司之一，包容性设计（inclusive design）文化也很大程度是在微软的坚持下才推广开来的。这样的文化贯彻到了它的每一个产品里。2018 年，微软发布肢体残障人士也可以轻松打游戏的手柄——微软 Xbox Adaptive Controller，用来代替传统的 Xbox 手柄，让不同的肢体残障人士可以根据自身需求，搭配出一套完全属于自己的游戏手柄，体现了包容性设计。

谷歌也重视无障碍开发，提倡无障碍开发与促进开发者群体多元化。谷歌的无障碍团队里有很多自身是残障人士的工程师和项目经理，他们通过自己的亲身经验、对残障社区的深入了解以及扎实的技术知识，能够精准地判断残障朋友们的需求以及如何满足这些需求。在 2019 年谷歌开发者大会上，谷歌推出 Euphonia 项目，计划用 AI 来了解语言障碍者的讲话方式，例如含糊不清、不完整的讲话，从而实现精准的语音转写。近些年，谷歌开发了 Lookout 的 APP 产品，可以利用手机相机、智能图像识别，实时告诉视障用户身边有什么东西，辨识钞票面值、扫条形码获取产品信息、阅读文件等等。谷歌旗下生命科学公司 Verily，2013 年发布 liftware 餐具产品，带有防抖功能，能够方便手部不灵活的人吃饭使用，帕金森症、手抖症、渐冻症、脑麻痹、脊髓损伤、中风后遗症等手部不再灵敏的人群是潜在产品需求者。

音响巨头 Bose 在 2019 年推出不用堵住耳朵就能听音频的智能音频墨镜，解决了盲人出行一大难点，盲人在户外用手机时必须戴着耳机听屏，往往因为堵住耳朵存在安全隐患，音响视频则可以使耳朵在正常听到周围的环境的同时听到屏幕。Netflix 实验用眼睛操控手机，视线操控可以让有肢体残障的用户更为方便地使用手机。

在设计领域，英国公司 Complete Care Shop 面向老年人和残障人士制造生活辅助用具，以肢体残障用户为目标群体，设计了一种单手厨房工作台，可以做到单手打蛋、单手切面、单手抹果酱、单手切水果、单手刷土豆、单手削皮等。

第四节 促进无障碍产业发展的思路与对策

一、发展思路

在以市场为主导、政府引导的要求下,如何对无障碍产业进行政策扶持需要解决以下两个问题。第一,从政府的角度来看,前期产业发展存在政策落地不足、整体无障碍产业发展缺乏规划,以及仅靠政府为存在大量公共服务领域的无障碍产业发展,尤其是无障碍战略性新兴产业发展投入较高的财政资金难以撬动整体产业发展,且在目前财政约束下难以实现较高水平投资。第二,从市场的角度看,存在两大细分问题:一是对于还未形成行业壁垒的领域,资金投入无障碍产业从零起步在短期内实现盈利有一定困难,尤其是在无障碍战略性新兴产业领域存在短期内需求较小、投资风险较高的情况下,存在着投资仅靠企业情怀等问题;二是对于已经形成国外技术行业壁垒的领域,新企业进入和实现技术突破较为困难,成为整个产业结构升级的瓶颈。

因此,要培育无障碍产业,实现长远发展,必须明确思路,致力于解决以上两个约束下产业发展过程中的问题。

(一)无障碍产业发展纳入我国高质量发展战略,以需求为导向,坚持市场主导、政府引导,充分发挥政府引导和市场推动的共同作用

政府应遵循产业发展规律,以需求为导向,发挥各类市场主体积极性和创造力,注重完善产业规划、引导和政策激励。不仅应从产业政策上引导相关产业做大做强,同时还需完善市场培育的激励机制,促进市场参与,营造良好市场环境。

因此,加快体制机制改革,创新政府和社会资本合作的模式,让市场投资能够参与到存在大量公共服务领域的无障碍产业投资中,让政府和市场形成合力，是决定政策支持有效性的必备条件。同时，需要积极推进无障碍环境建设、无障碍改造，完善无障碍出行外部环境。

（二）实施积极促进科技创新的各项政策，形成以人才为根本、市场为导向、资本为支撑、科技为核心的全面创新，提高产业关键环节和重要领域创新能力

创新是灵魂，是科技竞赛和产业比拼。基础知识创新和技术创新是产业发展的内在动力。从无障碍产业发展现状来看，高新技术的研发和成果转化已成为整个产业结构升级的瓶颈。要实现在关键领域突破，必须走高质量发展之路，实现从模仿到创新，从制造到智造的转变。同时，需要更好地利用国内国际技术、人才、管理等各方面资源，全面提升国际竞争力。

二、具体对策建议

（一）实施多层次定向政策，重点完善技术支持、需求培育、人才队伍建设、企业金融服务等组合支持政策

（1）完善研发创新和技术支持措施，增加财政投入。应大力促进无障碍设计制造、无障碍信息技术在物联网、辅助设备、智能终端设备及应用软件（包括通信系统、语言导航、导盲系统等）上的开发与应用，突破在材料、核心零部件、检测、软件、数据等关键技术环节的创新发展。对设立的关键领域、核心环节生产研发企业，符合条件的可参照国家高新技术企业所得税政策给予税收优惠。同时可通过设立无障碍产业发展专项基金，无障碍设计创客空间，将无障碍产业纳入相关财政以及新兴产业投资支持范围；加强产学研紧密结合，鼓励企业主体、科研院校等开展无障碍技术研究，加大对无障碍研发成果转化资助力度，完善商业转化机制；建立包含专家学者在内的技术咨询服务平台等。为鼓励企业开展研发，对研发费用连续大幅增长的企业，给予增长额一定比例的奖励。

（2）完善需求培育措施，培育消费习惯。要加大对创新产品研制企业和用户方双向支持，更加注重对产品消费端的补贴，健全以经济社会效益结果为导向的产业科技创新评价体系。对有条件的地方，可通过将基本的康复产品和服务逐步纳入基本医疗保险支付范围。对城乡贫困残障群体，可发放无障碍产品购置券。同时支持探索创新保险制度，缓解财政约束。制定完善的

辅助器具资助制度。将符合无障碍标准、能切实帮助残障人士的智能硬件纳入残疾人辅助器具名录。建设残疾人数据标准和交互标准，推动残疾人大数据物联网建设，让智能硬件厂商可以基于标准开发产品。

（3）加强人才队伍建设，培养无障碍专业人才。一是支持本省高等院校开设无障碍设计、建筑、信息技术、管理、教育、服务专业本科和研究生课程，在计算机、软件工程专业开发课程中增加无障碍开发内容，在工业设计专业增加通用设计课程支持企业、院校合作建立实用型人才培养基地，切实提高无障碍产业人才的专业化水平。二是对于高层次创新技术人才，应通过有效措施缓解中小企业后顾之忧，投资培养年轻人，使年轻人从前期项目研发开始参与历练获得更多成长。可通过企业同社会资本或各类院校合作成立高层次专业人才、技能人才培训基地（或培训项目）等。三是加强培训、行业职业技能认证和职业管理，完善从业人员职业分类，建立评价类职业资格制度，为从业者提供更加"硬核"的技能支撑。例如完善照护人员、言语康复治疗师的职业培训和职业管理。

（4）强化企业金融服务。培育壮大创业投资和资本市场，发展中小企业资本市场、债券市场，发展知识产权质押融资和专利保险，开展股权众筹融资等试点，通过新兴产业创业投资引导基金、中小企业发展基金等吸引社会资本协同发力，支持投向无障碍产业创新。

（二）营造市场环境，健全法规政策和标准质量规范，建立市场高标准规范，倒逼产业升级

（1）健全相关法律法规。尽快出台具有本地特色，条框内容与国家无障碍环境建设相关法律法规规章衔接配套，更丰富具体，具有实用性，细化可操作性的地方无障碍立法。推进无障碍立法进程，真正提升无障碍环境建设相关政策法规的效能。简化注册登记流程，健全监管服务机制。

（2）强化行业质量标准，提高标准的约束力逐渐与国际接轨。加强知识产权保护，充分发挥标准对市场的规范作用。加快重点产品、管理、服务标准制定修订，完善具体技术标准。鼓励企业和机构积极参与国际相关标准制定。

（3）严格执行质量监管，完善监督机制。推行"无障碍标志制度"，培育一批无障碍产品质量检验、检测、认证机构。例如建立由消费者、生产者代

表以及专家学者组成的"无障碍标志认证委员会",审核认证并公示质量达标的无障碍产品。支持行业组织完善自律惩戒机制,在行业标准制定、数据统计、信息披露、反不正当竞争等方面充分发挥作用。

(三)完善外部环境,加强无障碍环境建设及无障碍意识培养

(1)加强无障碍环境建设。建立多部门协同工作的无障碍环境治理机制,明确政府部门建设和维护主体责任,提升无障碍环境治理能力。推进交通、信息、社区、建筑无障碍建设和改造。促进残疾证在全省地铁等公交系统中通用。

(2)建立无障碍环境评估机制。参照国际先进无障碍环境评估标准,系统建立专业评审和包括特殊群体在内的社会评价和监督机制。同时,可在每个城市,县区建设一支常态化的无障碍环境监督体验队伍,吸收残疾人、老年人等志愿者,及时发现无障碍建设和管理中存在的问题,帮助主管部门有效管理。

(3)加强无障碍意识培养。可通过举办无障碍意识宣传周促进公众对无障碍环境的理解,强调无障碍不仅仅为特殊人士所独享,从思想根源上消除对残障人士的歧视,提高社会大众参与意识。

第七章
无障碍环境治理绩效评价

第一节　无障碍环境治理绩效评价的理论基础

一、必要性

绩效的概念源自企业管理领域，后逐渐延伸到公共领域，学者们一般使用政府绩效的概念。治理概念与绩效概念一样也源自西方，威廉姆森（1979）首先使用了治理一词，后被广泛应用到经济领域，并延伸到公共领域。全球治理委员会将治理视为"各种公共的或私人的个人和机构管理其共同事务的诸多方式的总和。它既包括有权迫使人们服从的正式制度和规则，也包括各种人们同意或符合其利益的非正式的制度安排"[①]。综合绩效、治理的内涵，无障碍环境治理绩效主要指无障碍环境治理的各类各级主体，为了实现治理目标，运用各种方式、手段对无障碍治理各领域公共事务进行协同治理的过程和结果，是对有关无障碍环境公共事务进行规范和制约所取得的成效。无障碍环境治理绩效评价则是对无障碍环境治理目标、治理主体、治理方式、治理领域、治理成效进行科学综合评价的管理活动。

作为衍生的复合概念，无障碍环境治理绩效具有政治性、能动性、多维性、多因性、动态性特点。无障碍环境治理绩效的政治性体现在治理是党委领导下的治理，坚持党的领导，是无障碍环境治理的前提条件，凸显党以人民为中心的价值理念，以人民满意为检验标准构成无障碍环境治理绩效评价的重要标准。无障碍环境治理绩效具有能动性，是肩负无障碍公共事务的各类各级主体努力的过程及结果，是积极、能动的作为。无障碍环境治理绩效既可以划分为治理体系绩效和治理能力绩效，也可从关联主体的视角细分为政党绩效、政府绩效、社会组织绩效、企业绩效等，也可以从治理内容或领

[①] 俞可平.全球治理引论[J].马克思主义与现实，2002（01）：20-32.

域角度区分为无障碍设施、信息无障碍、无障碍服务等方面绩效,具有多维性。无障碍环境治理绩效的优劣受到多种因素的影响,无障碍环境治理主体的治理能力水平、治理手段运用、治理机制运行、治理所处的客观情境等均会不同程度地影响到治理绩效。此外,无障碍环境治理绩效不是一成不变的,而是一个动态变化的过程。科学认识无障碍环境治理绩效的特点,才能客观地分析、评价绩效。

无障碍环境治理绩效评价的理论基础是公共治理理论和政府绩效评估理论。无障碍环境治理的价值取向与目标的确定,指标体系构建的原则和思路都建立在此理论基础上;政府绩效评估理论则贯穿于无障碍环境治理指标体系基本框架的构建与应用分析过程,为指标体系的层级设置、分析视角的形成奠定了重要理论基础。

二、公共治理理论

治理一般指通过政府、社会组织以及其他治理主体之间的合作,来实现公共事务管理的目标。[①]公共治理理论中,治理是政府部门与非政府部门(包括私营部门、第三部门或公民个人)等主体通过相互合作,共同管理公共事务,旨在实现和增进公共利益。政府部门在合作中起关键作用,非政府部门是主动参与合作并积极发挥作用。公共治理理论作为一种新型的公共管理理论,建立在对传统公共管理理论的批判和反思基础上,是对新公共服务理论和新公共管理理论中精髓部分进行整合的结果,其核心观点是主张通过合作、协商形成多元合作网络,实现对公共事务的更有效的管理。具体来说,主要内容包括以下几个方面。[②]

(一)公共治理是由多元公共管理主体组成的公共行动体系

从发展实践来看,过去很长一段时间,对社会公共事务的管理只存在唯一主体——政府,它也是公共管理领域的唯一主体,所有的决策都是由政府作出并强制实施的。而公共治理理论则认为,政府不是社会公共事务管理的唯一主体,更不是公共管理的唯一主体。除此之外,非政府部门,即私营部门、第三部门、公共个人都应该是公共事务管理的主体,而且它们在很多时

---

① 张铭,陆道平.西方行政管理思想史[M].天津:南开大学出版社,2008:325-326.
② 丁煌.西方行政学理论概要[M].北京:中国人民大学出版社,2011:334-336.

候甚至比政府部门拥有更大的决策优势和决策权力，它们的地位不容小觑。这一观点就充分表明了公共治理绝不是政府一部门主演的独角戏，而是包括政府在内的多元主体组成的公共行动体系，缺失相关主体的参与，或是政府的权力过于集中，都会破坏社会合作治理网络的形成，最终导致对社会公共事务管理的低效，甚至是失效。但需要说明的是，在这个多元的公共管理主体组成的公共行动体系中，政府往往起到了关键作用，但政府也必须大量放权，将管不好的、不该管的任务交由非政府组织来实施和完成。与此同时，公共治理理论还认为，现实中的政府部门具有复杂的结构，地方、中央和国家层面的政府及其不同部门组成了一个多层级、多中心的决策体制，众多权力中心交叠共存是这一体制的特征。这些方面不仅影响无障碍环境治理的价值取向和目标的确定，而且也直接决定了无障碍环境治理绩效评价指标体系不能仅仅只关注对政府单一主体管理绩效的评估，还必须囊括对其他主体管理绩效的评估。

（二）多元公共管理主体之间存在权力依赖与互动的合作伙伴关系

公共治理理论认为组成公共行动体系的多元主体之间是一种权力依赖的关系，即参与社会公共事务管理的不论是政府组织，还是非政府组织，它们都拥有独立解决问题的知识和资源保障，而且有些知识和资源是其他主体所不具备的。因而在面对一些单一主体难以完成的任务和工作，它们必须相互合作，相互协商，才有可能在较短时间内解决该问题，才能在解决该问题之后实现各自的目标。正是因为多元公共管理主体之间是权力依赖关系，这也决定了主体之间也是一种互动的合作伙伴关系。而且这种合作的方式，也是公共治理理论所关注的。无障碍环境治理主体之间不是一种支配和被支配关系，而是一种平等合作关系。

（三）公共治理是多元主体基于伙伴关系进行合作的自主自治的网络管理

传统的公共管理是依靠单一的等级制来调整管理主体之间的相关关系。而公共治理理论则认为，多元公共管理主体之间不存在领导与下属或助手之分，而是通过主体相互之间的权力依赖和合作伙伴关系来协商、沟通和解决，久而久之，随着相关规则的制定和完善，多元公共管理主体之间必然会逐步形成一种自主自治的网络。这种网络不仅约定了多元公共管理主体各自的角色和地位以及需承担的责任，而且还通过合作机制和方式约定了多元公共管理主体之间行动的规则和程式。因而在这种自主自治网络的框架下，各个公共管理主体都有自己依靠的知识和资源，通过沟通、协商增进理解，树立共同目标并相互信任，共同决策，并共同分担风险。这种网络化公共管理追求的不再是集权，而是强调分权，多元主体间的自主合作，追求多元化和多样性基础上的共同利益。无障碍环境治理强调治理主体应平等参与社会治理，且不能忽视自主自治的参与治理特征，在具体指标体系构建过程中，基于其他主体参与的视角，将"社会参与治理"纳入一级指数进行考虑，从而凸显其重要性和评估过程中的有效性。

从上述主要内容来看，公共治理理论存在以下几点鲜明特征。

（一）强调从一元主体向多元主体的适度分权

传统公共管理理论认为，政府是唯一主体，依靠其掌握权力和权威，对所有社会公共事务，无论大小都进行管理，体现的是集权；而公共治理理论，则在承认政府是公共管理重要主体时，指出它不是唯一主体，社会组织、自治组织，包括公民个人都是治理的主体，并且政府和这些主体之间的关系不是上下级关系，也不是领导与下属或助手之间的关系，而是合作、协调，相互制衡和制约的关系，各自都掌握着自己的优势资源，强调的是一种多元合作共治局面，体现了适度分权原则。

（二）强调从统治行政向服务行政的转交

实现从统治行政向服务行政的转变是行政现代化的一个重要特征。公共治理理论通过倡导多元主体的参与，提倡公众参与，对社会公共事务管理，不再仅仅考虑如何管理好被管理者，而是视公众为管理主体，更加注重为公众服务；强调由过去的重管制、轻服务，以政府为中心，到开始注重公共服务，以满足公众的需求为中心的转变。

（三）强调互动基础上的社会参与的价值取向

公共治理理论看到了政府在社会资源配置过程中的低效和失效问题，即政府失灵，同时也看到市场在资源配置过程中的失灵，即市场失灵。在双重失灵的困境下，该理论主张政府、非政府部门、私营部门以及公民之间建立互信，通过谈判达成共识，强调多元主体的互动。与此同时，公共治理理论还倡导在互动基础上，公民应通过社会组织或自治组织积极参与社会公共管理事务的管理，建立畅通的利益表达与实现机制，从而提高决策的合理性和科学性。

总而言之，公共治理理论作为理论基础，其主要内容在很大程度上指明了无障碍环境治理不是政府一家独大的局面，而是包括社会组织在内多元主体共同参与的局面，而且主体之间不是支配与被支配关系，是在一种自主自治网络中平等合作的关系。在这种理论的影响下，无障碍环境治理价值取向和目标的确定以及指标体系构建的思路与逻辑的形成、指标体系的建立等都是以该理论作为理论基础。尤其是在具体指标体系设计上，不仅仅只关注对政府主体管理绩效评估，还关注包括社会组织在内其他主体管理绩效的评估。

三、政府绩效评价理论

当前环境下无障碍环境治理应实现从政府单一治理主体向多元主体的转变，宏观意义上治理的主体应该是公民、国家和社会三类。而在现实中公民主要通过社会组织和自治组织参与到治理当中来，因而治理的主体可确切为政府、社会组织和自治组织三类。但从实际来看，由于社会组织和自治组织发育并不成熟，因此目前的治理仍是政府主导型的治理，政府还是扮演着更为重要的角色。因而在指标体系构建中，既要把握治理多元主体的特征，兼顾政府、社会组织和自治组织多个评估对象，又要遵循政府主导型治理的客观规律，以评估政府主体的绩效为主。只有这样，才能做到治理实践发展规律和特征相吻合，进而保证指标体系的科学性和合理性。

政府绩效主要用来衡量政府部门的行为及其取得的业绩、成绩和实际效果，一般包括政府成本、工作效率、社会进步、政治稳定、发展预期等社会效益，是政府在行使其功能、实施过程中体现出的管理能力，是判定政府治理水平和运作效率的重要依据。一般来说，政府绩效是由经济绩效、社会绩效、政治绩效、文化绩效为主要内容的复合概念。具体来说，经济绩效主要用来衡量政府在推动经济可持续发展与社会协调发展的宏观经济政策的能力和潜力；社会绩效是用来衡量社会进步、社会稳定、社会发展的程度，一般用公共安全卫生、公平正义、福利与贫困、社会稳定与动乱等指标来衡量；在市场经济条件下，政治绩效核心是制度安排与制度创新，因而政治绩效主要用来衡量政府在实际治理中制度安排与制度创新的程度；文化绩效主要用来衡量政府在推动文化的繁荣与整合方面的贡献程度。因而政府绩效不单纯是用来衡量政府政绩，而是涉及政府行为或公共权力在内的一系列经济绩效、社会绩效、政治绩效和文化绩效的复合体。

绩效评价是对特定对象行为表现的价值判断，是涉及包括政府、社会组织、公民等在内的众多利益相关者的复杂性社会过程。从系统论的角度看，政府绩效评价构成要素包括评价对象、评价指标、评价主体、绩效信息收集等。由于其评价结果更加直观、科学，在西方该理论已被广泛使用于日常实践中。对于政府绩效评价，目前国内外学术界并没有比较一致的认识。同时，政府绩效评价按照不同标准可划分成不同类型：根据评价机构不同，可分为外部政府绩效评价和内部政府绩效评价；根据评价对象的不同，可划分为个人绩效评价和组织绩效评价。综合相关观点，政府绩效评估主要具备以下鲜明特征[1]。

（1）强调政府绩效评价的结果导向。传统的公共行政不太注重结果，比较注重过程和规则，这在一定程度上导致了传统公共行政"成本高、收益低"的困难局面；而政府绩效评价理论则主张通过绩效考核的方式，完善公共部门内部的管理，更加追求"较小成本，较大收益"的结果导向。

（2）强调政府绩效评价顾客至上的评估理念。传统的公共行政不仅不重视评价，更谈不上秉承顾客至上的评价理念。而政府绩效理论则主张通过绩效评价的手段来重塑政府角色，评判政府作为，而这都以顾客为中心，注重顾客满意度的标准，体现顾客至上的评价理念。

（3）强调政府绩效评价主体与对象的多元化。这包括两层含义：一是政府绩效评价主体由单一从属于政府机关的内部评价机构发展到以公民和服务对象以及独立社会评价结构共同参与的多元化主体，凸显评价结果的公正性和顾客至上的评价理念；二是强调评价对象的多元化，即在当前阶段，政府绩效评价的对象不应仅仅只局限于政府及其内部机构，而要涉及掌握了公权，行使社会公共事务管理权限的相关社会组织、自治组织等。

总而言之，政府绩效评价理论对无障碍环境治理指标体系构建与应用奠定了重要理论基础。具体来说，无障碍环境治理评价指标体系实际上就是对包括政府在内多个主体进行的绩效评价。

---

[1] 王健，等.政府经济管理概论［M］.北京：中国人民大学出版社，2007：369.

第二节 无障碍环境治理绩效评价指标体系的构建

一、构建原则

无障碍环境治理评价指标体系涉及多个领域和方面，内容多且庞杂，可供选择的指标非常多。因而，为了最大限度地保证指标体系的科学性、合理性，在挑选指标、构建指标体系时必须遵循一定的原则。具体来说，主要遵行以下几项原则。

（一）价值性原则

无障碍环境治理绩效评价的主要目的是引导无障碍环境治理达到预期的目标，实现预期的价值。因此，需要聚焦以人民为中心，构建以提升人民获得感、幸福感和安全感为根本标准，以促进平等、参与、融合、共享为价值导向，以定量与定性评价标准相结合为基本方法的评价体系，在保持一级指标评价体系基本定位和评价体系框架基本稳定的基础上，不断创新。评价的目的是为了不断改进绩效，不断提升治理主体的治理能力，促进治理现代化，而不是为了评价而评价。

（二）科学性原则

无障碍环境治理绩效评价指标体系的构建必须建立在科学研究的基础之上，指标的选取对所反映的要素要有较强的代表性、典型性，指标名称、计量单位、计算方法等均需要充分考虑科学性，要从无障碍环境治理的客观实际出发，既能系统科学地反映实际情况，又能在一定程度上揭示无障碍环境治理的客观规律。指标体系中的每一个指标，都有明确的界定、充分反映实际情况，并可用一定方法进行测度，能够准确刻画无障碍环境治理绩效的某一侧面或某个问题的水平及状态。各个指标既相互独立，又具有各自特定的评价功能，相互联系，组合形成具有综合评价功能的体系。

（三）系统性原则

无障碍环境治理是一个涉及多个子系统的复杂性整体系统，因而在构建指标体系时，若仅仅只考虑各子系统而忽视整体系统，容易造成指标的系统性不足。在指标体系构建过程中，不仅要挑选、设计出基本能反映各自子系统的评价指标，而且还要挑选使这些指标能组合在一起、能比较客观地反映整个系统的评价指标。评价体系中的每个指标对整个体系都有它的作用和价值，在进行指标筛选时，需要遵循系统性原则，从多个方面考虑系统的各个部分，考虑各个指标的联系与区别，权衡其对整体的贡献。单独一个要素的发展、片面追求某个指标的发展必将导致无障碍环境建设发展的不均衡。无障碍环境治理绩效评价指标体系的设计必须从系统整体的角度出发，各个评价指标构成一个有机整体，在相互补充中科学、准确、全面地反映无障碍环境治理的内涵及特征。

（四）层次性原则

构建具有一定层次结构的无障碍环境治理绩效评价指标体系，实现对评价对象系统层次化的描述有助于指标体系结构清晰，便于使用。但要注意如果指标体系容量过大、指标层次过多、过细，可能会导致评价的重点分散，评价效果不理想；倘若指标体系容量过小，指标层次过少，指标过粗，则不能充分、真实地反映评价对象的现状。在指标体系构建过程中，必须基于评价对象的基本特征，对指标进行筛选和优化。

（五）实用性原则

在评价指标体系构建过程中，对指标的选取和设计既要考虑到指标能否很好地反映无障碍环境治理绩效水平或状况，又要考虑在当前阶段、当前范围指标数据是否容易采集、易于计算，是否方便进行后期处理，是否便于进行横向、纵向比较，要尽量做到指标明确，易于理解和掌握。既能反映实际问题，突出当前重点问题，又便于搜集数据，能较好地呈现优势与不足，以便更好地总结成效、查找不足，达到以评促建、以评促改、以评促升。无论是定性指标还是定量指标，信息来源必须可靠，计算方法简便易行、标准规范。

二、构建思路

无障碍环境治理绩效评价指标体系构建的思路主要是指在指标体系构建

过程中，涉及无障碍环境治理绩效评价指标的选取与设计、指标体系层级设置、指标权重确定的思维和方式，旨在保证指标体系构建与应用的实用性、可操作性和科学性。

（一）突出战略导向，强化价值引领

我国现有 8500 多万残疾人，约 2.6 亿 60 岁以上人口，加上大量的伤病人、儿童、孕妇等，保障这些对无障碍环境依存度较高的特殊群体同等享受安全便利的生活环境，已经成为当前不容忽视的问题。保障障碍人群的权利，尊重他们的价值，充分发挥他们的潜能，是人类文明和社会进步的标志，也是社会和政府不可推卸的责任。全面推进无障碍环境建设，并将这种对障碍人群及老年人的关怀扩展为惠及所有人的一种通用安排，已经成为现代化建设的一项新议程，成为衡量当今社会现代化文明程度的基本指标，这不仅是贯彻落实党"以人民为中心"和"弱有所扶"理念的重要内容，而且已成为现代化建设提质升级的关键，是关系民生幸福的战略工程。

党和政府高度重视无障碍环境建设工作，党中央、国务院高度重视无障碍环境建设，将其列入公共服务、城乡建设、信息化发展、养老、残疾人小康等一系列国家发展规划之中。2016 年 8 月 3 日，在国务院关于印发"十三五"加快残疾人小康进程规划纲要的通知中明确提出应"全面推进无障碍环境建设"。2017 年 2 月 28 日，在国务院关于印发"十三五"国家老龄事业发展和养老体系建设规划的通知中提到"推动设施无障碍建设和改造"，提出应"严格执行无障碍环境建设相关法律法规，完善涉老工程建设标准规范体系，在规划、设计、施工、监理、验收、运行、维护、管理等环节加强相关标准的实施与监督"。2019 年 11 月，党中央、国务院印发《国家积极应对人口老龄化中长期规划》，从人财物技术环境等五个方面部署了应对人口老龄化的具体工作任务，环境方面要积极构建老年友好型社会环境。2021 年 3 月全国人大发布的《中华人民共和国国民经济和社会发展第十四个五年规划和 2035 年远景目标纲要》指出要加快数字社会建设步伐　加快信息无障碍建设，帮助老年人、残疾人等共享数字生活；要全面提升城市品质，加强城市无障碍环境建设；要保障妇女未成年人和残疾人基本权益，完善无障碍环境建设和维护政策体系，支持困难残疾人家庭无障碍设施改造；要实施积极应对人口老龄化国家战略，推进公共设施适老化改造，要积极开发适老化技术和产品。

无障碍环境治理必须把实现好、维护好、发展好最广大人民根本利益作为出发点和落脚点，坚持以人民为中心的价值取向不能变。无障碍环境治理绩效指标体系的设计必须坚持这一正确的价值引领，突出指标价值理性，同时要以国家无障碍战略为导向，聚焦未来无障碍事业发展重点、难点领域，凝练关键绩效指标，实现重点领域的突破和提升，实现无障碍事业高质量发展。

（二）深入挖掘内涵，促进高度融合

无障碍与社会治理均包含着丰富的内涵，涵盖的内容十分广泛而庞杂，若不按照一定的标准或逻辑进行指标体系设计，就无法获得客观、真实、全面的评价结果。无障碍环境治理绩效评价指标体系的设计必须从无障碍和社会治理内在特征与要求出发构建，深入剖析二者最核心、最关键的特征，并将其有机融合，形成一个整体系统考虑。无障碍环境主要包括物理无障碍环境、信息无障碍、社会服务无障碍、无障碍人文环境、无障碍产业环境，因此具体指标的选取可以围绕这几个方面展开。无障碍环境治理作为社会治理的具体领域，一核多元是其多元治理主体结构的主要特征，从治理主体角度，结合各主体在治理过程中发挥的作用、功能，扮演的角色考虑指标设计为我们评价不同治理主体作用发挥情况提供了依据，也为进一步加强各主体协同，不断提升治理成效提供了可行路径。

（三）创新治理举措，提升治理成效

党的十九大报告明确指出，要加强和创新社会治理，提高社会治理社会化、法治化、智能化、专业化水平。这"四化"为无障碍环境治理的转型升级明确了前进方向，为无障碍环境治理选择有效的治理方式提供了指导。无障碍环境治理的社会化，是广泛发动社会组织、企业事业单位、公民参与治理，实现无障碍环境共建共治共享。无障碍环境治理的法治化是用法治方式处理无障碍问题。政府要依法治理，公众要依法、理性维护自身合法权益，企业事业单位、社会组织要依法开展业务工作，营造良好的社会法治氛围。无障碍环境治理智能化，强调治理的智慧性，强调充分利用互联网+、大数据、物联网、区块链等新兴技术提供治理的精确性、科学性。无障碍环境治理专业化强调专业化人才对无障碍环境治理水平的决定性作用。社会化、法治化、智能化、专业化，既是新形势下提升治理现代化水平的客观要求，又

（四）促进开放创新，彰显特色治理

无障碍环境治理指标体系的构建不是一成不变的，而是处于开放动态状态，不仅要随着无障碍环境治理实践发展动态调整，也要根据评价对象实际情况具体调整确定。但是，为了保持评价结果的可比性，需要注意指标体系要保持稳定和动态的平衡，可设立特色项目、创新项目，从而使得指标体系在一定程度上更具适应性。当今世界正经历百年未有之大变局，只有毫不动摇地坚持创新，才能不断自我完善、自我发展。具体到无障碍环境治理领域。无障碍环境治理一方面必须认清我国所处的独特的政治、经济、文化环境，要善于从历史和现实的角度，总结和提炼自身的特色治理经验、治理模式；另一方面要顺应新时代社会发展要求，不断坚持创新，提出治理新思路、不断尝试新举措，要学会用改革创新的办法来破解无障碍环境治理中的突出矛盾和难题。

三、研究及应用

关于治理评价指标体系的研究方面，一些著名的国际组织，如联合国开发署、世界银行、经合组织等最早确立了较为完整的治理标准。近年来，国内部分学者在借鉴国外治理理论和评价体系的基础上，开始探索构建中国本土化的治理评价体系。比较有代表性的有：包国宪、周云飞提出的中国公共治理绩效指标体系[1]，俞可平构建的中国社会治理评价指标体系[2]，天则研究所提出的中国省会城市公共治理指数[3]，联合国人居署确定的智慧城市与社会治理评价指标体系等[4]。总体而言，目前关于治理绩效评价的研究仍处于起步阶段。俞可平研究团队开发的中国社会治理评价指标体系包括1个一级指标，即中国社会治理指数，6个二级指标，即人类发展、社会公平、公共服务、社会保障、公共安全和社会参与，以及35个三级指标。在三级指标中，每个二

---

[1] 包国宪，周云飞.中国公共治理评价的几个问题[J].中国行政管理，2009（02）：11-15.
[2] 中国社会管理评价体系课题组，俞可平.中国社会治理评价指标体系[J].中国治理评论，2012（02）：2-29.
[3] 北京天则经济研究所.中国省会城市公共治理报告[N].社会科学报，2009-06-11（002）.
[4] 联合国开发计划署.2017智慧城市与社会治理[EB/OL].https：//www.cn.undp.org/content/china/en/home/library/democratic_governance/smart-cities-and-social-governance-guide-for-participatory-indi.html.

级指标下设 1 个主观指标，总计 6 个主观指标、29 个客观指标。6 个二级指标作为 6 个评价维度，构成中国社会治理评价指标体系基本框架的六大支柱。张欢、胡静（2014）单独讨论了"社会治理绩效评估的'主观'指标体系"，包括三个一级指标：社会治理的公平感、社会服务的满意度、社会幸福感。

无障碍相关评价方面，现有学者主要围绕无障碍设施评价、信息无障碍评价、无障碍服务评价、公众无障碍认知与行为评价等方面开展了相关研究。无障碍设施评价方面，张晓筱（2017）研究制定了包含建筑出入口，公共走道、地面，楼梯、电梯，起居室，卧室，卫生间，厨房，阳台，门窗 9 个层面、33 项评估因子的居家养老无障碍环境的评价工具，并主要根据《老年人建筑设计规范》《无障碍设计规范》《住宅厨房及相关设备基本参数》等相关规定确定评价标准，对照评价以上 9 个层面、33 项评估因子是否符合标准要求。王宇、王建忠等（2018）围绕山东省 17 个地市的商业场所、餐饮住宿、交通运输路段、金融服务场所、旅游景区、邮政电信营业厅、水电气暖供应场所、电商自提网点以及医疗卫生单位等公共场所无障碍设施建设和维护情况，通过由残联工作人员、残疾人代表、山东建筑大学无障碍研究所志愿者组成调研团队，以体验方式、问卷调研方式对这些场所是否具备无障碍设施及无障碍设施普及率，设施功能是否完备，是否正常开放，能否正常使用，是否有损坏，是否被占用，是否足够清洁及整体使用感受等内容进行了调研评价。调研评价发现山东省主要城市的公共场所无障碍设施建设基本合格，整体满意度评价良好。但同时存在对无障碍理念缺乏、规划体系不完整、老旧公共场所设施落后、智能化水平低等问题。张伟芳、史坤博等（2017）以兰州市为例，基于无障碍设施主要使用者和公众的视角，对无障碍设施建设的满意度进行探讨。根据全面性、针对性、层次性和可比性原则，按照中华人民共和国国家标准《无障碍设计规范》中的实施范围，参考已有文献制定了包括公共建筑无障碍设施、居住建筑无障碍设施、公园无障碍设施、道路无障碍设施四大类的无障碍设施评价指标体系，对于公众的关注动机及对无障碍设施的满意度评价分别采用了李克特量表。通过访谈和调查问卷的方式，获取了公众和无障碍设施主要使用者对兰州市无障碍设施建设的满意度评价。结果表明：兰州市无障碍设施建设取得了一定成就，但基于公众视角的关注度和满意度评价整体不高，尤其是对公共建筑的无障碍设施建设的满意度非常低。结合对无障碍设施主要使用者的访谈发现，兰州市无障碍设施建设主要存在规划设计不成系统、建设不合理、资金投入不足、相关政策法规贯彻和实施效果不理想、设施维护不及时等问题。基于这些问题提出在规划设计、维护管理、资金管理、法规体系、公众参与等方面进一步强化，提升无障碍设施建设水平。胡立辉等（2018）在可及性、安全性、系统性、保健性、可交往性5个基本设计原则下确定了包括8项一级要素——信息问询、出入口、坡道、坐凳（休憩设施）、电话亭、绿化、无障碍厕所、地面，以及60项二级要素的公共空间无障碍环境要素体系。通过运用行为观察法、问卷调查法、访谈的研究方式，从使用者角度对北京奥林匹克公园中心区的无障碍设施使用人次、使用频率、使用效果、满意度评价等进行定量化评价与分析。研究发现，使用频率较高的设施满意度较低。蒋凯峰、翟辉等（2020）以昆明市弥勒寺公园为研究对象，构建了出入口、道路交通、园林建筑及构筑物、公共设施和植物绿化5个一类要素，17个二类要素组成的评价体系，通过现场踏勘、问卷发放、资料查阅和专家咨询等方法，对弥勒寺公园无障碍环境建设现状进行评价。通过踏勘调研发现，弥勒寺公园在无障碍环境建设方面取得了一定的成果，但是仍存在整体连通性不足、无障碍设施不够全面、对特殊群体的友好度不高等问题。

信息无障碍评价方面，孙祯祥、文剑平（2008）参考W3C下属的WAI所发布的《网站内容易访问性规范WCAG1.0》及国内外无障碍网站相关信息，结合中文网站特点，总结得出包含网页内容呈现的无障碍、多媒体信息的无障碍、网页的导航无障碍和网页与辅助技术兼容无障碍4个一级要素，20个二级要素的中文无障碍网站评价指标体系。采用数量式标准与分等评语式标准相结合的方式，由评价人员逐个对每项指标进行评价打分，计量得出网站无障碍的评价结果。研究主要探讨了网站无障碍评价指标，标准未做深入、明确探讨。郭金兰（2012）选取各省级网站有无无障碍声明、非文本内容的替代文本、读屏功能、字体大小和网页对比度5个技术指标，调查我国省级政府网站无障碍建设情况，并且对已经实施无障碍改造的政府网站的用户使用情况进行分析。调查结果表明我国的政府网站无障碍建设仍旧落后，实现无障碍改造的政府网站利用率低下。基于存在问题提出加大政府投入、增加老年人学习利用互联网的机会等建议。陆红如、陈雅（2018）从政府、公共图书馆和用户三个评估维度出发,构建了以保障条件、业务建设和服务效能为一级指标,包括6个二级指标和若干三级指标,面向生理性信息弱势群体的公共图书馆信息无障碍服务评价指标体系,以为相关工作提供指引。

无障碍服务方面,袁丽华(2016)以南京市无障碍图书馆开展的视障读者阅读活动为契机,采用个人访谈的形式,主要从"读者体验度"和"读者期望度"两个方面,对学校图书馆盲文阅览室的无障碍服务活动进行研究分析。

王素芳(2010)通过对研究论文、相关工具书、图书馆网站、媒体报道资料等的考察,整理了百余家图书馆的残疾人阅览室设置情况及其服务开展状况的资料,进一步通过问卷调查、实地观察与访谈等方法,对无障碍图书馆经费来源及投入、经费使用分配等情况进行评价。研究结果表明,在工作人员服务意识上、专业知识和技能、处理相关棘手问题能力准备方面存在不足,在服务角色定位方面不清晰。研究进一步指出,无论从馆藏资源、服务空间、服务活动还是人员、经费、管理等方面衡量,图书馆为残疾群体服务仍处于探索阶段,服务提供不足与服务利用匮乏并存。我国公共图书馆残疾群体服务还没有进入图书馆常规或主流服务领域,残疾群体还被隔离于主流服务人群之外。基于此,研究提出一个包含理念、服务实践和制度建设的残疾群体服务综合框架。

胡立辉、李树华、吴菲(2009)围绕物质环境无障碍和信息及交流的无障碍,初步建立了无障碍信息环境、出入口、坡道、无障碍园路、车库与停车场、休息设施、绿化、无障碍厕所、地面,二级要素有标志、网络查询、专位专用等60项,构成园林无障碍环境建设水平评价体系,并通过对北京市内5个不同类型公园的问卷调查、实地测量、拍照调查,对各个要素的重要性及满意度进行统计、分析。结果表明游人和设计者在园林无障碍设施可及性、安全性方面均有较高的满意度,而在系统性、接受性方面有不足。

郭婧、吕军等(2021)通过线上和线下相结合的问卷调研方式,利用自制问卷开展调查。调查内容涉及公众无障碍认知与行为意愿,结果表明与发达国家相比,我国公众无障碍意识薄弱,公众的满意度不高,使用率低;此外,公众在制止他人破坏无障碍设施以及积极建言方面意愿相对不高。袁周、刘田、邵磊(2019)基于对肢残人一刻钟社区服务圈无障碍环境需求的调研,提出加强一刻钟社区服务圈无障碍环境建设应该以系统性为原则,打通居家、下楼、社区内及社区外出行 4 个空间层级，改善衔接各个层级的无障碍环境；在资源与财力有限的情况下，重点建设满足肢残人生活刚性需求的医院、银行、菜市场、大超市和公交站 5 类公共服务设施的无障碍环境，陆续推进偏好需求场所的建设，整体完善无障碍环境；重点考虑不同人群的残疾程度、是否有专人照看、是否乘坐轮椅等特征，加大对残疾程度高、无人照看、乘坐轮椅的残疾人的帮扶力度。

2021 年深圳市无障碍城市联合会、深圳市无障碍环境促进会、深圳市标准化协会联合发布无障碍城市（城区）评价标准。研制构建了包含文化理念、政策制度、器物环境、创新项 4 个一级指标，16 个二级指标，49 个三级指标的无障碍城市评价体系。无障碍城市理念旨在建立平等、公平、自由、有尊严的社会生活环境价值认同，反映城市"通用设计，全纳教育"目的和意愿。无障碍制度主要指社会成员共同遵守的、保障障碍人士平等参与社会生活的行动准则和规范。无障碍器物主要指满足每一位市民自主安全地通行道路、出入相关建筑物、使用公共交通工具、交流信息、获得社会服务等所需的物质及物质层面技术条件。创新项主要包括城市运用建筑信息模型或城市信息模型等技术，实施无障碍城市的全系统可视化呈现和动态运维管理；针对肢体残障、视障和听障等障碍人士，运用科技与信息技术，进行功能性补偿或康复的创新产品应用；城市发动市民参与新建、改建和扩建项目的无障碍设施体验及监督的创新模式；城市充分发挥立法、党团、政府、社会组织和市场力量创建无障碍城市的创新组织体系；其他创新之举，经城市创建无障碍城市工作部门审查确认。最后，形成无障碍城市指数，以理念、制度、器物等维度的若干指标构建的量化评价体系，用以衡量城市的无障碍建设水平。无障碍城市指数在得分区间 $50 \leqslant ACI < 60$ 的城市，评定为"一星级无障碍城市"；无障碍城市指数在得分区间 $60 \leqslant ACI < 75$ 的城市，评定为"二星级无障碍城市"；无障碍城市指数在得分区间 $75 \leqslant ACI$ 的城市，评定为"三星级无障碍城市"。

基于以上代表性成果的分析可知，无论是社会治理评价，还是无障碍相关评价，评价的视角多样，评价的内容日趋综合全面。无障碍相关评价方面，现有研究在评价内容上有的侧重无障碍设施，有的侧重信息无障碍，有的侧重无障碍服务，有的侧重公众的无障碍认知，有的侧重无障碍政策；在评价指标类型上，有的侧重定量指标评价，缺少定性指标的评价，有的侧重一般性指标，缺乏特色指标。针对无障碍环境治理主体、治理方式、治理内容、治理过程、治理成效进行系统科学综合评价的研究较少。深圳市无障碍城市联合会、深圳市无障碍环境促进会、深圳市标准化协会联合发布的无障碍城市（城区）评价将无障碍文化理念、政策制度纳入评价体系，大大拓展了无障碍环境治理绩效评价的内容，并增加创新项作为开放评价项目，有助于释放多元主体活力，促进无障碍领域创新，不断提升治理绩效。此外，综合现有评价体系的研究发现，现有评价暴露了当前无障碍环境建设中存在的突出问题，主要表现在无障碍理念缺乏，对无障碍重点需求的关注和了解不够，工作人员服务意识、服务能力不足，规划设计不系统、整体连通性不足，设施建设不全面，老旧公共场所设施落后，智能化水平低，资金投入不足，相关政策法规落实不到位，设施维护不及时，公众意识薄弱、满意度不高等方面。针对这些薄弱环节进一步优化无障碍环境治理绩效评价指标体系，充分发挥绩效评价指标体系的指挥棒作用，是"十四五"时期无障碍事业高质量发展的重要任务之一。

四、基本框架

指标体系设计是进行评价的前提和基础，只有构建无障碍环境治理绩效评价指标体系，并进行实际评价和运用，才能描述无障碍环境治理现代化的发展水平，才能把握无障碍环境治理的重点和难点，不断提升治理水平并全面推进治理的现代化。无障碍环境治理绩效评价指标体系的首要问题是建设一个基本框架，在这个框架下建立相应的指标。从 21 世纪初开始，中国学术界就日益重视治理的评价，并试图构建起适合中国国情的评价体系[1]。国内学者不断尝试设计针对不同领域、不同层级的评价指标。无障碍环境治理方面，虽然目前尚无正式的研究无障碍环境治理绩效评价指标体系的设计，但已有关于社会治理评价、无障碍评价的研究为我们探索建立无障碍环境治理绩效评价指标体系提供了重要参考。基于此，本文在梳理学术界现有社会治理评价、无障碍评价相关研究、党和政府关于社会治理相关表述、国内无障

---

[1] 俞可平.中国治理评估框架[J].经济社会体制比较，2008（06）：1-9.

碍评价实践探索的基础上，遵循指标设计的原则设计无障碍环境治理绩效评价指标体系基本框架（如表 7-2-1 所示），以期为衡量治理现状、把握治理方向、提升治理水平和能力提供帮助。

表 7-2-1　无障碍环境治理绩效评价指标体系的基本框架

一级指标	二级指标	三级指标	备注
治理目标	长远规划 中期规划 年度计划 实施方案、细则		
治理主体	党委领导	领导机构 党组织建设	
	政府负责	目标责任制 联席会议制 服务型政府建设	
治理主体	社会协同	参与社会组织类型、数量、发展 参与企业组织类型、数量、发展	
	公众参与	参与决策 参与公益项目	
治理领域	物理无障碍环境	城市道路 城市广场 城市绿地 居住区、居住建筑 公共建筑 历史文化保护建筑 无障碍标识 无障碍辅具	无障碍设计规范 GB 50723-2012 建设覆盖率 建设规范性 建设系统性 使用便利性 使用安全性 维护及时性
	信息和交流无障碍环境	信息无障碍技术	GB/T 37668-2019 信息技术 互联网内容无障碍可访问性技术要求与测试方法 可感知性 可操作性 可理解性 可兼容性
		信息无障碍资源	资源建设
		信息无障碍服务	服务指南 浏览服务 多语种服务 资源检索服务 栏目导航服务 资源推荐服务 咨询服务

续表

一级指标	二级指标	三级指标	备注
治理领域	无障碍服务环境	设备及辅助服务 预约服务 服务指南 安全应急服务 传统服务方式 智能化服务 无障碍标识 监督、投诉与处理 其他相关服务	系统性 及时性 准确性 周到性
	无障碍人文环境	理念宣传与推广 教育培训 公众认知与意识	数量（频率）、质量、水平
	无障碍产业环境	产业规划 产业规模 产业增长 产品或服务认证率 产品或服务创新	数量、质量
治理方式	社会化	政府购买公共服务	
		企业社会责任履行	
		志愿者队伍建设	
		公众友好、包容、互助	
	法治化	政策法规建设与执行	
		规范标准建设与执行	
		专项资金管理制度建设与执行	
		社会无障碍法治化氛围	
	智能化	信息系统建设	
		部门数据共享	
		智能化技术应用	
		治理平台建设	
	专业化	专业人员配备	
		专业人员培训与学习	
治理成效	公众评价	获得感	
		幸福感	
		安全感	
创新项/特色项	无障碍环境治理中治理模式创新，组织体系创新，产品、服务、技术创新等。		

根据党和政府重要文件对社会治理体系的表述，根据本研究对于无障碍环境治理的界定，其主要要素包括：治理目标、治理主体、治理领域、治理方式、治理成效等几个方面，这构成了无障碍环境治理绩效评价指标体系的一级指标。在此基础上，为了促进治理创新或突出反映一时或一地治理特色经验，设计时遵循可拓展思想，增设创新项目或特色项目。进一步对5个一级指标进行外延分解，构成16个二级指标。三级指标设计主要选取能有效反映二级指标特征的可考察、可操作化的指标，实际应用时可根据情况有选择地进行处理，如三级指标"社会组织发展"可通过考察"具备承接政府购买服务资质的社会组织数量"来实现。另外，为便于不同城市间的比较，可以根据需要设置一些控制指标，比如经济指标和残疾人口、老年人口规模指标等。评价无障碍环境治理状况，涉及方方面面的数据，设计指标时要考虑不仅需要来自官方统计年鉴的各类客观数据，还需要第三方调查获得的各项具体数据，包括对无障碍领域专家学者、行政人员和公众所做的各类问卷调查。就主客观数据而言，除了官方或第三方的客观数据，还需要公众的主观感受数据，这些主观指标主要体现在一级指标治理成效之下，反映公众对治理成效的直观感受。将主观、客观指标相结合，才能科学有效地反映并在某种程度上引领无障碍环境治理发展。

治理目标。满足人民，尤其是满足残疾人、老年人、儿童等对无障碍环境依存度高的弱势群体的对美好生活环境的需求，不断增强人民的获得感、满意度、安全感，是落实党十九大提出的"以人民为中心"和"弱有所扶"理念的重要内容。党中央、国务院高度重视无障碍环境建设，将其列入公共服务、城乡建设、信息化发展、养老、残疾人小康等一系列国家发展规划之中。这一指标主要考察无障碍专项规划、计划、方案制定情况。

根据党的十八届三中全会对社会治理体制的表述，确立"治理主体"下设二级指标：党委领导、政府负责、社会协同、公众参与。具体地，党委领导：党的领导集中体现在"引领"与"服务"上，即党委通过发挥其在无障碍环境治理领导和工作机构中的作用，引领无障碍环境治理方向，同时贯彻落实党以人民为中心的执政理念，为人民群众做好服务；政府负责：政府要通过建立目标责任制、建立联席会议制在履职尽责、促进社会组织、市场组织、公众参与方面发挥好引导作用。近年来我国不断加大无障碍环境治理的资金投入,但无障碍环境治理问题复杂,治理主体多元,为保证无障碍环境治理目标的实现,必须加强领导、明确权责,成立领导小组统筹协调相关部门有序开展治理工作;建立目标责任制,明确各部门的权责,压实各方责任;建立社会组织、市场组织多元主体协同治理工作机制、公众参与机制。

治理领域二级指标的确定主要结合无障碍环境的内涵,从物理无障碍环境、信息无障碍、社会服务无障碍、无障碍人文环境、无障碍产业环境五个方面进行确定。

物理无障碍环境是保障残疾人、老年人安全、自如、便利地融入社会生活的基础设施条件。2012年,国家正式发布《无障碍设计规范》(GB 50763-2012),该标准在认真总结分析我国无障碍建设的实践经验、发展现状基础上,参考国际标准和国外先进技术,并广泛征求全国有关单位意见,经反复讨论、修改、完善编写而成。该规范涉及主要技术内容有无障碍设施的设计要求,城市道路,城市广场,城市绿地,居住区和居住建筑,公共建筑及历史文物保护建筑无障碍建设与改造等。该规范为我国当前无障碍设计的权威性依据和参考。无障碍环境治理绩效评价指标体系将物理环境无障碍作为环境绩效的一个重要评价指标,参考国家这一规范标准以及现有文献从城市道路、城市广场、城市绿地、居住区、居住建筑、公共建筑、历史文化保护建筑、无障碍标识、无障碍辅具等方面建立评价指标体系,评价建设覆盖率、建设规范性、建设系统性、使用便利性、使用安全性、维护及时性。

需要注意的是并不是所有二级指标都有上述完整的三级指标,具体取决于该二级指标是否为评价的关注点,且确定的具体评价指标在技术上是否适宜和必要。

信息和交流无障碍环境。在"互联网+"背景下信息无障碍建设具有非常重要的意义,是保障残疾人、老年人等特殊群体合法权益,平等获取信息、资源、服务的重要途径。2019年9月,国家正式发布《信息技术 互联网内容无障碍可访问性技术要求与测试方法》(GB/T 37668-2019),该标准在充分考虑视力障碍、听力障碍、机体损伤人群等实际需求基础上,通过三个等级共58项指标,明确规定了互联网内容可访问性的技术要求与测试方法,为网页和移动应用产品的开发和测试提供了指导,对我国未来信息无障碍建设的测试和评估提供了权威性依据和参考。无障碍环境治理绩效评价指标体系将信息无障碍作为治理领域的一个重要评价指标，参考国家这一标准以及现有文献从信息无障碍技术、信息无障碍资源、信息无障碍服务三个方面建立评价指标体系，并相应设立多个二级指标。

无障碍服务环境。在无障碍环境建设中，除了有形的硬件设施建设之外，无形的服务必不可少。但目前国家尚未制定出台无障碍社会服务标准规范。本研究参考目前已出台的相关地方标准、行业标准、团体标准，如《民用机场无障碍服务指南》（T/CCAATB-0002-2019）、《饭店无障碍设施与服务规范》（DB3301-T0300-2019）等，以及中央及地方出台的无障碍政策中的无障碍服务相关条款设立评价指标，如《无障碍环境建设条例》（2012）、《上海市无障碍环境建设与管理办法》（沪府令45号）为社会成员参加选举、考试提供便利，为社会成员文化旅游、医疗卫生、教育教学、公共交通等提供无障碍服务、现场、电话、网络咨询服务、引导服务、设备及辅助服务、预约服务、安全应急服务、传统服务与智能化服务并存、监督、投诉与处理等无障碍社会服务，主要评价服务提供的便利性、系统性、及时性、准确性及周到性。

无障碍人文环境。主要评价无障碍宣传教育、无障碍理念的宣传与推广，公众无障碍认知与意识水平，以及志愿服务队伍建设情况。

无障碍产业环境。主要评价无障碍产业规划、产业规模、产业增长、产品或服务认证率、产品或服务创新情况。

党的十九大报告明确指出，要加强和创新社会治理，打造共建共治共享的社会治理格局，要提高社会治理社会化、法治化、智能化、专业化水平。"四化"为社会治理的转型升级明确了前进方向，提供了根本遵循。"四化"为无障碍环境治理提供了有力的推进方式。具体地，社会化主要指政府主导构建一个公共服务社会化得以实现的平台，主要是社会组织、企业、公众提供一些公益项目或者一些捐赠，形成的公民互惠互助，体现在三级指标上即政府购买公共服务，企业社会责任履行，志愿者队伍建设，公众友好、包容、互助。法治化，法治是无障碍环境治理的制度保障，体现在三级指标上主要为无障碍政策法规建设与执行、无障碍技术标准规范的建设与执行、无障碍专项资金管理制度建设与执行、社会无障碍法治氛围。无障碍专项资金管理制度建设与执行主要关注无障碍环境治理专项资金投入、资金到位、资金使用、资金管理等方面。围绕资金流向，重点关注财政安排的无障碍专项资金是否及时、落实到位，使用是否规范，管理制度是否健全等。智能化是实现无障碍环境治理现代化的技术手段，主要是运用智能化技术建立治理信息系统、实现数据共享、构建治理平台等。专业化主要是强调无障碍专业人员的配备以及专业人员的培训与学习，这为提升无障碍环境治理专业化水平提供人才保证。

在党的十九大报告中，习近平总书记强调，要使人民的获得感、幸福感、安全感更加充实、更有保障、更可持续。这是"获得感、幸福感、安全感"首次并列提出。这是推进新时代中国特色社会主义社会不断向前发展的动力，也是中国共产党为人民谋幸福的奋斗目标。治理成效基于这一思想，设立获得感、幸福感、安全感三个主观评价指标来衡量治理成效。

无障碍环境治理绩效评价是国家治理绩效评价的一个重要组成部分，是一个包含治理目标、治理主体、治理领域、治理方式、治理成效的系统，需要理论探讨，也需要实证分析，以科学有效地指导治理现代化的推进。实践是检验真理的唯一标准。本研究所建构的指标体系是否科学、有效，还需要以这一指标体系为基础，进行实际调查和实证研究，并在学者、专家、公众等多元主体参与下不断改进完善。同时，根据框架设计针对不同行政层级、不同细分领域的指标体系，选择应用科学的评价方法、评价主体都是今后需要进一步深入系统研究的方向。

第八章

无障碍环境治理创新
及实践案例

近年来，我国无障碍环境治理取得了巨大成绩，但仍存在一些亟待破解的难题。本章选取国际上无障碍环境治理的有益经验和国内城市无障碍环境治理的创新探索进行介绍，以期为促进我国无障碍环境高质量发展提供有益思路。

第一节　国际无障碍环境治理经验借鉴及启示

一、日本无障碍环境治理经验借鉴及启示

日本对无障碍环境建设的重视与日本人口老龄化的进程紧密相伴，这是日本无障碍环境建设的显著特点。20世纪80年代，日本强烈意识到老龄化社会到来所带来的老年人照料问题的危机。1980年，日本65岁以上人口已经占其总人口的9.1%，名列亚洲第一。[1] 到1994年，日本65岁以上的老人已超过总人口的14%。[2] 同时变化的还有日本的家庭结构，从几代同堂的"大家庭"日趋解体转变为规模更小的"核家庭"，日本老年人照料的问题突出，面临老龄社会的危机。日本政府对老龄化趋势采取了许多对策，很多制度和政策的制定是从与残障者有关的政策或技术经验汇总产生出来。[3] 不仅是急剧老龄化，对当时占人口总数4%的残疾群体，也随着日本二战后经济高速的发展，社会富裕程度的提高，应给予残疾人更多照顾的呼声也日益提高。如何最大限度地发挥和延长老年人、残疾人生活自理期限，从而缓解社会老龄化矛盾成为重要的议题，包括为老年人、残疾人创造无障碍的社会环境的"福利城

---
[1] 郭玲.无障碍设计在日本的实施[J].世界建筑，1986（04）：73.
[2][3] 高桥仪平.无障碍建筑设计手册[M].北京：中国建筑工业出版社，2003：8.

镇政策"①是重要的应对措施。

1994年是一个里程碑式的一年，受《美国残疾人法》（ADA）通过的影响，日本政府确立立法，《爱心建筑法》（《关于建设无障碍特定建筑物的有关规定》）通过，以法律法规的形式约束建筑等其他设施无障碍设计，无障碍环境建设逐渐开始在日本全面实施开来。

到今日，经过近四十年的建设，日本的无障碍环境已居亚洲前列。回顾日本无障碍环境建设的经验，可以看到，日本无障碍环境建设是将老年群体和残障群体作为主要设计的对象，注重以无障碍设计和通用设计为核心，建立起比较完备的无障碍设计规范，涵盖各个产业领域翔实的设计标准，引领无障碍设施产业发展，进而进入了良性循环。

（一）将无障碍设计从制度和纲要层面上升至法律层面，提高约束力

日本无障碍环境建设的实践使人们逐渐认识到仅靠制度与纲要是不能彻底解决问题的，需要法律的约束力和强制力，才能收到无障碍设施配备的实际效果。

早在20世纪70年代初，在学术层面，无障碍设计已经成为日本学术界研究的一个重要课题，例如日本一些高龄人士和残障人士自发参与到无障碍设计研讨中来，每月召开会议，将关于无障碍设施使用的感受及意见反馈给设计者，但是走了很多弯路。

得益于"福利城镇"建设在日本的蓬勃推进，产生了日本独特的无障碍设计互动，在这种互动中，法制建设是非常重要的推动因素。福利城镇建设的核心是以"无障碍化设计"方法，创造一个全体市民共同参与社会活动的社会环境的运动。②20世纪70年代，以仙台市轮椅乘坐者为中心发起的"从设施走向街区"运动瞬间扩展到日本各地，由此拉开了日本福利城镇建设运动的序幕。1973年日本厚生省将"身体残障者样板城市"制度化，称为福利城镇建设雏形，被称为福利工程元年。③从20世纪70年代到80年代，福利城镇建设在日本全国推进。1991年，日本建设省制定了与生活在市中心的老年人与残疾人等的出行有关的相关法规，创建《福利城镇建设样本工程》，1992年进一步将"爱心建筑配备推进工程"制度化，日本地方政府也对周边

---

①②高桥仪平.无障碍建筑设计手册[M].北京：中国建筑工业出版社，2003：8.
③高桥仪平.无障碍建筑设计手册[M].北京：中国建筑工业出版社，2003：9.

的福利城镇建设形成了制度化。①

重要的转变从1994年开始。1990年7月26日《美国残疾人法》(ADA)通过,对日本产生巨大影响。地方自治团体福利城镇规划法制化途径纷纷出台。如1990年,神奈川县在日本率先修订《建筑标准法实施条例》,最先在建筑标准法中加入残疾人使用权标准。②1993年,大阪府率先制定《福利城镇建设规划条例》,以ADA为理论基础和配备目标,对建筑条例中所规定的除特殊建筑物外的其他建筑物以及道路、公园、车站候车室、交通设施、车辆等的配备做出相应的规定。③每个地方自治团体都有其各自的配备标准,标准不统一,纲要适用对象不同,没有法律的约束力,仅以创建福利社会为由很难收到建筑无障碍设施配备的实际效果。④

为解决实效性、统一规范的问题,1994年,全国层面的立法——《爱心建筑法》(又称《关于建设无障碍特定建筑物的有关规定》或《建无障碍法》)制定,目的是为了推动无障碍建筑的建设,保障在日常或社会生活中身体功能受限的老年人和残疾人能够方便、顺利地利用,通过采取相关措施来提高建筑物的质量,并促进公共福利事业的发展。⑤该法明确了建筑物无障碍化设施配备的具体形象,统一技术标准,确保法律的实效性。该法的通过标志着日本的无障碍法律法规正式建立。⑥

之后,无障碍法律法规体系不断完善,法律法规制定开始加速。2000年,《交通无障碍法》实施,对新建交通站、车辆等实施强制要求。2001年,《老年人住宅法》实施,2002年,《爱心建筑法》修订,增加对建筑面积2000平方米以上的建筑强制要求进行无障碍设计。地方自治团体独立制定了基于《无障碍法》的条例,实现了无障碍环境的强化。⑦日本47个都道府县依据自

---

① 高桥仪平.无障碍建筑设计手册[M].北京:中国建筑工业出版社,2003:12.
②③ 高桥仪平.无障碍建筑设计手册[M].北京:中国建筑工业出版社,2003:13.
④ 高桥仪平.无障碍建筑设计手册[M].北京:中国建筑工业出版社,2003:14.
⑤ 转引自高桥仪平.无障碍建筑设计手册[M].北京:中国建筑工业出版社,2003:190.
⑥ 高桥仪平.日本的无障碍设计发展沿革与面向东京2020奥运会·残奥会的通用设计展望[J].世界建筑,2019(10):15.
⑦ 高桥仪平.日本的无障碍设计发展沿革与面向东京2020奥运会·残奥会的通用设计展望[J].世界建筑,2019(10):15.

身情况又制定了更加详细的地方福祉设计规范条例。①

2006年12月，日本实施了《有关方便老年人、残疾人行动的法律（无障碍新法）》，对建筑和交通无障碍设计进行强制约束，推动交通、建筑、公园等整体性无障碍化，在国家法规的基础上，从系统化和整体化角度考虑无障碍设计，将超过一定面积的车站、机场、客运码头等公共交通设施，以及商业和公共设施、马路，加上公园和露天停车场等统一推进无障碍对策，使无障碍环境标准化，并结合了许多功能来帮助残疾客人，例如轮椅坡道、电梯、多功能厕所、触觉铺路、有声售票机和浴室等。基于此，日本建立了较为完善的无障碍设计法规约束。

2013年，日本东京获得2020年夏季奥运会主办权，为筹备东京2020奥运会、残奥会，解决2006年《无障碍法》规定的推进城市与地方障碍环境一体化的"无障碍基础规划"制度在日本自治团体中推行，进行日本无障碍设计和通用设计推进，基于国际残奥委会（IPC）导则的《东京2020无障碍环境导则》于2017年制定。2017年2月20日，日本政府以东京2020奥运会为目标，制定"通用设计2020行动计划"，在全日本推广通用设计，旨在打造一个更具包容性的社会，注重硬件和软件的一体化设施，进一步完善无障碍环境。②2017年3月，东京2020年公布了无障碍指南，包括通往奥运会场馆的无障碍路线。东京2020年奥运会和残奥会的所有21个场馆都在场馆内部和周围设置了无障碍设施。

（二）无障碍环境较为连续系统

经过几十年的发展，从环境一体化来看，日本的无障碍环境较为连续系统。日本无障碍设计研究的专家高桥仪平2010年刊文指出了日本无障碍设施系统性设计，如东京、横滨等城市在住宿、道路交通、公用设施等方面的无障碍设计，考虑周到、建设趋于完备，所有路口都做到了坡化，主要路段人行横道口都装有盲人过街音响指示器，公用设施内轮椅可以通达所有地方等。③

---

① 宫晓东，高桥仪平.日本无障碍环境建设理念及推进机制分析[J].北京理工大学学报（社会科学版），2018（2）：169.
② 高桥仪平.日本的无障碍设计发展沿革与面向东京2020奥运会·残奥会的通用设计展望[J].世界建筑，2019（10）：16.
③ 高桥仪平.日本无障碍设计[J].设计，2010（10）：64.

为促进无障碍环境融合连续，日本城市推进了各功能服务区之间转换路径实现无障碍，例如日本轨道交通站点中，对全程无障碍的考虑比较周到，即使是少量的台阶也会设置上下扶梯或是坡道。[①] 在东京，不仅是在巴士总站，在公园、街道，甚至皇宫、寺庙等名胜古迹，以及遍布东京的轨道交通系统，都能看到已经形成了无障碍的适用于所有人的通行环境。[②]

为了迎接东京奥运会，日本在无障碍环境改善上投入巨大。在交通方面，为确保从飞机降落羽田机场或成田机场的那一刻起，机场和公共交通工具方便每个人使用，行进盲道和提示盲道铺路被广泛应用于公共区域，帮助盲人和视障人士轻松导航，东京大约80%到90%的火车、地铁和车站进行了无障碍设计，设有无障碍厕所、触觉铺路和盲文，以帮助视觉障碍的人。羽田机场国际航站楼、国际客运站设置有无障碍转乘，轮椅顾客乘坐机场巴士，可致电服务中心提前预订配备无轮椅升降机和无障碍座椅的巴士，可折叠轮椅可存放在巴士行李舱内。除了轮椅座位，车内还有4个优先座位，导盲犬也可随同。所有线路为轮椅使用者、低流动性、视力受损者提供帮助。在建筑方面，东京都政府颁布法令，要求所有新建或翻新的超过1000平方米或以上的酒店楼层，配备无门槛的地板、宽度超过80厘米的门、宽度超过70厘米的通道、卫生间和浴室，为此东京都政府补贴80%的装修费用。[③]

（三）无障碍设计和通用设计较为精细、普及

日本无障碍设计逐渐走向通用设计，在这一过程中，精细是一个突出的特点。以无障碍厕所为例，在日本无障碍厕所又称多功能马桶间，配备的设施更加有利于残疾人或者是有需要的人使用，将残疾人、携带婴儿的家长、引流病人的需求考虑了进来，做到了通用设计。

卫生间面积会比一般的卫生间更大，设置了专用无障碍马桶、带扶手的

---

① 官晓东，高桥仪平.日本无障碍环境建设理念及推进机制分析[J].北京理工大学学报（社会科学版），2018（2）：169.
② 官晓东，高桥仪平.日本无障碍环境建设理念及推进机制分析[J].北京理工大学学报（社会科学版），2018（2）：169.
③ Sarah B. Hodge：Breaking Down Barriers：Advances in Barrier-Free Technology and Design Make Tokyo 2020 Accessible for Everyone. https://www.japan.travel/tokyo-and-beyond-2020/en/trip-ideas/breaking-down-barriers-advances-in-barrier-free-technology-and-design-make-tokyo-2020-accessible-for-everyone/.

洗手台，还设置了小朋友专用卫生空间，婴儿座椅、给小朋友更换衣服时站立的踏板，更换尿不湿的小床，引流病人使用的导流设施等。在一些技术参数上十分规范，考虑也十分周到。如入口和门。无障碍厕所的入口比一般的厕所入口宽大，往往采用自动门系统，门的宽度标准是 90 厘米以上。自动门上进门的按钮开关高度约 100 厘米，入门后的开关按钮距离门 70 厘米，这个尺寸的设计，刚好可以确保轮椅使用者进门之后无需转身就能够进行操作。[①] 再如设置在无障碍厕所的干净的换衣板，这是一个非常贴心的设计，站在这块板上完美地解决不必要的尴尬，真正做到了通用设计。[②] 音频信息指导装置供视障人士使用，进入厕所时，为了让使用者能快速理解多功能马桶的位置，会有语音提示与盲文导向板进行指引。[③]

除了无障碍厕所，还有许多体现无障碍设计和通用设计人性化、细致化的地方，值得我们学习借鉴。如自动售票机的人机设计尺度并不是一刀切，而是考虑了从小孩到普通成年乘客及轮椅使用者的大部分人的需求，在车站的入口、自动售票机、电梯、月台上有盲文提示，方便盲人清楚地了解到自己所处的位置、需要购买的车票的票价等信息。

除了精细化，通用设计在产品设计中的普及程度也是一个突出的特点。日本设计师在 20 世纪 90 年代引用通用设计理念，到今日通用设计已经成为日本的主流设计方向之一。[④] 在药品、洗发沐浴产品、食品、文具等的包装和设计上都可以看到通用设计。通用设计的研究已经发展出了日本流派的通用设计理论。

（四）在推进策略上，优先发展急需改进区域

无障碍环境治理总是在一定的空间中实现，在资金、人力供给有限，治理难度千差万别的情况下，无法一蹴而就整个推进。日本根据无障碍需求的程度，优先发展急需区域的无障碍环境，以点带面实现区域系统无障碍环境策略值得借鉴。

近十几年来，日本无障碍建设工作方向转向为优先发展区域策略。所谓的优先发展区域是指市政当局组织专家、当地居民、残障人团体、老年人

[①][②][③] 妍酱.日本无障碍厕所，城市设计中的温柔[EB/OL].[2021-10-02].https://zhuanlan.zhihu.com/p/31533325.
[④] 乔宇.日本通用设计研究[J].包装工程，2017（24）：245.

等，听取他们的意见，遴选出对居民生活、旅客等影响最大、急需改进的区域，这些区域通常以公共交通中心（如地铁站）或重要的设施为中心，包括周边一定区域内的建筑、旅客设施等，用无障碍路线联通起来，从而形成区域性的系统无障碍环境，表明其不再仅仅强调单体设施，而是强调区域性的无障碍，将设施与周边环境一体化考虑。[1]

（五）注重无障碍意识的社会推广

无障碍不仅体现为硬件方面，还有软件方面。社会对无障碍的意识是重要的软件层面的建设内容。日本政府十分注重无障碍意识的社会推广。在教育体系中，从小学阶段开始就会上各种形式的综合体验课，通过让学生们体验用轮椅行动，用拐杖走路，戴眼罩走盲道等，让小学生亲身体会到残障人士的不便，体会到坡道、盲道等无障碍设施的重要性。[2]无障碍意识的社会推广为无障碍环境建设获得公众的支持打下了潜移默化的社会基础。

另一方面，国民意识的提高加上完善的设计法规约束，良好的社会氛围也为设计师的通用设计意识的形成奠定了社会的基础。

二、美国无障碍环境治理经验借鉴及启示

以下从三个方面探讨美国无障碍环境治理的经验借鉴。美国无障碍环境建设走在世界前列，这得益于美国建立了较完备的无障碍法律法规体系，以及对障碍人士宽松友好的社会环境和教育环境。同时，在无障碍设施运营上，还存在着成本与收益平衡的问题，美国无障碍设施投入使用较长，在这一问题的解决方案的提供上能带给我们有益借鉴。

（一）较完备的无障碍法律法规体系

1961年，美国国家标准协会制定了世界上最早的一部建筑无障碍标准《便于肢体残疾人进入及使用的建筑和设施的美国标准说明》（ASA），为残疾人平等享用公共建筑、交通和其他服务的权利提供了法律保障。[3]1968年，《平等住房法案》（FHA）颁布，禁止住房差别对待，强调公共设施、住宅等可

---

[1][2] 官晓东，高桥仪平.日本无障碍环境建设理念及推进机制分析[J].北京理工大学学报（社会科学版），2018（2）：170.

[3] 韩颖.城市无障碍环境的建设理念与实践特点[J].深圳大学学报（理工版），2017（04）：400-407.

及，要求所有使用联邦资金的建筑物之设计、建造、改建和出租必须便于残疾人通行，成为美国最早的为无障碍环境建设而设立的法案。

然而这些法律存在保护范围有限，保障力度不足，保护门槛过高的问题[①]。彼时美国残疾人出行依然十分困难。[②]残疾人的持续抗议活动推动联邦层面的残疾人基础性保障立法。

一直到1990年7月，《美国残疾人保障法》（ADA）通过，被视为美国助残事业进入"无障碍时代"的标志，成为美国无障碍环境建设的重要立法。

ADA法案具体明确，每一个部分都详细列出了被禁止的歧视行为以及提供给残疾人的便利设施和服务，例如"公共设施场所"这一概念的解释就有12条，并且对实施过程也做出了详细的规定。其中，增加了在雇佣、公共设施、交通设施及听觉障碍者通信领域中不得以残疾人为由阻止其对设施的使用，或不公平对待残疾人的条款。ADA法案为实施建筑无障碍环境奠定了基础，在ADA中除了提出使用、设计的指导方针外，还规定了停车场的数量、会议室中固定座椅数、餐厅座椅数、医疗设施的病房数、商业设施的柜台数、图书馆阅览室的座椅数、短期住宿的客房数等各种配备标准。同时，这一法案的通过还促使残疾人无障碍设计发展转变为提倡人人平等的通用设计模式，在世界范围内对多个国家的法律制定产生了较大的影响。

1991年，ADA法案第二部分和第三部分进行了修订。2010年，ADA法案重新修订，出台了关于标识等的新规定。

美国联邦层面的立法给予残疾人立法保护和政策优待，大大加速推进了无障碍环境的建设，强调消除在工作场所和公共场合对残障人士的歧视，推动着无障碍设施的配备和改造，使越来越多的残疾人参与到社会生活中来。

---

① 俞飞.美国残疾人的无障碍之路［N/OL］.法治周末，2020-08-27，http：//www.legalweekly.cn/whlh/2020-08/27/content_8288828.html.
② 美国国会对《美国残疾人保障法》举行立法听证，在全国范围内对1000名残疾人进行的民调结果显示，三分之二处于工作年龄的残疾人失业，想要工作却因为雇主的歧视而得不到工作机会。在民调进行的这一年中，约三分之二的美国残疾人没有看过电影，四分之三的残疾人没有看过现场戏剧或音乐演出，三分之二的残疾人没有进入体育场馆观看过赛事，17%的残疾人没在饭店吃过饭，30%的残疾人没有在百货商场购过物。资料来源：俞飞.美国残疾人的无障碍之路［N/OL］.法治周末，2020-08-27，http://www.legalweekly.cn/whlh/2020-08/27/content_8288828.html.

以残疾人停车位为例,凡有停车位的地方,必须配备标注蓝色轮椅图案的预留位给持证残障人士的无障碍车位,不论何时何地,非证持有者不可在此停车,违者一律罚款250美元。

(二)给障碍人士提供宽松友好的社会环境和教育环境

宽松与友好的社会环境至关重要,随着ADA等法案的实施,强调消除在工作场所和公共场合对残障人士的歧视,美国社会环境对残障人士的态度有了较为深刻的转变,在社会形成了一种尊重残障人士及其能力的社会氛围。

在教育系统,美国大专院校比以前更适应残疾学生的存在,在法律的要求下改进了校园环境,增加了各类障碍学生在大专院校的比例。从一个小细节来窥探一二,在美国华盛顿大学课程表里面经常在最后一页有如下的内容:"访问和住宿:如果您已经和残疾学生资源部(DRS)商定住宿,请在您方便的时候尽早就以批注的住宿与我联系,以便我们在本课程中讨论您的需求。"[①]应当说,这样的政策和做法提供给残障学生一个较为包容和无障碍的学习环境。

(三)注重成本与效益的平衡——以美国无障碍出行服务成本与效益的平衡实践为例

交通出行服务系统的建立和运营需要有良性的资金循环和一定的竞争机制,在美国无障碍出行的实践中,其成本与收益平衡的经验值得借鉴。

美国在公共交通的无障碍建设方面走在世界前列。以《美国残疾人保障法》(ADA)要求各地都要提供无障碍出行服务为重要分界线,从1979年开始,美国无障碍出行服务经历了前ADA(1979—1992)阶段、快速增长阶段(1992—1997)、注重服务质量和规范的持续增长阶段(1997—2008),进入注重成本效益和可持续性阶段(2008—2013)。[②]

1991年9月,美国颁布了US DOT ADA法规,要求交通运输机构指定ADA无障碍出行服务计划,并于1992年开始实施这些服务。[③] 彼时的运作模式:直营模式、外包模式以及直营和外包混运营模式。从1997年全面实施起

---

① 左微.留学女博士看美国:残疾人其实也挺幸福的[EB/OL].界面新闻,(2015-10-19),https://m.jiemian.com/article/407565.html.
② 潘海啸.无障碍与城市交通[M].沈阳:辽宁人民出版社,2019:231.
③ 潘海啸.无障碍与城市交通[M].沈阳:辽宁人民出版社,2019:232.

到21世纪初，ADA无障碍出行服务持续快速增长。数据显示，在美国，从1996年到2001年，每次需求响应服务（包括ADA无障碍出行服务）出行的平均花费增加134%，远远高于固定路线公交服务费用的增加[①]，面临成本大幅度上升的问题。

如何解决成本过高的问题，从而达到成本和收入的平衡？政府改变了运作模式，采用包括非专用系统和混合使用模式，通过借助于出租车大大减少了服务高峰的缺口，同时降低了成本。2009年的调查表明，有121个无障碍辅助出行系统是混合使用的，这使得每次出行的费用由原来的26美元减少到了18.1美元，减少幅度达43.5%。[②] 这种采用非专用系统提供无障碍出行服务可以鼓励竞争，有利于规模效益，从而降低了成本。

这启示我们，在运行或运作的模式上可以灵活变化，给予运行主体一定的灵活处理的权力，在实践中进行调整。只要能够达成目标，并非一定要在残障服务和非残障的服务之间划出泾渭分明的区别来。

三、澳大利亚无障碍环境治理经验借鉴及启示

（一）澳大利亚无障碍治理的法治化建设情况

1. 无障碍政策法规的建立

澳大利亚在20世纪80年代就已经制定了有关残疾人的法律以及无障碍环境建设的技术法规和技术标准。迄今为止，澳大利亚的无障碍环境建设已建立起多层次的立法机制和保障机制。公共区域、公共交通、公共建筑、信息获取等领域的各种无障碍建设已经做到全方位布局，这些无障碍建设不仅使得所有残疾人受益，普通大众也非常受益。

1992年，澳大利亚联邦政府制定了《联邦反残疾歧视法案》，并于1993年3月正式启用。[③] 该法案旨在标准化全国范围对残疾人提供的权利；履行澳大利亚联邦政府作为国际残疾人权利宣言签署国的义务；监管联邦政府的歧视行为。确保残疾人和非残疾人一样拥有同等的权利、机会和享受服务，包括就业、教育、体育、旅游、购物、娱乐、各种设施等。《联邦反残疾歧视法案》中制定了残疾标准、无障碍标准、行业准则以及行动计划，规定了

---

① 潘海啸. 无障碍与城市交通 [M]. 沈阳：辽宁人民出版社，2019：233.
②③ 潘海啸. 无障碍与城市交通 [M]. 沈阳：辽宁人民出版社，2019：233.

澳大利亚人权委员会的职责。在该法案中，规定残疾人的亲戚、朋友和护理人员如果因为与残疾人的关系而受到歧视也会受到保护。2004年，生产力委员会（The Productivity Commission）对该法案的调查结果发现，尽管仍有改进的空间，特别是在减少就业歧视方面，但总体而言，该法案是相当有效的。

随着2006年联合国大会通过《残疾人权利公约》，澳大利亚成为最早签署公约的国家之一，承认并遵守公约中规定的反歧视残疾人原则，并从立法层面上逐步完善公约规定的各项残疾人保障义务。为了建立一个高级别的政策框架，以协调和指导政府在主要和特定残疾领域的活动，推动其在残疾领域成果方面的表现，提高残疾问题的可视性并确保残疾问题纳入了所有的公共政策的制定和实施中。2011年，澳大利亚联邦政府以及其他州政府联合制定了《2010—2020国家残疾人战略》（National Disability Strategy 2010-2020，NDS），提出了一系列与《联邦反残疾歧视法案》中要求相呼应的政策方针，明确列出了无障碍社区、经济保障、健康、教育、个人支持以及司法和权利保护优先采取行动的六个领域，以实现《残疾人权利公约》中规定的内容。这是一个为期十年的改革计划，主要内容包括：包容性和无障碍社区、权利保障、司法和立法、经济保障、个人和社区支持、学习和技能、健康和福利等。其中，包容性和无障碍社区增加了残疾人及其家人和护理人员对社区中交往、文化、宗教、娱乐以及体育生活的参与；通过规划和监管系统，提高建筑物和自然环境的可及性，最大限度地提高所有社区成员的参与度；改善提供无障碍和对应设计的住房，供残疾人士选择；可供整个社区成员使用的交通系统；改善信息和通信系统，以使其能传达并可靠回应残疾人及其家庭和护理人员的需求。

2.公共建筑的无障碍标准

在《联邦反残疾歧视法案》开始实施后，为了构建无障碍的建筑环境，澳大利亚联邦政府开始着手制定符合该法案要求的建筑物无障碍标准。经过长达十多年的制定、协商，《2010年残疾（进入建筑物）标准（建筑物标准）》［The Disability（Access to Premises—Buildings）Standards 2010］得到议会批准，并于2011年5月1日正式开始生效。这些标准规定了残疾人进入公共建筑、公共服务和建筑物内设施的最低要求，使行动不便、视力和听力受损的人更容易进入公共建筑。其目的在于：①确保为残疾人提供有尊严的、公平的、成本效益可合理实现的建筑物及其建筑物内的设施和服务；②确保建筑物认证机构、建筑开发商和建筑管理者认为，如果按照这些标准提供建筑通道，则在这些标准所涵盖的范围内提供该通道不会违反该法案。该标准具有广泛的影响，在标准制定后，澳大利亚所有的新建筑和对原有建筑物的重大改造升级都需要同时满足建筑物规范和无障碍标准两方面的要求。比如：①门的最小宽度由 800 毫米增加到不得低于 850 毫米。②建筑物的每一层都必须提供电梯或坡道，除非建筑物很小。③每个公共洗手间都应该包含有一个无障碍洗手间。④每一层建筑物内都要配备能够方便残疾人出入的洗手间和电梯。⑤所有楼梯必须设有两侧扶手、TGSI 安全系统，以及在底部和顶部楼梯边缘要安装色彩对比条。⑥所有新建筑至少 50% 的入口必须是无障碍的。⑦超过 20 平方米的走廊面积必须保证足够的同行和转向空间。⑧建筑物内要有符合要求的盲文和触觉标志，酌情纳入耳聋的国际符号，在装有主厅系统的房间内要注有耳聋国际符号。⑨对于学校、医院，每 100 个停车位中必须有 1 个是无障碍停车位，如果该停车场至少有 1000 个停车位，那么每 50 个停车位中必须有 1 个是无障碍停车位。⑩必须提供可触摸的地面警示器，以警告盲人或视力受损的残疾人正在接近的建筑物，比如楼梯、自动扶梯、坡道等；在某些建筑物内必须提供符合要求的轮椅座位，轮椅座位的数量和位置必须符合要求；每个游泳池都必须提供至少一个无障碍出入口，无障碍出入口的方式也有所规定；一系列相连坡道的组合垂直高度不能超过 3.6 米，并且台阶坡道之前的连通不能重叠；在通道上，对于所有会被认为是开口或门口的无框或全玻璃门必须按照要求提供标记。建筑物标准审查小组（The Premises Standards Review Team，PSRT）会每五年审查一次建筑物标准，以确保其正常运行。

3. 公共交通的无障碍标准

澳大利亚联邦政府认为社会中的每个人都应该有权利使用公共交通。对应于《联邦反残疾歧视法案》中第 31（1）条，联邦政府制定了《公共交通无障碍标准 2002》（The Disability Standards for Accessible Public Transport 2002），于 2002 年 8 月正式实施。该标准的目的在于使公共交通运营商和供应商消除对公共交通服务的歧视，在承认乘客、运营商和供应商权利的同时，也规定了他们的义务。该标准包括34个部分，适用于所有的公共交通运输工具，包括长途汽车、火车、轮渡、机场、电车、出租车以及政府和私人巴士。从第二部分至第三十一部分，每个部分都涉及了不同的内容，依次是关于到达路径、操作区、通道、休息区、坡道、等候区、登机区、提供空间、地板表面、扶手、门廊、电梯、楼梯、洗手间、符号、标志、触觉地面指示器、警报、照明、控制开关、家具和设备、街道家具、入口通道的网关、支付票价、辅助听力系统、信息获取、订票服务、食品和饮料服务、随身物品、优先权。并且每个部分提供了公共交通建设和服务的规范。例如，第六部分要求坡道的最小宽度是 800 毫米，并且要求机场坡道的宽度和坡道上扶手的高度，以及登机坡道最大的角度、连接码头坡道的角度都必须符合相关规定；第九部分提供了使用轮椅者在巴士、火车或轮渡上需要的最小分配空间为 800 毫米×1300 毫米；第十二部分要求任何沿着通道的门不能对乘客的通过造成障碍，并且在安全检查点要提供直接帮助服务，通道上的传感器必须足够灵敏，能够检测地面和通道上方 500 毫米之间的移动，门廊必须要有至少 1400 毫米的无障碍垂直高度，而对于 2013 年 1 月 1 日或之后投入使用的交通工具，该高度必须至少为 1500 毫米；第十四部分要求楼梯不能是唯一通道方式。该标准要求任何新公共交通运输服务必须完全符合标准的全部要求；原有的公共交通运输服务可以按照一个时间表逐步达到无障碍要求，大部分地区要求公共交通运输服务必须在 2022 年前充分满足无障碍标准。

4. 信息资源的无障碍标准

对应于《联邦反残疾歧视法案》中第 24 条，所有网上信息和服务都必须是无障碍的，澳大利亚人权委员会于 2002 年以此制定了《万维网访问：残疾歧视法案咨询说明（3.2 版本）》（World Wide Web Access：Disability Discrimination Act Advisory Notes，Version 3.2）。它们旨在帮助参与开发或修改万维网网页的人员和组织遵守这些要求。这些说明并不是法律条款，而是包含如何避免歧视的建议。例如：盲人或有视力障碍的人可以使用适当的设备和软件获得银行服务、网上购物和盲文、音频或大型印刷体形式的电子文档；聋人或有听力障碍的人可以有更多的即时信息；残疾人士的平均收入应不低于社区其他成员，以便能够使用"最先进"的设备和软件；等等。1999 年万维网联盟公布了《网页内容无障碍规范（1.0 版本）》（Web Content

Accessibility Guidelines, Version 1.0),从信息平等角度提出了具体的网络和信息无障碍的要求。随后,《万维网访问:残疾歧视法案咨询说明》和《网页内容无障碍规范》都有新的版本推出。

在图书馆服务方面,1979年,澳大利亚图书馆协会(The Library Association of Australia)声明"图书馆协会认为,每个人都有权获得图书馆服务和资料,以满足他们对信息、灵感、教育和再教育的需求"。此后,澳大利亚图书馆和信息协会(Australian Library and Information Association, ALIA)于1998年制定了《残疾人图书馆标准指南》(Guidelines on Library Standards for People with Disabilities)。该指南要求所有图书馆需使用这些标准作为最低要求,并且要每两年或三年审查一次。这些标准要求为残疾人服务是每个图书馆应提供服务的一部分。例如:所有工作人员必须对残疾人有合适的态度,减少和残疾人沟通时的障碍;图书馆建筑物应符合相关规范,做到对残疾人无障碍;要提供自适应设备和视听材料供残疾人使用;等等。

(二)澳大利亚无障碍保障机制的建立

1. 澳大利亚人权委员会

1986年,澳大利亚成立"人权委员会(Australian Human Rights Commission, AHRC)"。该委员会是一个独立机构,其职能之一就是负责调查和解决违反澳大利亚联邦机构有关反残疾歧视立法的行为。在《联邦反残疾歧视法案》中的第四部分,特别指出了人权委员会反歧视行为的职责。其运行机制包括提出投诉、调查、调解。首先由人们以书面形式提出投诉,邮寄、传真或在线提交给人权委员会;人权委员会收到投诉书后会对投诉方和被投诉方分别进行调查;然后会力求以面对面调解或电话会议的方式解决问题,比如道歉、改变政策或赔偿等。如果投诉问题未得到解决,投诉方可以将问题提交法院,由法院进行裁定是否发生了非法歧视。人权委员会极大程度上保障了残疾人的权利,促进了无障碍环境建设的立法和标准的有效履行。

2. 相关的助残社团组织

除了人权委员会,澳大利亚还有多种多样相关的助残社团组织,例如,澳大利亚残疾人联合会(Australia Federation of Disability Organisations, AFDO)、澳大利亚残疾人组织(Disabled People' Organisations Australia, DPOA)、澳大利亚残疾人网络协会(The Australian Network on Disability, AND)等等。这些

社团组织对残疾人平等参与社会、经济、政治、人权、文化生活等各方面进行了保障，从而也在很大程度上保障了无障碍机制的建立，推进了无障碍环境建设的发展。

（三）各州无障碍相关做法

除了联邦政府从全国层面设定具有效力的无障碍政策法规和无障碍环境建设标准，各州政府和各地区政府也都在不同层面上针对不同领域建立了适合各自州和地区实际情况的无障碍技术标准和实施计划。

1. 新南威尔士州的无障碍做法

2002年，新南威尔士州的悉尼市政府推行首项《残疾人行动计划》（Action Plan for People with Disabilities）。市政府在咨询了残疾人与残疾人社团组织所提出的意见与建议后，结合市政府包容性（针对残疾需求）专家组顾问协助制定该项计划。该计划大幅度改善了悉尼市公共场所的无障碍程度，且成效还在不断升级优化。2017年，悉尼市政府拟定了该计划的第四版《2017—2021年度包容性（针对残疾需求）行动计划》（2017—2021 Disability Inclusion Action Plan），此版本计划着眼于诸多残疾人需要面对的日常共享障碍与问题，包括创建和维护市区无障碍设施、公共空间，以及基础设施建设；提供无障碍且具包容性的交流方式和互动机会；在举办活动时确保残疾人权益和包容性；创造公平的就业机会，营造多样、包容的工作环境；等等。[①]

2. 维多利亚州的无障碍做法

维多利亚州先后制定了《维多利亚残疾计划2013—2016》（Victorian State Disability Plan 2013—2016）、《维多利亚州无障碍公共交通行动计划2013—2017》（Accessible Public Transport Action Plan 2013—2017）、《人人有份维多利亚州残疾保障计划2017—2020》（Absolutely Everyone the State Disability Plan 2017—2020）等等。这些计划的目标都在于减少残疾人在社会所面临的障碍，使人们能够普遍使用所提供的服务和设施，使所有乘客都能够独立出行。

3. 塔斯马尼亚州的无障碍做法

塔斯马尼亚州制定了《塔斯马尼亚残疾人服务法2011》（Tasmanian Disability Services Act 2011）、《残疾服务运营计划2017—2018》（Disability Services

---

① 中新网.悉尼制定一项全新计划保障残障人士需求［EB/OL］.［2021-10-09］. https://www.sohu.com/a/143420303_123753.

Operational Plan 2017—2018)、《2019—2021 年残疾人服务战略计划》(The Disability Services Strategic Plan 2019—2021)等，这些计划旨在帮助塔斯马尼亚政府成为一个完全无障碍岛屿，实现"一个完全包容性和参与性的社会"。在这个社会中，残疾人士被视为平等和有贡献的社会成员，并受到尊重。

（四）启示与借鉴

1. 倡导"以人为本"的无障碍理念

在澳大利亚，人们普遍认为残疾是人类多样性的一部分，是人类的一分子。政府会给照顾残疾儿童和成人的护理者福利、津贴，提供语言协助；在"以人为本"的方针里，设计师的理念是无障碍环境服务的不仅是残疾人等弱势群体，而应当是服务于所有人，在制定相关标准细则时，会邀请残疾人参与。此外，澳大利亚国民的素质普遍较高，在残疾人碰到困难时，路人多会伸出援助之手；许多爱心人士甚至会不计个人得失给残疾人提供各种方便；每个人都自觉树立保护无障碍设施的意识；等等。经过多年的努力，澳大利亚公众已经逐步建立了任何设计都应考虑残疾人、老年人以及其他所有弱势群体的需求这一意识，随时都应该给予有需要帮助的残疾人帮助，让他们无障碍地融入整个社会。

我国国内现有的无障碍环境建设相比于澳大利亚有很大差距，特别是在通用设计阶段差距还很大。公众普遍对残疾人不太关心，导致残疾人不敢走出去，许多无障碍设备也并没有发挥应有的功效。因此，在我国的无障碍建设中，首先，要提高立法者的无障碍立法观念。无障碍立法应设立保障所有人均具有同等的生活权利和工作权利目标，建立全体社会成员都全面参与的社会环境，而不仅仅是对残疾人予以"同情"和"救助"的浅层观念。其次，应该提高社会公众的无障碍意识。要加强无障碍环境建设的宣传，加深社会大众对"残疾"和无障碍环境的理解，让残疾人真正能"平等、参与、共享"社会活动。

2. 健全无障碍的立法建设和因地制宜的建设方案

完善、健全的无障碍立法建设是澳大利亚无障碍环境建设的基石。1992 年，联邦政府制定了《联邦反残疾歧视法案》这一具有决定性作用的法律，该法案也成为了澳大利亚无障碍环境建设的基本法。这不仅能为以后澳洲无障碍环境建设的相关法律法规指明了方向，也能避免由于立法的滞后性所带来的问题。其后，澳大利亚的许多无障碍环境建设的法律法规都是围绕该法案制定。这些法律法规明确了无障碍环境建设中各级主体的职责，细化了无障碍建设的标准要求。对于公共建筑、公共交通、信息获取等领域都详细制定了无障碍标准的硬性要求，这些标准都规定得很细致和严格，这也就给政策实行者清晰的方向。此外，不仅是联邦政府会积极制定无障碍环境建设的法律法规，各州政府、各地区政府也会确立适合本州、本地区的无障碍建设方案，积极建设无障碍环境，服务于全体社会成员。

在我国，也非常重视立法工作。相继成立了中国残疾人联合会、国务院残疾人工作委员会等组织机构，并出台了《中华人民共和国残疾人保障法》《中共中央国务院关于促进残疾人事业发展的意见》《残疾预防和残疾人康复条例》《残疾人教育条例》《残疾人就业条例》等重要支撑残疾人权益保障法律法规。特别在无障碍环境建设方面，相继制定了《无障碍设计规范》《无障碍设施施工验收及维护规范》等国家标准；发布实施《城市公共交通设施无障碍设计指南》《标志用公共信息图形符号第9部分：无障碍设施符号》等国家标准，并于2012年颁布了《无障碍环境建设条例》。但是，在无障碍建设的系统性和实用性方面，还是有一定的欠缺。比如，残疾人很多时候不敢独自出行，因为自出门起，过马路、地铁或公交车、逛街、商店购物、吃饭、其他娱乐活动、在地铁或公交车、过马路、回家，这一过程的无障碍环境并不能连起个圈。很多城市也并没有编制因地制宜的城市无障碍建设发展规划。因此，我国在无障碍环境的立法和具体的建设方案中应该以通用设计为目标，注重系统性、实用性，各地也应该编制自己的无障碍建设发展规划，完善无障碍环境的建设。

3.强化无障碍建设的监督机制

在澳大利亚，拥有众多的助残社团组织对无障碍环境建设的工作进行全面监督。在推进无障碍环境建设的过程中，既需要有政府部门制定健全的法律法规以规范无障碍建设的工作，也需要有监督部门对无障碍环境建设提供强大的动力支持。社团组织不同于政府机构，他们是由多方利益的社会群体构成，因此，往往能得到社会大众的高度信任。他们在无障碍环境建设中能发挥号召性协调性的作用，发挥非常重要的监督职能。同时，政府与社团组织之间的合作也是很有必要的。除了数量众多，此外，澳大利亚的助残社会团体分工明细。这些社会团体有专门残疾人教育、就业、康复等某一领域的,也有专注残疾儿童、残疾妇女或残疾老人等某一年龄段的,还有专注于盲人、聋人、肢体残疾、智力残疾某一残疾类别的。总而言之,澳大利亚的人权委员会、澳大利亚残疾人联合会、澳大利亚残疾人组织、澳大利亚残疾网络等社会团体在其无障碍环境建设工作的监督制定和实施方面卓有成效。

近年来,我国也逐渐形成了以政府为主导、残疾人组织为辅助,全社会共同参与推动无障碍建设的工作机制。然而,我国无障碍建设的突出问题是立法中没有明确规定相关各部门的职责,执法力度弱;同时,法律监督机制严重滞后,监管力度不足,惩罚措施不到位,相关部门责任意识不强,容易相互推诿责任。依据澳大利亚经验,构建完善的无障碍环境建设体系不能只依靠政府,需要加强政府与社团组织之间的合作。因此,我国应该鼓励社团组织参与无障碍环境建设的监管,构建社会监督体系,赋予他们更多的监督权力,履行类似澳大利亚人权委员会以及残疾人组织在监管方面的职责,更好实现无障碍法律法规和具体建设工作的落实。

第二节　国内无障碍环境治理创新与实践

一、我国信息无障碍治理创新与实践总览

得益于我国信息化基础设施的快速发展,信息无障碍迎来发展机遇。作为保障民生的重要内容,在党中央、国务院高度重视下,我国信息无障碍取得积极进展,残疾人就业创业服务信息化建设得到大力推进,信息技术赋能老年健康服务体系不断加强,为残疾人、老年人参与社会生产生活提供了便利。近年来我国信息无障碍治理创新与实践主要可以总结为以下几方面。

（一）信息无障碍的法规、标准及政策措施不断完善

我国一直重视信息无障碍标准和法规体系的完善工作。1991年5月15日起施行《中华人民共和国残疾人保障法》规定，国家和社会采取"组织和扶持盲文读物、盲人有声读物、聋人读物、弱智人读物的编写和出版，开办电视手语节目，在部分影视作品中增加字幕、解说"，"盲人读物邮件免费寄递"，对残疾人获取信息，丰富精神文化生活提供福利。2007年，我国签署联合国《残疾人权利公约》，是最早的签署成员国之一，公约第二十二条提到"确认无障碍的物质、社会、经济和文化环境、医疗卫生和教育以及信息和交流，对残疾人能够充分享有一切人权和基本自由至关重要"。2008年，《中华人民共和国残疾人保障法》修订，增加第五十二条规定国家和社会应"推进信息交流无障碍"，以法律形式强化了信息无障碍建设内容。2012年，我国实施《无障碍环境建设条例》，第二条就条例所指的无障碍环境建设界定为"指为便于残疾人等社会成员自主安全地通行道路、出入相关建筑物、搭乘公共交通工具、交流信息、获得社区服务所进行的建设活动"，将交流信息列为重要的无障碍环境建设内容，并在第三章单设一章，就无障碍信息交流做出9条规定，涉及建设规划、政务信息无障碍、资格考试盲文试卷、电子试卷、配播手语的新闻节目、残疾人阅览室等，《条例》将信息无障碍建设内容做了具体化规定。

目前，我国信息无障碍国家标准体系建设取得快速进展。推荐性国家标准《使用低比特率视频通信的手语和唇读实时会话应用配置》（GB/T 28513-2012）2012年10月实施，《网页内容可访问性指南》（GB/T 29799-2013）2014年5月1日实施，《信息无障碍 第2部分：通信终端设备无障碍设计原则》（GB/T 32632.2-2016）2016年12月1日实施，《读屏软件技术要求》（GB/T 36353-2018）、《信息技术用户、系统及其环境的需求和能力的公共访问轮廓框架》（GB/T 36443-2018）均在2019年1月1日实施，《信息技术 互联网内容无障碍可访问性技术要求与测试方法》（GB/T 37668—2019）作为我国互联网信息无障碍领域创新性的国家标准，于2020年3月1日实施。

国家标准化指导性技术文件《信息技术 包括老年人和残疾人的所有用户可访问的图标和符号设计指南》（GB/Z 36471-2018）2019年1月1日实施。

通信领域信息无障碍的推荐性行业标准《信息无障碍 公众场所内听力障

碍人群辅助系统技术要求》(YD/T 2099-2010) 2011年1月1日起实施,《信息无障碍 术语、符号和命令》(YD/T 2313-2011) 2011年6月1日起实施,《网站设计无障碍技术要求》(YD/T 1761-2012) 及《网站设计无障碍评级测试方法》(YD/T 1822-2012) 2013年3月1日实施。

2020年6至7月,国际电信联盟第十六研究组(简称ITU-T SG16)审议,我国主导的首个信息无障碍国际标准被批准进入冻结阶段,即将发布的F.922《服务于视障者的信息服务系统》标准,标志着我国在信息无障碍领域取得的成就得到了国际认可,具有了引领信息无障碍技术发展的国际影响力。

我国政府十分重视信息无障碍的规划设计和落实。例如,2015年1月,《国务院关于加快推进残疾人小康进程的意见》印发,提出完善信息无障碍标准体系,逐步推进政务信息以无障碍方式发布、影像制品加配字幕,鼓励食品药品添加无障碍识别标识,鼓励电视台开办手语栏目,主要新闻栏目加配手语解说和字幕,研究制定聋人、盲人特定信息消费支持政策等。2016年8月,《国务院关于印发"十三五"加快残疾人小康进程规划纲要的通知》涉及多项信息无障碍规划,包括对盲人、聋人特定信息的消费支持,推进残疾人就业创业服务信息化、互联网和移动互联网信息服务无障碍,支持服务残疾人的电子产品、移动应用软件(APP)等开发应用,推进政府信息以无障碍方式发布、食品药品信息识别无障碍、政府和公共服务机构网站无障碍改造,电信业务经营者、电子商务企业等为残疾人提供信息无障碍服务,推动在全国大中城市建设聋人信息中转服务平台等全方位的信息无障碍举措。2017年,我国残联、工业和信息化部联合制定下发《关于支持视力、听力、言语残疾人信息消费的指导意见》,对盲人聋人特定信息消费支持工作进行部署。2020年9月,工业和信息化部、中国残联联合发布《两部门关于推进信息无障碍的指导意见》,指出要坚持以人民为中心的发展思想,聚焦老年人、残疾人、偏远地区居民、文化差异人群等信息无障碍重点受益群体,着重消除信息消费资费、终端设备、服务与应用等三方面障碍,增强产品服务供给,补齐信息普惠短板,使各类社会群体都能平等方便地获取、使用信息,切实增强人民群众的幸福感、获得感和安全感。

(二)无障碍信息通信技术和产品的研发、生产及推广不断推进

信息无障碍环境的建设,最终要落实到无障碍信息通信技术及产品的研发、生产、推广上。进入互联网尤其是移动互联网时代，我国产业界积极布局，加强无障碍信息通信技术及产品研发、生产和推广，围绕着 5G 应用落地、大数据、人工智能、物联网、云计算等新一代信息技术等技术，实施数字赋能无障碍、改善视听环境，实现辅具创新应用，助力残疾人就业和教育，增加残疾人、老年人需求的产品及服务供给。例如可穿戴的老年人健康支持技术和设备，远程实时查看、实时定位、健康监测、紧急救助呼叫功能产品，APP 上线导盲功能，无障碍公益 APP，银行 APP 无障碍优化、智能字幕速记系统、无障碍授课系统、无障碍电子地图、AI 手语翻译机等无障碍产品和服务在最近几年如雨后春笋涌现，这些产品和服务信息化、智能化特征明显。

当然，还有信息手段赋能传统服务，如家庭医生运用微信、手机 APP 等信息化手段，建立家庭医生与老年人及其照护者之间的互动沟通渠道就是典型，也为残疾人、老年人带来高效优质无障碍的信息服务。

（三）信息助残扶贫积极开展

贫困残疾人群体往往在信息获取上存在更为突出的困难。在我国实施历经八年，人类历史上规模最大、力度最强、惠及人口最多的脱贫攻坚战中，开展信息扶贫是助残扶贫的重要扶助举措之一。例如电信运营商减免视力、听力言语残疾人信息消费资费，电商助残扶贫，互联网居家就业帮扶工作，农村偏远地区网络覆盖，关注弱势人群的信息获取需求，帮助更多的残疾人实现就业。例如四川长虹控股集团有限公司财务云中心开展"云尚行"系统线上培训，这一平台是一个集云计算、大数据、人工智能、互联网等前沿技术为一体的智能财务云平台，主要针对出行不方便的重度残疾人，残疾人可以足不出户，只需要登录"云尚行"系统点击抢单模块，系统就自动派单，获得劳动收入，截至 2020 年 2 月，已有近百人实现就业并创收。[1]

（四）信息无障碍公共服务平台快速搭建

进入移动互联网以来，利用信息手段，一批信息无障碍公共服务平台快速搭建，包括政务、公共设施、教育科技、公共安全、医疗健康、交通旅游、电子商务等信息无障碍服务平台。

---

[1] 中国信息通信研究院. 北京市朝阳区将启动建设老年人大数据中心［J］. 信息无障碍动态，2020（02）：2.

中国残疾人辅助器具中心探索"互联网+辅具服务"的模式，建立覆盖全国的辅助器具服务网络，搭建了集展示体验适训于一体的综合服务平台，建立以一体服务为平台的适配中心，引进基于互联网、以大数据为支撑的专业系统，组建以家庭医生为主导的工作队伍，初步构建了全区"互联网+辅具评估"服务网络，实现了辅具评估从"传统入户问需"到"在线专业评估"的升级转变，为全球辅助技术发展贡献更多的"中国智慧"。[1]

北京市建立了"北京市辅助器具综合服务平台"，残疾人可在"辅具平台"申请、审批、购买、配送和结算"一站式"全程线上办理购置辅具。

中国残疾人就业创业网络服务平台"中创平台"全方位技术支持，整合资源搭建起了残疾人网上求职招聘服务平台，助力残障人士实现就业。

二、北京市无障碍治理创新与实践

（一）注重标准体系建设

北京市较早推进了地方无障碍环境方面的标准体系建设。在2004年4月1日，北京市人民代表大会常务委员会公告第15号《北京市无障碍设施建设和管理条例》公布，并自2004年5月16日起开始施行。自这一条例颁布以来，在国家标准的基础上，北京市还出台了一系列无障碍地方标准，已发布居住区、城市轨道交通、人行天桥与地下通道、公园等四本无障碍地方标准。[2]

为迎接2022年北京冬奥会和冬残奥会，2018年8月，北京市规划和国土资源管理委员会发布《北京市无障碍系统化设计导则》（以下简称《导则》），全面落实北京城市总体规划，进一步提升本市无障碍环境建设水平。这一《导则》将无障碍系统化设计与建设对标国际一流标准，坚持以人为本的和谐宜居之都理念，遵循通用、共享、适老、融合的原则，提出主要公共建筑的首层均应为无障碍楼层。

---

[1] 龙泉驿残联.坚持需求导向，推动服务升级 着力打造"互联网+辅具适配"全过程服务新场景[EB/OL].网易[2020-12-2], https://www.163.com/dy/article/FSRNMM0L0514LI6P.html.

[2] 新京报.明年北京将开展编制公共建筑无障碍地方标准[EB/OL].[2021-10-09]. https://baijiahao.baidu.com/s?id=1651241524438404910&wfr=spider&for=pc.

（二）推进无障碍系统化建设

2019年11月，《北京市进一步促进无障碍环境建设2019—2021年行动方案》正式印发，北京市首次开展全市范围内的无障碍环境专项提升行动，目的在于推进无障碍系统化建设，解决碎片化问题。

在这次专项行动的机制设计上，北京市首次成立市无障碍环境建设专项行动工作组。工作组首次由市政府主要领导挂帅，市委分管领导和市政府分管领导共同担任执行组长，34个委办局、16个区领导组成共同推进工作落实。并在监督机制上，强化主管责任、增强各部门合力。

在无障碍设计的要求上，提出无障碍设计的要求从原有对无障碍点位为重点基础上，逐渐转变为对整体"流线"的设计，让建设项目由点到线、由线再到面，实现真正无障碍。

在推进策略上，采取综合施策、系统推进、量化目标的策略。侧重于城市道路无障碍消除断点，公共交通无障碍衔接顺畅，公共服务场所无障碍安全便利，信息交流无障碍科技助推。同时注重推广典型案例，发挥示范带动效应。在激励制度设计上，对无障碍整改的目标进行量化，要求各区、各部门要集中力量攻坚克难，实现目标，并加强过程管控，市、区专班开展体验式监督，对于新建、在建工程项目，加强源头治理，完善新（改、扩）建工程项目无障碍审查机制。

在方法手段上，积极借助科技手段实现信息化、常态化、精细化管理。"北京市无障碍环境建设信息管理系统"平台建立，对卫生间、公交站台等8个行业的16类设施进行无障碍数据摸底，将不断扩大行业和种类，建立起覆盖全市的无障碍设施点位数据库。在数据录入中，建立问题台账，将问题设施纳入全流程管理和监督之中。下一步，将无障碍设施点位数据接入公共服务平台，比如手机导航、电子地图等，届时，依托现有的电子地图平台，市民在出门前通过手机导航就可以直接搜索到如无障碍卫生间的位置、公园哪个大门可以通行电动轮椅车等[1]，有效保障无障碍设施纳入城市精细化治理体系。

---

[1] 北京"无障碍环境建设信息管理系统"上线［EB/OL］.［2021-10-09］. http://beijing.qianlong.com/2019/1128/3453053.shtml.

三、上海无障碍治理创新与实践

(一)精细化管理——打造无缝衔接的无障碍交通出行环境

上海加快建设国际化大都市速度的同时,提升城市的无障碍环境成为其中重要的一环。截至 2018 年,上海残疾人规模达到 54.9 万人,占户籍人口比例近 4%。上海人口老龄化的问题较为严峻,第七次人口普查数据显示,上海老龄人口占比较高,老龄化程度高于全国水平。

对照习近平总书记对上海提出的精细化管理的要求[①],上海无障碍环境建设上提出精细化管理的目标,不仅是重视量的扩张,也重视质量和效率。

上海市交通无障碍治理创新给精细化管理打上了一个注脚。上海市交通无障碍治理的目标是建设对残疾人最友善的公共交通以及无障碍环境最完善的城市,全力打造"覆盖全面、无缝衔接、安全舒适"的无障碍交通出行环境。

一是新购设施充分考虑无障碍设计。对于地面公交,上海交通委印发《关于推进本市客运行业近阶段无障碍环境建设工作的通知》(沪交运〔2018〕798 号),提出主城区更新或者新增纯电动公交车原则上仅购置无障碍车辆,全部实现低地板化。新型低地板无障碍公交车均安装有气囊,具备侧倾功能,驾驶员在到站时可以利用该功能,调节车辆倾斜角度来使无障碍翻板与站台平顺对接,可以让轮椅能顺畅地滑入公交车。轮椅上车后,也有专门的位置停靠。并将这一功能纳入公交驾驶员的技能培训内容。新购三层以上游轮,将设置无障碍客梯。

对于轨道交通,2018 年,上海交通委会同申通地铁集团启动《上海轨道交通车站无障碍设施体系标准化建设指导意见》专项课题研究,旨在全面系统科学地指导车站无障碍环境建设,为新线建设和老线改造提供指导依据。该指导意见指出,在今后全面推广门式闸机,计划既有线新购车辆和新线开通运营车辆均为无障碍列车,根据建设标准每节车厢均为可固定轮椅的无障碍车厢,并试点开发蓝牙无线导盲系统、盲道盲文优化设计、无障碍厕所优化等一系列设施,在取得较为良好的应用体验以及社会评价之后将把试点经

[①] 习近平总书记指出:上海这种超大城市,管理应该像绣花针一样精细。

验总结吸收，加以推广应用。

二是现有无障碍设施优化改造成体系化。在无障碍交通环境改造方面，上海市交通委通过制定相关的规范和标准，创新理念、整合资源来推动交通无障碍环境的发展。上海市完善了中心城区主次干路、人流集散区、风貌区、商业区道路人行道无障碍设施300公里，重点整治缘石坡道设置位置不合理、高差过大、坡道口宽度过小、违规设置障碍物，提示性盲道设置不齐全、行进盲道设置不连续、盲道材质差等问题。[①] 对既有公交车，完成（无障碍设施可正常使用的车辆）标识工作，发展无障碍新能源公交车516辆。进一步加强对公交司乘人员无障碍设施的操作培训，督促各公交企业做好无障碍车辆设施日常维保工作。

在轨道交通上，上海市交通委会同申通地铁集团对标国际先进理念，结合上海的实际情况，在"补短板"三年行动计划中投入资金安排"无障碍电梯改造""厕所改造"等项目，针对现有无障碍环境的缺陷，改造厕所24座、无障碍电梯14台。

三是提升信息服务管理。在交通服务上，为提升交通行业尤其是窗口服务行业对残疾人的服务水平，上海交通行业管理部门紧密与市残联合作，定期组织开展对从业人员的服务技能培训，如开展简单手语培训等，进一步提升交通行业为残疾人服务的氛围。同时，上海市交通委积极推进无障碍信息通用产品、技术的研发和在交通领域的试点工作。配备更多的无障碍运载工具，积极推进无障碍信息通用产品、技术的研发，完善便于老年和残疾乘客识别的语音报站和电子报站服务等举措。进一步完善便于乘客识别的语音报站和电子报站服务，进一步深化完善"上海交通"APP应用，扩大信息服务覆盖范围及准确度，扩大基于站点设施的公交信息发布服务，逐步完善无障碍交通设施基础信息采集与发布，为相关人群提供多样化、便利化的无障碍出行信息服务。

（二）重视物质—精神的"全方位无障碍"城市环境体系建设

上海提出"全方位无障碍"的概念，重视无障碍人文产品的供给，丰富残疾人精神文化生活，也展现了城市的温度。首家盲人观影院线诞生在上

---

① 王佳妮.交通环境更"舒心"上海中心城区新购公交车均实现无障碍［EB/OL］.东方网，2019-08-25. http://sh.eastday.com/m/20190825/u1ai12782163.html.

海，上海率先成为中国视障者无障碍观影城市。目前，上海无障碍电影已列入市政府基本公共服务项目，成为上海残疾人事业文化的品牌项目。2019年11月底，"至爱影院——无障碍观影"项目启动，上海市电影发行放映行业协会等联合成立了"至爱影院"平台，在行业协会内形成了机制化，以机制保障特殊人群的需求。截至2019年底，上海近百家影院递交了"至爱影院"平台项目的加盟申请书。"至爱影院"将各自辟出一个放映厅播放无障碍电影，每个厅配备20台特制耳机。[1]

此外，上海已建成国内首家"无障碍数字图书馆"、首个听力残疾人无障碍网站新闻栏目、首个无障碍设施地理信息系统，进一步丰富了残障人士的生活。

四、深圳市无障碍治理创新与实践

深圳市是我国较早建设无障碍环境的城市之一，在全国无障碍环境建设发展中处于引领地位，"十二五"期间被评为无障碍先进城市。在无障碍治理上，深圳市有许多创新实践。

（一）治理理念创新——提出"器物、制度、理念"三维共建

在无障碍环境治理理念上，深圳市逐渐提出了"器物、制度、理念"三维共建的"无障碍城市"总体规划。

2018年初，深圳市人民政府工作报告中首次列入"积极创建无障碍城市"的内容，同年深圳出台了《深圳市创建无障碍城市行动方案》，将无障碍城市建设纳入城市总体规划，这一行动方案提出创建目标：到2020年，构建无障碍城市政策标准体系，残疾人及相关人群居家生活、上学就业、就医娱乐、交通出行、公共服务、信息交流无障碍设施设备显著改善，从理念、制度和器物三维共建的无障碍城市格局基本建成，形成具有国际一流水平的无障碍城市"深圳模式"，通过联合国可持续发展议程创新示范区验收，残疾人等群体融入社会无障碍。

这一行动方案最大亮点是理念非常创新，从以前仅强调物理空间改善的"无障碍环境"，向集"理念文化、制度规则、器物环境"三位一体的"无障碍城市"拓展，后者是一种多元的、多层次的、立体的建设。这一理念将无障碍城市看做一种崭新的城市形态，具有全面透彻的感知、开放包容的城市

---

[1] 王彦.上海春节档首推无障碍观影，考量服务精细化[N/OL].中国日报网，2020-01-07. https://baijiahao.baidu.com/s?id=1655032235040491506&wfr=spider&for=pc.

文化、无障碍环境互联互通系统化、公民所需器物生产使用个性化、服务信息处理及运营智能化等特征,展示了未来城市发展的新理念、新模式,成为城市发展和进步的重要途径与主要标志。

无障碍城市和无障碍环境最大的区别在于政策视角发生的变化。无障碍环境强调的是客观的物理空间存在,着眼点是物理空间调整。无障碍城市增加了平等包容的理念,包括细致的制度规则,完善的器物环境,信息无障碍建设,打破"无障碍＝残障人士需要"的标签,打造城市无障碍物理空间,普及无障碍公共文化。

2019年,深圳进一步深化无障碍城市总体规划,在无障碍城市这一理念下发布全国首部无障碍城市主题总体规划《深圳市无障碍城市总体规划(2020—2035年)》(以下简称《规划》),成为指导深圳市无障碍城市当前和今后一个时期建设发展的纲领性文件。《规划》中,无障碍城市被定义为"城市经济、政治和文化的各要素及其结构,包括器物、制度和精神文化等各层面已经实现了通用无障碍要求的城市",并首次提出"无障碍城市战略"和"身心障碍者"概念,将无障碍融入整个城市发展的全流程,目标是到2035年,将创建中国特色社会主义现代化无障碍城市范例,宜居宜业宜游的国际一流无障碍城市全面建成。

(二)治理机制创新——强调评估和考核机制

《深圳市创建无障碍城市行动方案》中明确提出了治理的机制创新的探索。具体表现为领导团队—评估机制—激励监督机制上的一系列创新。

在治理的领导团队上,由市政府分管市领导召集、市政府残工委成员单位分工负责、市残联协调的联席会议制度。同时注意积极调动社会力量的积极性,例如邀请无障碍城市建设专家进行业务指导,通过社会影响力债券投资等多种方式,调动社会力量参与无障碍项目投融资、建设和运营,建立无障碍城市建设奖励制度,对非政府投资建设项目无障碍改造主体进行奖励,加强助残义工服务时长记录与激励机制,探索创立无障碍义工"时间银行"。

在评估机制上进行创新规划。深圳市构建起由公共设施布局、目的地吸引力、到达目的地耗时及舒适度等元素组成的无障碍城市可达性指标体系,为无障碍城市建设提供评估机制。

在激励监督机制上进行创新。主要措施是将无障碍城市建设列入市政府年度重点工作并纳入年度绩效考核，明确无障碍城市建设创建主体责任，建立"红黑榜"制度，以形成推进无障碍城市建设的强大合力。

（三）治理的方式创新——注重无障碍产业的培育

《规划》对无障碍产业的发展十分关注，提出无障碍信息化和智能化产业政策、无障碍辅具产业政策、无障碍工程产业政策及无障碍服务业政策在内的四大政策升级。目标是到2030年，形成无障碍全产业链和全球无障碍城市建设的"深圳经验"。

《规划》提出鼓励企业主体、科研院校等开展无障碍技术研究，对无障碍技术研发行为按政策给予资助；加大对无障碍研发成果转化资助力度，推动无障碍设计、公益、设备、材料、检测、软件等关键技术的环节的创新发展；推进无障碍互联网、物联网、智能终端设备及应用软件的无障碍功能开发与应用，为打造信息无障碍服务大平台提供支撑。

《规划》特别注重无障碍产业的品牌战略的发展，提出了具体的支持措施，包括加大对无障碍产品和服务重点企业的扶持力度，打造龙头领军企业和智能产品；对无障碍领域的中小微企业给予大力支持，促进中小微企业与大企业协同发展；培育发展无障碍产品自主品牌，支持市场主体申请发明专利、实用型专利和外观设计专利；举办无障碍产品和服务的展会、产业论坛及工作坊。为辅助器具产品开展达标贴牌，并出台引导鼓励贴牌产品畅销措施。

实践中，深圳市为无障碍产业的发展创建了良好的政策支持环境。例如，2018年9月，深圳市残疾人联合会与深圳市人力资源和社会保障局联合举办深圳市首届"残健共融"残疾人创新创业大赛，鼓励残疾人积极参与创新创业，发现和培育市场前景可观、发展潜力巨大、助残效应显著的创业项目，搭建"残健共融"的残疾人创新创业平台，促进技术、人才和资本的有效对接。2020年4月，由深圳市残联打造的深圳市无障碍孵化空间正式启动，为无障碍事业产业创新孵化基地。作为全国首个示范性的无障碍产业创新孵化基地，该基地主要致力于培育康复辅助器具、无障碍服务等创新创业项目，助力建设无障碍城市。

（四）大力推进无障碍文化宣传

为提高全社会的无障碍意识，深圳市十分注重城市无障碍软件环境建设，通过多种渠道多种形式开展无障碍文化传播，利用报刊、网络媒体、社会中介服务组织等载体加强无障碍理念的公益教育，其无障碍软环境建设的目标是着力于为儿童、老人、身心障碍者等营造开放包容的人文生活环境。

深圳市将每年12月5日设立为"深圳无障碍城市宣传促进日"，举办多种形式的公开活动。2018年，深圳市举办了第一个"无障碍城市宣传促进日"，设立无障碍城市建设宣传周，进行无障碍文化传播。主要的一些措施为：依托专业机构和社会组织，大力开展无障碍知识进校园活动，设立网络平台接受无障碍问题投诉，开展无障碍宣传体验活动，推动相关问题的解决，定期向社会公布无障碍城市建设"红黑榜"，表扬先进、曝光不足，吸引身心障碍者和市民朋友参与，为身心障碍者搭建了学习和展现风采的平台，以促使全社会更加关注和参与无障碍城市建设。[1] 2019年12月3日—4日，深圳举办以"建设无障碍、共享全世界"为主题的深圳市无障碍城市宣传促进日活动，邀请国内外无障碍事业产业界的专家及相关从业人员，各区残联、各相关机构代表通过主旨演讲和圆桌对话、无障碍文化科技创新体验、创业项目路演、展能集市、趣味运动会等精彩纷呈的活动项目，交流碰撞智慧的火花，展示残疾人自强风采，展现无障碍事业产业的新进展，以推动深圳市无障碍城市建设，助力推进中国特色社会主义现代化先行示范区建设。

---

[1] 深圳商报.让无障碍城市文化温暖深圳［EB/OL］.［2021-10-09］.http://gdsz.wenming.cn/ttbt/201901/t20190117_5654670.html.

参考文献

［1］潘海啸.无障碍与城市交通［M］.沈阳：辽宁人民出版社，2019.

［2］［德］乔西姆·菲希尔，菲利普·莫伊泽.无障碍建筑设计手册［M］.沈阳：辽宁科学技术出版社，2009.

［3］［日］高桥仪平.无障碍建筑设计手册［M］.北京：中国建筑工业出版社，2003.

［4］焦舰.中国由无障碍设计向通用设计发展的趋势分析［J］.无障碍设计：为所有人，2019（10）：10-14+124.

［5］焦舰.无障碍设计与通用设计［J］.建设科技，2019（07）：18-21.

［6］汪晓春，焉琛，陈睿博.无障碍设计、通用设计与包容性设计的比较研究［A］.中国设计理论与技术创新学术研讨会——第四届中国设计理论暨第四届全国"中国工匠"培育高端论坛［C］.中国湖南湘潭，2020-09-18：119-127.

［7］乔宇.日本通用设计研究［J］.包装工程，2017（24）：245-247.

［8］董华.包容性设计专题引介［J］.设计，2020，33（15）：55.

［9］吕小泉.多层工业建筑无障碍标准研究［J］.建设科技，2019（13）：70-74.

［10］孙楠，贺静，徐丹，等.公共建筑人性化现状问题调研与分析［J］.建设科技，2020（03）：89-95.

［11］孙超，王波，张云龙，等.深圳市无障碍交通体系规划研究［J］.规划设计，2012（12）：37-41.

［12］吕世明.总结昨天把握今天推进明天把握现状发现问题推进发展——评《残疾人蓝皮书——中国残疾人事业发展报告》［J］.现代特殊教育，2020（08）：80.

［13］许巧仙.破解无障碍环境建设困境：以社会治理理论为视角［J］.河海大学学报（哲学社会科学版），2015（06）：43-48+98.

［14］郭玲.无障碍设计在日本的实施［J］.世界建筑，1986（04）：73-78.

［15］高桥仪平.日本的无障碍设计发展沿革与面向东京2020奥运会·残奥会的通用设计展望［J］.世界建筑，2019（10）：15-19.

［16］高桥仪平.日本无障碍设计［J］.设计，2010（10）：62-65.

［17］宫晓东，高桥仪平.日本无障碍环境建设理念及推进机制分析［J］.

北京理工大学学报(社会科学版),2018(02):168-172.

[18]潘海啸,华夏,孙艳丽,等.轨道交通无障碍环境建设中的"通用设计"体系[J].城市建筑,2021(18):128-133.

[19]曾红艳.加快培育江苏无障碍产业的对策思考[J].江南论坛,2021(05):15-17.

[20]郭婧,吕军,谢辉,等.健康中国背景下公众对无障碍环境的认知、行为意愿及其影响因素[J].医学与社会,2021,34(06):22-25.

[21]章超怡.省级公共图书馆网站信息无障碍建设调查研究[D].上海:上海师范大学,2021.

[22]宋文林,徐洋,王欣,等.网站信息无障碍标准符合性检测研究[J].中国标准化,2019(S2):172-175.

[23]熊尧,徐程,习勇生.中国卫生健康政策网络的结构特征及其演变[J].公共行政评论,2019,12(06):143-165+202.

[24]郭亚军,卢星宇,张瀚文.人工智能赋能信息无障碍:模式、问题与展望[J/OL].情报理论与实践:1-11[2020-05-07].http://kns.cnki.net/kcms/detail/11.1762.G3.20200331.1650.003.html.

[25]陶长江.境外残障旅游与无障碍旅游研究进展与启示[J].旅游学刊,2020,35(03):127-142.

[26]厉才茂.无障碍概念辨析[J].残疾人研究,2019(04):64-72.

[27]胡雪峰,夏菁,王兴平,等.城市社区无障碍设施空间错配与优化策略研究——以南京市为例[J].残疾人研究,2019(03):63-70.

[28]李东晓,熊梦琪.新中国信息无障碍70年:理念、实践与变迁[J].浙江学刊,2019(05):14-23.

[29]钱思名,叶茂,吕天泽,等.城市无障碍设施改善规划设计策略及建议[J].规划师,2019,35(14):18-23.

[30]袁周,刘田,邵磊.北京市肢残人对一刻钟社区服务圈的无障碍需求与满意度研究[J].规划师,2019,35(04):25-31.

[31]赵英.针对残障人士的信息无障碍影响因素研究[J].四川大学学报(哲学社会科学版),2018(05):84-93.

[32]王宇,王建忠,李佳,等.山东省公共场所无障碍设施调查体验研

究[J].残疾人研究,2018(03):92-96.

[33]张文兰,李昂,赵姝.国内老年在线教育网站无障碍测评研究[J].电化教育研究,2018,39(09):75-80+108.

[34]张伟芳,史坤博,田新壮,等.城市无障碍设施建设的满意度研究——以兰州市为例[J].世界地理研究,2017,26(05):56-68.

[35]田光辉.武陵山片区民族传统文化保护及无障碍旅游机制构建研究[J].黑龙江民族丛刊,2017(01):76-80.

[36]张革联.公共图书馆视障读者无障碍信息服务的困境与拓展——以陕西省公共图书馆为例[J].图书馆理论与实践,2016(07):85-88.

[37]张钰曌,陈洋.聋哑学校无障碍空间环境设计研究——以美国加劳德特大学为例[J].建筑学报,2016(03):106-110.

[38]张莉,陈梦茜,曾俊芳.残障者无障碍生活利益的民法保护[J].福建论坛(人文社会科学版),2015(12):211-216.

[39]王国羽.障碍研究论述与社会参与:无障碍、通用设计、能力与差异[J].社会,2015,35(06):133-152.

[40]廖慧卿,岳经纶.工作场所无障碍环境、融合就业与残障者就业政策——三类用人单位的比较研究[J].公共行政评论,2015,8(04):78-97+184-185.

[41]贾祝军,杨建生,申黎明.城市轨道交通车站无障碍设施的现状与对策研究[J].城市轨道交通研究,2014,17(09):62-66.

[42]赵立志,杨戈,周庆,等.中外城市环境无障碍建设的比较与反思[J].城市发展研究,2014,21(04):4-7.

[43]贾巍杨,王小荣.中美日无障碍设计法规发展比较研究[J].现代城市研究,2014(04):116-120.

[44]王小荣,董雅,贾巍杨.美国公共环境中无障碍标识设置人性化分析——对天津市无障碍标识设计方法的启示[J].天津大学学报(社会科学版),2014,16(02):148-151.

[45]张东旺.中国无障碍环境建设现状、问题及发展对策[J].河北学刊,2014,34(01):122-125.

[46]贾玉娇.走向全纳:残疾人无障碍理念的新发展[J].吉林大学社

会科学学报，2012，52（05）：151-156.

［47］赵媛，张欢，王远均，等.我国信息无障碍建设法律法规保障体系研究［J］.图书馆论坛，2011，31（06）：266-274.

［48］赵芳.国外政府网站无障碍研究及启示［J］.图书与情报，2011（04）：53-57.

［49］赵芳.我国网站无障碍研究综述［J］.图书情报工作，2011，55（15）：56-61.

［50］赵继龙，张田，唐一峰.国际无障碍住房发展策略浅析［J］.工业建筑，2011，41（S1）：9-12.

［51］赵忠超，赵军.城市公共空间无障碍设施设计策略研究——以济南市泉城广场为例［J］.现代城市研究，2011，26（07）：26-30.

［52］安天义，邓晓梅.北京市无障碍建设法规执行状况调研［J］.建筑科学，2011，27（05）：85-88+92.

［53］朱久兵.我国城市无障碍设施建设的反思——以南京市为例［J］.社会科学家，2010（11）：40-43.

［54］王素芳.从物理环境无障碍到信息服务无障碍：我国公共图书馆为残疾群体服务现状调研及问题、对策分析［J］.图书馆建设，2010（11）：19-27+31.

［55］孙祯祥，赵洋.澳大利亚信息无障碍法规政策研究［J］.图书与情报，2010（03）：114-117+123.

［56］徐来群.选拔现代精英：哈佛大学无障碍招生政策及其分析［J］.清华大学教育研究，2010，31（03）：61-66+72.

［57］章品，赵媛.美国信息无障碍法律法规研究［J］.情报理论与实践，2010，33（05）：116-119.

［58］赵洋，孙祯祥，张家年.构建无障碍网络环境的价值取向演进及启示［J］.情报理论与实践，2010，33（04）：48-52.

［59］李炜冰.无障碍环境建设中的政府责任［J］.苏州大学学报（哲学社会科学版），2010，31（02）：25-30.

［60］赵媛.信息无障碍建设中的政府角色研究——从法律法规建设视角［J］.图书馆论坛，2009，29（06）：241-246.

[61] 徐恩元, 张赟玥. 我国信息无障碍建设进程探究 [J]. 图书馆论坛, 2009, 29 (06): 237-240+246.

[62] 赵洋, 孙祯祥, 张家年. 美国开放课程资源与我国国家精品课程网上资源无障碍评估比较 [J]. 现代远距离教育, 2009 (03): 62-65.

[63] 张家年, 孙祯祥, 赵洋. 构建无障碍信息环境的法律基础与标准实施的研究——基于《残疾人保障法》角度的探讨 [J]. 情报理论与实践, 2009, 32 (05): 32-35.

[64] 傅晶. 残疾人无障碍旅游发展对策研究 [J]. 学习与探索, 2008 (03): 175-177.

[65] 成斌, 赵祥. 近20年国际无障碍环境建设法制进程综述 [J]. 建筑科学, 2008 (03): 157-159+88.

[66] 钱小龙, 邹霞. 美国信息无障碍事业发展概况:Section 508解读 [J]. 电化教育研究, 2007 (12): 86-91.

[67] 黄璐, 孙祯祥, 王满华. 国外无障碍网络课程研究及启示 [J]. 比较教育研究, 2007 (10): 80-83.

[68] 黄璐, 孙祯祥, 王满华. 无障碍网络课程研究的核心问题 [J]. 中国电化教育, 2007 (10): 53-55.

[69] 黄璐, 孙祯祥, 王满华. 基于通用设计的无障碍远程教育研究述评 [J]. 现代远距离教育, 2007 (04): 25-28.

[70] 樊志勇, 孙冬玲. 基于区域合作的无障碍旅游机制构建 [J]. 经济管理, 2007 (15): 69-72.

[71] 周霞, 郦文静. 北京市公共建筑无障碍建设现状及改进措施 [J]. 城市问题, 2007 (06): 67-70+76.

[72] 潘海啸, 熊锦云, 刘冰. 无障碍环境建设整体理念发展趋势分析 [J]. 城市规划学刊, 2007 (02): 42-46.

[73] 王世伟. 构建信息无障碍的图书馆服务理念和体系 [J]. 大学图书馆学报, 2003 (06): 38-41.

[74] 曹敏娜, 刘荣增. 英国城市的无障碍环境建设 [J]. 城市问题, 2003 (01): 75-79.

[75] 王名, 蔡志鸿, 王春婷. 社会共治: 多元主体共同治理的实践探索

与制度创新［J］.中国行政管理，2014（12）：16-19.

［76］童星.论社会治理现代化［J］.贵州民族大学学报（哲学社会科学版），2014（05）：21-26.

［77］薛澜，李宇环.走向国家治理现代化的政府职能转变：系统思维与改革取向［J］.政治学研究，2014（05）：61-70.

［78］何翔舟，金潇.公共治理理论的发展及其中国定位［J］.学术月刊，2014，46（08）：125-134.

［79］张文显.法治与国家治理现代化［J］.中国法学，2014（04）：5-27.

［80］周庆智.社会治理体制创新与现代化建设［J］.南京大学学报（哲学.人文科学.社会科学），2014，51（04）：148-156+160.

［81］范如国.复杂网络结构范型下的社会治理协同创新［J］.中国社会科学，2014（04）：98-120+206.

［82］张康之.论主体多元化条件下的社会治理［J］.中国人民大学学报，2014，28（02）：2-13.

［83］周红云.从社会管理走向社会治理：概念、逻辑、原则与路径［J］.团结，2014（01）：28-32.

［84］姜晓萍.国家治理现代化进程中的社会治理体制创新［J］.中国行政管理，2014（02）：24-28.

［85］秦亚青.全球治理失灵与秩序理念的重建［J］.世界经济与政治，2013（04）：4-18+156.

［86］郑杭生，黄家亮.当前我国社会管理和社区治理的新趋势［J］.甘肃社会科学，2012（06）：1-8.

［87］周雪光，练宏.中国政府的治理模式：一个"控制权"理论［J］.社会学研究，2012，27（05）：69-93+243.

［88］郁建兴，任泽涛.当代中国社会建设中的协同治理——一个分析框架［J］.学术月刊，2012，44（08）：23-31.

［89］张康之.合作治理是社会治理变革的归宿［J］.社会科学研究，2012（03）：35-42.

［90］包国宪，王学军.以公共价值为基础的政府绩效治理——源起、架构与研究问题［J］.公共管理学报，2012，9（02）：89-97+126-127.

[91] 包国宪，郎玫. 治理、政府治理概念的演变与发展 [J]. 兰州大学学报（社会科学版），2009，37（02）：1-7.

[92] 竺乾威. 从新公共管理到整体性治理 [J]. 中国行政管理，2008（10）：52-58.

[93] 郑巧，肖文涛. 协同治理：服务型政府的治道逻辑 [J]. 中国行政管理，2008（07）：48-53.

[94] 俞可平. 中国治理变迁 30 年（1978—2008）[J]. 吉林大学社会科学学报，2008（03）：5-17+159.

[95] 孙柏瑛，李卓青. 政策网络治理：公共治理的新途径 [J]. 中国行政管理，2008（05）：106-109.

[96] 郁建兴. 治理与国家建构的张力 [J]. 马克思主义与现实，2008（01）：86-93.

[97] 金太军. 从行政区行政到区域公共管理——政府治理形态嬗变的博弈分析 [J]. 中国社会科学，2007（06）：53-65+205.

[98] 陈振明，薛澜. 中国公共管理理论研究的重点领域和主题 [J]. 中国社会科学，2007（03）：140-152+206.

[99] 李维安，王世权. 利益相关者治理理论研究脉络及其进展探析 [J]. 外国经济与管理，2007（04）：10-17.

[100] 吴志成. 西方治理理论述评 [J]. 教学与研究，2004（06）：60-65.

[101] 朱德米. 网络状公共治理：合作与共治 [J]. 华中师范大学学报（人文社会科学版），2004（02）：5-13.

[102] 孙柏瑛. 当代政府治理变革中的制度设计与选择 [J]. 中国行政管理，2002（02）：19-22.

[103] 俞可平. 全球治理引论 [J]. 马克思主义与现实，2002（01）：20-32.

[104] 托尼·麦克格鲁，陈家刚. 走向真正的全球治理 [J]. 马克思主义与现实，2002（01）：33-42.

[105] 俞可平. 治理和善治：一种新的政治分析框架 [J]. 南京社会科学，2001（09）：40-44.

[106] 张康之. 公共行政中的责任与信念 [J]. 中国人民大学学报，2001（03）：79-85.

[107] 罗小龙, 张京祥. 管治理念与中国城市规划的公众参与[J]. 城市规划汇刊, 2001（02）: 59-62+80.

[108] 张成福. 公共行政的管理主义: 反思与批判[J]. 中国人民大学学报, 2001（01）: 15-21.

[109] 俞可平. 经济全球化与治理的变迁[J]. 哲学研究, 2000（10）: 17-24+79.

[110] 俞可平. 治理和善治引论[J]. 马克思主义与现实, 1999（05）: 37-41.

[111] 杨瑞龙, 周业安. 论利益相关者合作逻辑下的企业共同治理机制[J]. 中国工业经济, 1998（01）: 38-45.

[112] 杨开峰, 等. 中国之治[M]. 北京: 中国人民大学出版社, 2020.

[113] 凌亢, 孙友然, 白先春. 中国残疾人事业发展报告（2019）无障碍环境建设[M]. 北京: 社会科学文献出版社, 2019.

[114] 段培君. 无障碍国家战略[M]. 沈阳: 辽宁人民出版社, 2019.

[115] 段培君, 等. 无障碍国家战略[M]. 沈阳: 辽宁人民出版社, 2019.

[116] 杨宜勇, 等. 无障碍与社会公共服务[M]. 沈阳: 辽宁人民出版社, 2019.

[117] 吕小泉, 吕天天. 无障碍与现代奥运[M]. 沈阳: 辽宁人民出版社, 2019.

[118] 邵磊, 等. 无障碍与校园环境[M]. 沈阳: 辽宁人民出版社, 2019.

[119] 陈兴涛, 赵继龙, 任震. 无障碍与当代住区[M]. 沈阳: 辽宁人民出版社, 2019.

[120] 薛峰, 刘秋君. 无障碍与宜居环境建设[M]. 沈阳: 辽宁人民出版社, 2019.

[121] 贾巍杨, 赵伟, 王小荣. 无障碍与城市标识环境[M]. 沈阳: 辽宁人民出版社, 2019.

[122] 大连医科大学, 中国导盲犬大连培训基地. 无障碍与导盲犬研究[M]. 沈阳: 辽宁人民出版社, 2019.

[123] 卜佳俊, 戴连君, 唐李真. 无障碍与信息技术[M]. 沈阳: 辽宁人民出版社, 2019.

［124］雷晓康，马子博，等.中国社会治理十讲［M］.北京：中国社会科学出版社，2019.

［125］俞可平，等.中国的治理变迁：1978—2018［M］.北京：社会科学文献出版社，2018.

［126］邓昱.福利多元主义视角下社会无障碍环境建设研究［D］.西安：西北大学，2014.

［127］彭莹莹.社会治理评估指标体系的设计与应用［J］.甘肃行政学院学报，2018（02）：89-98+125+127-128.

［128］吴文博.我国无障碍环境建设问题研究［D］.西安：西北大学，2015.

［129］樊行.国内外无障碍设施规划建设情况的比较及启示［A］.中国城市规划学会、南京市政府.转型与重构——2011中国城市规划年会论文集［C］.2011：9085-9095.

［130］吴海江.以科技支撑赋能公共危机治理［J］.人民论坛，2020(Z1):62-64.

［131］荀超.城市公共空间无障碍设施失效与包容性环境设计改进［D］.北京：北京大学，2020.

［132］姜晓萍，阿海曲洛.社会治理体系的要素构成与治理效能转化［J］.理论探讨，2020（03）：142-148+2.

［133］张振，陆卫明.新时代加强和创新社会治理的理论与实践——学习习近平关于社会治理的重要论述［J］.党的文献，2019（04）：3-8.

［134］中国信息无障碍白皮书（2019年）.

［135］范逢春.改革开放以来的社会治理创新：一个伟大进程［J］.人民论坛·学术前沿，2019（03）：66-73.

［136］刘怡君，蒋文静，陈思佳.中国网络舆情治理的主客体实证分析——基于1997—2016年网络舆情治理政策［J］.管理评论，2017，29（11）：227-239.

［137］安天义.我国无障碍法律环境研究及国际比较［D］.北京：清华大学，2010.

［138］黎建飞，窦征，施婧葳，等.我国无障碍立法与构想［J］.残疾人

研究,2021(01):28-38.

[139]张瑜,刘吉涛.澳大利亚无障碍环境立法研究及启示[J].山东青年政治学院学报,2018,34(01):77-81.